HOMO HUNDRED

| 내 인생의 최종장을 바꾸는 법칙 |

The law that changes the final chapter lf my life

HOMO HUNDRED

| 내 인생의 최종장을 바꾸는 법칙 |

The law that changes the final chapter lf my life

정순모 지음

"100세 시대를 완성하는 길잡이"

좋은땅

Prologue

모두가 100세를 향해 가고 있는 지금.

당신은 인생의 최종장을 어떻게 준비하고 있나요?

이 책을 통해 당신의 인생 최종장이 한층 더 빛나고 아름답기를 바랍니다.

100세 시대, 나만의 빛을 찾아 떠나는 삶의 탐험

우리는 지금 인류 역사상 유례없는 시대를 살아가고 있습니다. 평균 수명이 100세를 훌쩍 넘어서는 호모 헌드레드 시대는 단순히 오래 사는 것을 넘어, 우리의 삶과 사회 전반을 근본적으로 변화시키고 있죠. 은퇴 후에도 수십 년을 활기차게 살아갈 수 있는 가능성이 열리면서, '나이 듦'은 더 이상 끝이 아닌, 무한한 가능성의 시작이 되고 있습니다.

하지만 이 거대한 변화가 마냥 설렘만을 안겨 주는 것은 아닙니다.

낯선 미래 앞에서 우리는 기대와 함께 막연한 불안감을 느끼기도 합니다. '이 긴 시간을 어떻게 의미 있게 채워 갈 수 있을까?', '변화의 물결 속에서 길을 잃지는 않을까?' 이런 질문들이 우리 마음속에 조용히 자리 잡곤 하죠. 바로 여기서, 우리가 어떤 마음가짐을 가져야 하는지가 중요해집니다. 새로운 삶의 지평을 열고 진정한 행복을 찾기 위해서는, 과거의 익숙한 틀을 깨고 미래를 향해 과감히 나아가야 합니다.

'늦었다'는 생각, 이제는 놓아줄 때

가장 먼저 우리를 옭아매는 고정 관념은 바로 '늦었다'는 생각입니다. 과거에는 정해진 나이에 맞춰 삶의 단계를 밟아가는 것이 당연했지만, 100세 시대에는 그러한 시간표가 더 이상 의미가 없습니다. 60대에 새로운 학문에 도전하고, 70대에 자신만의 사업을 시작하며, 80대에 외국어를 배우는 것이 더 이상 특별한 일이 아닌, 오히려 자연스러운 흐름이 되고 있습니다.

이제 인생의 시간표는 오롯이 내가 정하는 것입니다. 오히려 '늦은 출발'은 젊은 시절의 다양한 경험과 깊이 있는 지혜를 더해, 더욱 단단하고 풍요로운 도전을 할 수 있는 기회가 됩니다. 나이라는 굴레에 갇히지 말고, 언제든 새롭게 시작할 수 있는 무한한 가능성에 시선을 두세요. 시작하는 용기가 중요하지, 시작하는 나이는 결코 중요하지 않습니다. 당신의 마음이 움직이는 순간이 바로 가장 완벽한 시작의 때입니다.

변화를 환영하는 유연한 마음

호모 헌드레드 시대는 변화가 일상인 시대입니다. 인공지능의 발전, 생명공학의 혁신, 급변하는 기후 변화 등 예측 불가능한 요소들이 끊임없이 우리 삶에 등장할 것입니다. 이러한 흐름 속에서 우리가 가져야 할 핵심 태도는 바로 변화에 대한 개방성과 유연한 사고입니다.

과거의 지식에만 매달린다면 빠르게 변하는 사회에 적응하기 어려울 수 있습니다. 끊임없이 배우고, 기존의 생각을 뒤집을 줄 아는 용기가 필요합니다. "난 원래 이랬어", "그건 배워 본 적 없어" 같은 말은 더 이상 통하지 않습니다. 평생 학습은 이제 선택이 아닌, 변화무쌍한 세상에서 주체적인 삶을 살아가기 위한 필수적인 생존 전략이 되었습니다. 배우는 즐거움을 깨닫고, 새로운 것에 도전하는 것을 두려워하지 마세요. 새로운 기술을 익히고, 다양한 문화를 이해하며, 끊임없이 확장되는 세상에 대한 호기심을 유지하는 것이 바로 호모 헌드레드의 가장 중요한 마음가짐입니다.

관계의 재정의, 고립을 넘어 연결로

수명이 길어지면서 관계의 의미 또한 새롭게 정의되고 있습니다. 가족 형태가 다양해지고 개인주의가 강해지면서, 새로운 관계를 모색하거나 의도치 않게 고립될 위험도 생겨나고 있죠. 호모 헌드레드 시대에는 관계를 현명하게 재정의하고, 고립되지 않으면서도 건강한 연결을 유지하는 지혜가 필요합니다.

이제는 혈연, 지연, 학연에만 얽매이지 않고, 같은 가치나 관심사를 가진 새로운 사람들과 연결되는 것이 중요합니다. 동호회 활동, 자원봉사, 온라인 커뮤니티 등을 통해 다양한 사람들과 만나고 소통하며 삶의 지평을 넓혀 가세요. 동시에, 타인의 시선에 얽매이지 않고 나 자신을 존중하며, 때로는 혼자만의 시간을 통해 내면을 채우는 건강한 독립심도 필요합니다. 관계의 양보다는 질을 중요하게 생각하고, 긍정적인 관계에 집중하며, 필요하다면 과감히 거리를 둘 줄 아는 균형 잡힌 태도가 우리의 삶을 더욱 풍요롭게 만들어 줄 것입니다.

삶의 의미를 찾아가는 여정

단순히 오래 살고 물질적으로 풍요로운 것만으로는 채워지지 않는 삶의 공허함은 호모 헌드레드가 마주할 중요한 과제입니다. 소비하고 즐기는 것을 넘어, 삶의 목적과 의미를 끊임없이 탐색하고, 나만의 방식으로 가치를 창조하는 것에서 진정한 만족을 찾아야 합니다.

이것은 결코 거창한 일이 아닙니다. 나의 경험과 재능을 사회에 나누거나, 환경 보호와 같은 의미 있는 활동에 참여하거나, 오랫동안 꿈꿔 왔던 창의적인 일을 시작하는 것 모두 가치 창조의 과정이 될 수 있습니다. 단순히 '무엇을 할까?'를 넘어 '어떻게 살아갈까?', '어떤 사람이 될까?'에 대한 근본적인 질문을 던지고 답을 찾아가는 과정 자체가 우리의 삶을 더욱 풍요롭게 만들 겁니다. 내면의 목소리에 귀 기울이고, 나를 행복하게 하며, 사회에 긍정적인 영향을 줄 수 있는 나만의 가치를 찾아 꾸준히 실현해 나가는 마음가짐이 중요합니다.

호모 헌드레드 시대는 불안보다는 희망과 무한한 가능성을 선사합니다. 길어진 삶은 우리에게 더 많은 선택의 자유와 새로운 시작의 기회를 줍니다. 중요한 것은 이러한 변화를 두려워하지 않고, 적극적으로 받아들이며, 나만의 방식으로 삶을 디자인하려는 능동적인 마음가짐입니다. '늦었다'는 생각은 과감히 버리고, 변화에 열린 태도를 가지며, 건강한 관계 속에서 삶의 진정한 의미를 찾아간다면,

우리는 100세 시대를 넘어 새로운 삶의 지평을 성공적으로 열어 갈 수 있을 것입니다.

　이제 당신의 삶은 당신만의 속도로, 당신만의 빛을 발할 준비가 되어 있습니다.
　이 빛나는 여정 속에서 당신만의 행복을 발견하시기를 진심으로 응원합니다.

차례

Prologue ··· 4

제1부
100세 인간, 호모 헌드레드

01. 인류의 대변신 ··· 14
02. 끝이 아닌 새로운 시작! ··· 33
03. 우리 삶은 '다양성'으로 진화 중! ··· 47
04. '나답게' 사는 법 ··· 62
05. 다시 시작할 용기! ··· 76
☑ 내 삶을 지키기 위한 체크리스트 ··· 91

제2부
진짜 세상의 주인공이 되자

01. 우리 삶의 새로운 챕터가 열리다! ··· 94
02. 당신의 인생은 당신의 작품! ··· 110
03. 과거를 놓아주고 미래를 잡는 법 ··· 124
04. 삶의 터닝 포인트: '나'를 깨닫는 순간! ··· 137
05. 과거를 통해 현재를 살고 미래를 만들자! ··· 150
☑ 내 삶을 위한 체크리스트 ··· 162

제3부
나의 진정한 가치는 무엇인가?

01. '나는 누구인가?' 답을 찾는 당신에게 … 166
02. 가장 큰 보물은 바로 '내 안에' 있다! … 173
03. 당신의 꿈은 아직 끝나지 않았다 … 180
04. 인생은 끝없는 붓질 … 187
05. 내 삶의 마지막 붓질은 무엇으로 채울까? … 193
☑ 내 삶을 변화시키기 위한 체크리스트 … 199

제4부
꼰대가 아닌 선배 경험자가 되자

01. 삶을 바꾸는 마법 … 202
02. 사소한 습관은 우리를 변하게 만든다 … 208
03. '지긋지긋한 버릇'과 이별하고, 새로운 나를 만나는 법! … 214
04. 혼자가 아닌 '함께' 그려 나가요! … 221
05. 진짜 '나'의 길을 찾는 법! … 228
☑ 선배 경험자로서 지속 가능한 삶을 꾸려 나가기 위한 체크리스트 … 235

제5부
〈인터뷰〉 당신은 지금?

01. 100세 시대, 꿈을 이루어 가는 사람들의 버킷 리스트 여정　⋯ 238
02. 100세 시대, 새로운 네트워크로 사회를 바꾸는 사람들　⋯ 249
03. 100세 시대, 인생 180도 바꾼 도전자들의 이야기　⋯ 261
04. 100세 시대, 건강 관리로 꿈을 찾아가는 사람들　⋯ 269
05. 100세 시대, 인생 최종장을 화려하게 장식하는 사람들　⋯ 282

제6부
변화로 인생을 바꾼 사람들

01. 소년공에서 대통령까지　⋯ 296
02. 내성적인 재봉사에서 민권운동의 어머니로　⋯ 301
03. 실패한 만화가에서 세계적인 애니메이션 거장으로　⋯ 307
04. 방황하던 청년에서 영성의 대가로　⋯ 313
05. 박완서, 마흔 이후의 삶과 글에서 찾은 빛　⋯ 319
06. 70세에 시작한 새로운 인생　⋯ 325
07. 50대에 만난 터닝 포인트　⋯ 331
08. 인생은 65세부터　⋯ 337
09. 52세도 늦지 않았다　⋯ 344
10. 50세에 시작된 문학의 꿈　⋯ 351

Epilogue　⋯ 358

제1부

100세 인간,
호모 헌드레드

01. 인류의 대변신
'생각하는 인간'부터 '100세 인간'까지

우리 인류는 정말 놀랍게 진화해 왔죠. 처음 '생각하는 인간', 호모 사피엔스로 시작해서, 이제는 '100세 시대의 인간', 호모 헌드레드로 새로운 역사를 써 나가고 있습니다. 단순히 머리만 쓰는 걸 넘어, 삶의 방식 자체를 바꿔 온 인류의 특별한 진화 여정을 함께 탐험해 볼까요?

약 30만 년 전 아프리카에 등장한 호모 사피엔스는 그냥 도구만 쓰는 존재가 아니었어요. 추상적으로 생각하고, 말하고, 그림을 그리는 등 복잡한 능력을 발전시켰죠. 동굴 벽화만 봐도 그들의 깊은 사고와 세상을 이해하려는 노력이 느껴집니다. 불을 다루고, 함께 사냥하며 사회를 만들면서 문명의 기틀을 다졌죠.

이들의 가장 큰 특징은 뭐니 뭐니 해도 배우고 적응하는 능력이었습니다. 변화하는 환경에 맞춰 도구를 만들고, 새로운 기술을 익히며 전 세계로 퍼져 나갔어요. 특히 농업 혁명은 인류의 삶을 완전히 뒤바꿔 놓았습니다. 한곳에 정착하고 농사를 지으면서 인구가 폭발적으로 늘었고, 이게 바로 도시와 문명이 탄생하는 바탕이 되었죠. 단순히 살아남는 것을 넘어, 지식을 쌓고 다음 세대에 물려주는 문명의 시작이었습니다.

18세기 후반, 산업 혁명은 인류의 삶에 또 한 번 거대한 변화를 가져왔습니다. 증기 기관 발명으로 공장이 생기고 대량 생산 시대가 열렸죠. 이때 인류는 호모 파베르(Homo Faber), 즉 '만드는 인간'으로 진화했습니다. 자연에서 재료를 얻어 도구를 만드는 수준을 넘어, 스스로 기계를 만들어 엄청난 양의 물건을 생산하게 된 겁니다. 제임스 와트가 1769년 개량한 증기 기관은 이러한 변화의 상징이었고, 헨리 포드가 도입한 컨베이어 벨트 생산 방식은 호모 파베르 시대의 대량 생산을 완성 시켰습니다.

산업 혁명 덕분에 도시가 빠르게 발전하고 새로운 일자리가 생기면서 물질적으로 풍요로워졌어요. 물론 노동 문제나 환경 오염 같은 새로운 숙제도 생겼지만, 호모 파베르 시대는 인류가 기술로 환경을 통제하고 삶을 더 편리하게 만드는 데 집중했음을 보여 줍니다.

20세기 후반부터 시작된 정보혁명은 인류를 호모 디지털리스(Homo Digitalis), '디지털 인간'의 시대로 이끌었습니다. 컴퓨터와 인터넷 덕분에 정보가 생산되고 유통되는 방식이 완전히 바뀌었어요. 이제 우리는 시간과 공간 제약 없이 전 세계와 연결되어 정보를 주고받을 수 있게 되었죠. 스마트폰, SNS, 인공지능 같은 것들은 호모 디지털리스의 삶에 없어서는 안 될 존재가 되었습니다. 팀 버너스리가 1989년 월드와이드웹을 발명한 것과 스티브 잡스가 2007년 아이폰을 선보인 것은 호모 디지털리스 시대를 연 결정적 순간들이었습니다.

호모 디지털리스는 정보를 쉽게 얻게 되면서 배우는 방식이 달라지고, 소통하고 협력하는 방법도 다양해졌어요. 개인의 삶뿐만 아니라 사회, 경제, 문화 전반에 걸쳐 엄청난 변화가 일어났습니다. 하지만 정보 과부하, 사생활 침해, 디지털 격차 같은 새로운 문제들도 생겼죠. 호모 디지털리스는 빠르게 변하는 디지털 세상에 적응하기 위해 끊임없이 배우고 발전해야 하는 도전에 직면하고 있습니다.

21세기, 생명 공학과 의료 기술 발전 덕분에 인류는 전에 없던 변화를 맞이하고 있습니다. 질병에 대한 치료와 예방 기술이 발전하면서 평균 수명이 엄청나게 늘었고, 이제 '100세 시대'는 더 이상 꿈이 아닙니다. 이런 시대를 사는 우리를 호모 헌드레드(Homo Hundred), 즉 '100세 시대의 인간'이라고 부릅니다. 일본의 지로에몬 기무라가 116세까지 살며 남성 최고령 기록을 세웠고, 프랑스의 잔 칼망이 122세까지 장수한 것은 호모 헌드레드 시대의 가능성을 보여 주는 사례입니다.

호모 헌드레드는 단순히 오래 사는 것을 넘어, 건강하고 활동적인 삶을 사는 데 집중합니다. 노화를 늦추고, 만성 질환을 잘 관리하며, 삶의 질을 높이는 기술들이 계속 발전하고 있죠. 유전자 분석을 통한 맞춤형 의료, 인공 장기, 재생 의학 같은 기술들은 호모 헌드레드의 삶을 더욱 풍요롭게 만들 잠재력을 가지고 있습니다. 크레이그 벤터가 인간 게놈 프로젝트를 완성하고, 야마나카 신야가 iPS(induced Pluripotent Stem) 세포를 개발한 것은 호모 헌드레드 시대를 여는 핵심 기술적 토대가 되었습니다.

물론 호모 헌드레드 시대는 개인의 삶뿐만 아니라 사회 전반에도 큰 영향을 미칩니다. 은퇴 연령의 변화, 고령화 사회에 맞는 시스템 재편, 평생 학습의 중요성 증대 등 다양한 사회적 논의가 필요합니다. 생명 연장 기술의 윤리 문제나 기술 접근성의 불평등 문제도 함께 고민해야 할 과제이고요.

호모 사피엔스가 처음 '생각'이라는 놀라운 능력을 발휘한 이래, 인류는 호모 파베르로서 세상을 만들고, 호모 디지털리스로서 세상을 연결하며, 이제 호모 헌드레드로서 삶의 한계를 넓히고 있습니다.

이러한 진화는 단순히 생물학적인 변화만이 아니라, 기술, 사회, 문화가 복합적으로 얽혀 나타나는 현상입니다.

인류는 앞으로도 끊임없이 진화하고 변할 겁니다. 예측하기 어려운 미래 앞에서 우리는 과거의 지혜를 바탕으로 새로운 도전에 맞서야 하죠. 호모 사피엔스부터 호모 헌드레드까지, 인류의 역사는 멈추지 않는 탐구, 적응, 그리고 혁신의 연속이었음을 보여 줍니다. 이런 역사를 통해 우리는 미래 인류가 어떤 모습으로 진화할지 상상하며, 더 나은 삶을 위한 노력을 계속할 것입니다.

호모 헌드레드, 즉 100세 시대를 살아가는 우리는 단순히 오래 사는 것을 넘어, 어떻게 하면 더 건강하고 의미 있는 삶을 살 수 있을까 깊이 고민하고 있습니다. 기대 수명이 늘어나면서, 과거처럼 노년기가 마냥 활동량이 줄어드는 시기가 아니죠. 호모 헌드레드는 길어진 삶을 적극적으로 활용해 새로운 경험을 하고, 사회에 기여하며, 개인의 만족감을 높이는 데 초점을 맞추고 있습니다. 그렇다면 우리는 100세 시대를 위해 무엇을 생각하고 준비하고 있을까요? 크게 네 가지로 살펴봅시다.

1) 건강 관리: '아프면 치료' 말고 '미리미리 예방'!

호모 헌드레드 시대의 가장 큰 변화는 바로 건강 관리 방식의 혁신이에요. 예전엔 병이 나면 치료하는 방식이었다면, 이제는 질병 예방과 나에게 딱 맞는 건강 관리가 중요해졌습니다.

유전자 분석 기술 덕분에 내 몸의 특성을 미리 파악하고, 어떤 질병에 취약한지 예측할 수 있게 되었어요. 그래서 나에게 맞는 식단, 운동, 영양제 등을 추천받아 관리할 수 있죠. 특정 질병 발병 위험을 미리 알고 가장 효과적인 치료법을 선택하는 정밀 의료 시대가 열리고 있는 겁니다. 실제로 테니스 선수 세레나 윌리엄스는 임신 중 유전자 검사와 정밀 의료를 통해 건강을 관리하며 출산 후에도 최고 수준의 경기력을 유지했어요.

스마트워치나 앱을 활용해 심박수, 활동량, 수면 패턴 같은 내 몸의 데이터를 실시간으로 확인하고 관리하는 것은 흔해졌어요. 이런 데이터는 건강 변화를 미리 감지하고, 전문가 도움을 받아 바로 대처하는 데 쓰이죠. AI 기반 건강 코칭 시스템도 점점 확대되어 나에게 최적화된 운동이나 식단 가이드를 제공합니다. 애플 CEO 팀 쿡은 50대 중반부터 애플워치를 적극 활용해 건강을 관리하며, 60대가 된 지금도 규칙적인 운동과 체계적인 건강 관리로 왕성한 활동을 이어

가고 있습니다.

　약이나 수술에만 의존하기보다는, 건강한 식습관, 꾸준한 운동, 충분한 잠, 스트레스 관리 등 생활 습관 개선으로 병을 예방하고 건강을 유지하는 것은 중요하다고 생각합니다. 많은 사람들이 요가, 명상, 취미 활동 등으로 몸과 마음의 건강을 함께 챙기고 있어요. 배우 제인 폰다는 80대가 된 지금도 꾸준한 운동과 명상, 건강한 식습관으로 활발한 활동을 유지하며, 90세를 앞둔 지금도 여전히 영화와 사회활동에 적극적으로 참여하고 있습니다.

■ 건강을 챙기는 5대 지침

　① 근력 운동과 유산소 운동을 병행하세요
　일주일에 3회 이상, 30분씩 빠르게 걷기나 수영 같은 유산소 운동을 하고, 2~3회는 스쿼트, 팔 굽혀 펴기, 덤벨 들기 등 근력 운동을 병행하세요. 계단 오르기, 걸어서 장보기 같은 일상 활동도 충분한 운동이 됩니다. 무리하지 말고 본인 체력에 맞춰 점진적으로 강도를 높여 가는 것이 중요해요.

　② 균형 잡힌 식단과 충분한 수분 섭취를 실천하세요
　매끼 채소와 과일을 포함한 다양한 색깔의 음식을 섭취하고, 단백

질(생선, 두부, 콩류)을 충분히 드세요. 가공식품과 나트륨은 줄이고, 하루 1.5-2리터의 물을 나눠 마시는 습관을 기르세요. 술은 적당히, 금연은 필수입니다.

③ 정기 건강검진과 예방접종을 빠뜨리지 마세요

1~2년마다 종합건강검진을 받고, 혈압·혈당·콜레스테롤 수치를 정기적으로 확인하세요. 50세 이후에는 대장암, 전립선암, 유방암, 자궁경부암 등 암 검진을 놓치지 말고, 독감 예방접종과 폐렴구균 백신 등 권장 예방접종도 챙기세요.

④ 충분한 수면과 스트레스 관리에 신경 쓰세요

하루 7~8시간의 양질의 수면을 취하고, 규칙적인 수면 패턴을 유지하세요. 명상, 독서, 취미 활동으로 스트레스를 해소하고, 가족이나 친구들과의 소통 시간을 늘려 정신 건강도 함께 챙기세요. 우울감이나 불안감이 지속되면 전문가 도움을 받는 것도 중요합니다.

⑤ 안전사고 예방과 뇌 건강 활동을 늘리세요

집 안 조명을 밝게 하고 미끄럼 방지 매트를 깔아 낙상을 예방하세요. 독서, 퍼즐, 새로운 기술 배우기, 사회활동 참여 등으로 뇌를 자극하고 인지 기능을 유지하세요. 보청기나 안경 등 보조기구가 필요하면 주저하지 말고 사용하여 삶의 질을 높이세요.

2) 경제적 안정: 은퇴 후에도 든든하게!

오래 산다는 건 은퇴 후에도 살아야 할 기간이 길어진다는 뜻이죠. 그래서 경제적 안정이 더욱 중요해졌습니다. 호모 헌드레드는 은퇴 후에도 돈 걱정 없이 살기 위해 다양한 방법을 찾고 있어요.

국민연금, 퇴직연금, 개인연금 등 여러 연금 상품으로 노후 소득을 확보하고, 장기적으로 주식이나 부동산 같은 자산 투자에도 관심을 기울입니다. 재정 상담을 통해 은퇴 후 필요한 돈을 예측하고, 그에 맞는 저축 및 투자 계획을 세우는 것이 일반적이죠. 워렌 버핏은 90대가 된 지금도 장기 투자 철학을 바탕으로 자산을 운용하며, 평생에 걸친 체계적인 투자로 경제적 안정을 확보한 대표적인 사례입니다.

예전엔 정년퇴직하면 완전히 쉬는 거였지만, 호모 헌드레드는 은퇴 후에도 자신의 경험과 전문성을 살려 새로운 직업을 찾거나, 파트타임 근무, 프리랜서 등으로 계속 일하는 것을 선호합니다. 단순히 돈벌이를 넘어, 사회적 관계를 유지하고 스스로를 실현하는 수단이기도 해요. 맥도날드 창업자 레이 크록은 52세에 맥도날드를 시작해 새로운 인생을 열었고, 일본의 프로그래머 마사코 와카마츠는 81세에 스마트폰 앱을 개발해 화제가 되며 평생 현역의 모습을 보여 주었습니다.

젊을 때는 좀 더 공격적으로 투자했다면, 나이가 들면서는 안정적인 수익을 추구하는 식으로 자산 포트폴리오를 바꿔요. 내 생애 주기에 맞춰 유연하게 경제 계획을 세우는 게 중요하다고 생각하는 거죠. 투자의 귀재로 불리는 짐 로저스는 80대가 된 지금도 글로벌 경제 흐름을 읽으며 연령에 맞는 투자 전략을 구사하고 있어, 생애 주기별 자산 관리의 중요성을 보여 주고 있습니다.

■ 경제적 안정을 지키는 5대 지침

① 다층 연금 시스템을 구축하세요

국민연금만으로는 부족하니 퇴직연금(DB/DC형), 개인연금(IRP, 연금저축) 등을 병행해 3층 연금 구조를 만드세요. 매월 소득의 10~15%를 노후 자금으로 꾸준히 적립하고, 연금저축은 세액공제 혜택을 최대한 활용하세요. 40대부터는 연금 예상 수령액을 계산해 보고 부족분을 미리 준비하는 것이 중요합니다.

② 생애주기에 맞는 자산 포트폴리오를 운용하세요

젊을 때는 주식 비중을 높여 성장성을 추구하고, 나이가 들수록 채권이나 예금 등 안정적 자산 비중을 늘리세요. '100-나이' 공식으로 주식 비중을 정하되, 개인 성향에 맞게 조정하세요. 부동산은 거주용과 투자용을 구분해 관리하고, 여유가 있다면 해외 자산도

10~20% 정도 편입해 분산투자 효과를 높이세요.

③ 은퇴 후 소득원을 다각화하세요

정년퇴직 전에 제2의 인생 계획을 세우고, 전문 지식을 활용한 컨설팅, 강의, 멘토링 등을 준비하세요. 소규모 창업이나 프랜차이즈, 임대 수입 등 근로소득 외의 수입원을 만들어 두세요. 평생교육을 통해 새로운 기술이나 자격증을 취득하고, 은퇴 전 5년간은 점진적으로 업무량을 줄여 가며 연착륙을 준비하세요.

④ 의료비와 장기 요양비를 미리 대비하세요

건강보험 외에 실손의료보험, 암보험, 장기요양보험 등에 가입해 의료비 부담을 줄이세요. 50대부터는 매년 종합건강검진을 받고 질병을 조기에 발견·치료하여 큰 의료비 지출을 예방하세요. 장기요양보험 신청 절차와 요양시설 정보를 미리 알아두고, 노후 의료비로 월 소득의 20% 정도를 별도 적립하세요.

⑤ 은퇴 후 생활비를 현실적으로 계산하고 관리하세요

은퇴 전 생활비의 70~80% 수준으로 노후 생활비를 예상하되, 의료비, 여가비, 주거관리비 증가분을 고려하세요. 주거비 부담을 줄이기 위해 집 규모를 줄이거나 교외로 이주하는 것도 고려해 보세요. 가계부를 작성해 지출 패턴을 파악하고, 불필요한 고정비용을 정리하며, 시니어 할인 혜택을 적극 활용하여 생활비를 절약하세요.

3) 사회활동: 외롭지 않게, 함께 연결되다!

수명이 늘어나면서 사회적 관계의 중요성도 커졌어요. 길어진 노년기에 외톨이가 되지 않고 활발하게 활동하는 건 정신 건강뿐 아니라 몸 건강에도 좋습니다.

은퇴 후에도 동호회, 자원봉사, 학습 모임 등 다양한 곳에 참여해 새로운 사람들을 만나고 관계를 맺는 데 적극적입니다. 온라인 커뮤니티 활동도 활발해져서 지리적 제약 없이 여러 사람과 소통할 수 있게 되었고요. 실제로 배우 클린트 이스트우드는 90대가 된 지금도 영화계 커뮤니티에서 활발하게 활동하며 감독과 배우로 작품을 계속 만들어 내고 있고, 건축가 프랭크 게리는 80대에도 건축 커뮤니티에서 혁신적인 작품을 선보이며 후배들과 적극적으로 교류하고 있습니다.

젊은 세대와 교류하며 자신의 경험과 지혜를 나누는 것이 중요해졌어요. 멘토링 프로그램에 참여하거나, 손주들과 시간을 보내며 정서적인 유대감을 형성하고, 사회에 계속해서 역할을 하는 것에서 만족감을 찾아요. 마이크로소프트 창업자 빌 게이츠는 60대부터 빌&멜린다 게이츠 재단을 통해 전 세계 젊은 세대를 위한 교육과 보건 사업에 헌신하고 있습니다.

은퇴 후 시간을 그냥 쉬는 게 아니라, 새로운 취미를 배우거나, 여행을 다니거나, 봉사 활동을 하는 등 능동적으로 시간을 활용하며 삶에 활력을 불어넣는 데 집중합니다. 이러한 활동은 개인의 만족도를 높이는 동시에, 사회적으로도 긍정적인 영향을 줍니다. 화가 데이비드 호크니는 80대가 된 지금도 새로운 회화 기법을 실험하며 활발한 작품 활동을 이어 가고 있고, 요리사 줄리아 차일드는 50세에 요리를 시작해 80대까지 요리책 저술과 TV 프로그램을 통해 많은 사람들에게 영감을 주었습니다.

■ 사회활동을 위한 5대 지침

① 은퇴 전부터 사회적 네트워크를 다양화하세요

직장 동료 외에도 동창회, 종교 모임, 취미 동호회, 지역 커뮤니티 등 다양한 인맥을 미리 구축해 두세요. 은퇴 5년 전부터는 새로운 모임에 적극 참여하고, 온라인 커뮤니티나 SNS도 활용해 관계의 폭을 넓히세요. 직장에서의 관계에만 의존하지 말고, 개인적 관심사를 중심으로 한 관계망을 만들어 두는 것이 중요합니다.

② 자원봉사와 사회공헌 활동에 참여하세요

자신의 전문성과 경험을 살릴 수 있는 자원봉사를 찾아 정기적으로 참여하세요. 교육 봉사, 상담 활동, 환경 보호, 복지 시설 봉사 등 관심 분야에서 시작해 보세요. 주 1~2회, 2~3시간씩 꾸준히 참여하면 사회적 역할감을 유지하면서 새로운 사람들과 만날 수 있습니다. 봉사활동 경험을 통해 새로운 기술도 배우고 성취감도 얻을 수 있어요.

③ 평생학습과 새로운 도전을 계속하세요

대학의 평생교육원, 복지관 프로그램, 온라인 강의 등을 통해 새로운 지식과 기술을 배우세요. 언어 배우기, 악기 연주, 그림 그리기, 컴퓨터 활용 등 새로운 취미를 시작하거나 전문성을 키워 보세요. 학습 모임이나 스터디 그룹에 참여하면 비슷한 관심사를 가진 사람들과 자연스럽게 교류할 수 있습니다.

④ 세대 간 교류 프로그램에 적극 참여하세요

멘토링 프로그램, 창업 지원 활동, 청년 상담 등을 통해 젊은 세대와 소통하세요. 손자녀와의 시간을 늘리고, 지역 아동센터나 청소년 시설에서 교육 봉사를 해 보세요. 본인의 경험과 지혜를 나누면서 젊은 에너지를 받을 수 있고, 사회적 가치를 창출하는 보람도 느낄 수 있습니다.

⑤ 건강 상태에 맞는 활동 범위를 조정하세요

신체적 제약이 생기더라도 포기하지 말고 참여 방식을 바꿔 보세요. 직접 만나기 어려우면 온라인 모임에 참여하고, 몸이 불편하면 앉아서 할 수 있는 활동을 찾아보세요. 집 근처 경로당, 복지관, 도서관 등 접근하기 쉬운 곳의 프로그램을 우선 활용하고, 교통편이나 동행자를 미리 확보해 지속적인 참여가 가능하도록 계획하세요.

4) 끊임없는 학습: 변화에 강한 내가 되자!

호모 헌드레드 시대는 평생 학습의 중요성이 그 어느 때보다 강조되는 시기입니다. 빠르게 변하는 사회에 적응하고, 새로운 지식과 기술을 배우며, 끊임없이 나를 발전시키는 것이 더 나은 삶을 위한 필수 요소로 여겨집니다.

스마트폰, 인터넷, AI 같은 디지털 기술을 이해하고 활용하는 능력은 이제 필수입니다. 디지털 기기 사용법을 익히고, 온라인 정보에 접근하며, 비대면 소통 방식을 배우는 게 중요하죠. 일본의 마사코 와카마츠는 60세에 처음 컴퓨터를 배우기 시작해 81세에 스마트폰 게임 앱 'hinadan'을 개발해 전 세계적으로 화제가 되었고, 현재도 왕성한 개발 활동을 이어가고 있습니다.

직업과 관련된 지식뿐만 아니라, 인문학, 예술, 외국어 등 다양한 분야를 공부하며 시야를 넓히고 삶의 폭을 확장합니다. 이건 뇌를 활발하게 유지해서 인지 능력 저하를 막는 데도 도움이 돼요. 화가 그랜마 모지스(안나 메리 로버트슨 모지스)는 78세에 처음 그림을 시작해 101세까지 1,500여 점의 작품을 남기며 세계적인 화가가 되었고, 로라 잉갈스 와일더는 65세에 첫 소설을 출간해 '대초원의 집' 시리즈로 유명한 아동문학가가 되었습니다.

기존 직업 경험을 바탕으로 완전히 새로운 분야로 경력을 바꾸거나, 오랫동안 꿈꿔 왔던 분야에 도전하는 등 적극적으로 미래를 설계합니다. 온라인 교육 플랫폼이나 직업 훈련 프로그램, 사이버 대학교, 사이버 대학원 등 배움의 길은 열려 있습니다. 켄터키 프라이드 치킨의 할랜드 샌더스는 65세에 본격적인 프랜차이즈 사업을 시작해 세계적인 브랜드를 만들어 냈습니다.

■ **변화에 강한 나를 만들기 위한 5대 지침**

① 학습 목표를 명확히 설정하고 단계적으로 접근하세요

막연한 학습보다는 구체적인 목표를 세우세요. '6개월 내에 컴퓨터활용능력 1급 취득', '1년 내에 영어 회화 기초 완성' 같은 명확한 목표를 정하고, 이를 월별·주별 세부 계획으로 나누어 실행하세요.

너무 큰 목표보다는 달성 가능한 작은 목표부터 시작해 성취감을 쌓아 가며 점진적으로 확장해 나가는 것이 중요합니다.

② 다양한 학습 채널과 플랫폼을 적극 활용하세요

대학 평생교육원, 구청·복지관 프로그램, 온라인 강의(코세라, 유데미, K-MOOC), 방송통신대학, 사이버대학 등 다양한 학습 기회를 찾아보세요. 유튜브나 팟캐스트 같은 무료 콘텐츠도 훌륭한 학습 도구입니다. 대면 수업이 어려우면 온라인 수업을, 혼자 학습이 힘들면 스터디 그룹이나 동아리 활동을 통해 함께 배우는 환경을 만드세요.

③ 기존 경험과 새로운 학습을 연결하세요

평생 쌓아 온 지식과 경험을 버리지 말고 새로운 분야와 연결해 보세요. 예를 들어 교사 출신이라면 온라인 교육 콘텐츠 제작을, 영업 경험자라면 전자상거래를, 요리를 좋아했다면 푸드 스타일링이나 요리 블로거에 도전해 보세요. 기존 강점을 바탕으로 새로운 영역으로 확장하면 학습 효과가 높아지고 실패 확률도 줄일 수 있습니다.

④ 건강 상태와 개인 여건에 맞게 학습 방식을 조정하세요

시력이나 청력에 문제가 있다면 큰 글씨나 자막 지원 강의를 선택하고, 집중력이 예전 같지 않다면 짧은 시간으로 나누어 학습하세

요. 이동이 불편하면 온라인 수업을, 디지털 기기가 어려우면 오프라인 수업을 우선하세요. 무리하지 말고 자신의 페이스에 맞춰 꾸준히 하는 것이 포기하지 않는 비결입니다.

⑤ 학습 동기를 유지할 수 있는 환경을 만드세요

같은 목표를 가진 동료나 스터디 그룹을 만들어 서로 격려하고 정보를 공유하세요. 가족들에게 학습 계획을 알려 응원받고, 작은 성과라도 축하하며 자신을 격려하세요. 학습 일지를 작성해 진전 상황을 기록하고, 정기적으로 목표를 점검하며 필요시 조정하세요. 완벽을 추구하기보다는 꾸준함에 초점을 맞춰 지속 가능한 학습 습관을 만드는 것이 가장 중요합니다.

■ 호모 헌드레드, 당신의 삶을 디자인하세요!

호모 헌드레드로서 더 나은 삶을 살기 위한 우리의 생각은 결국 능동적이고 주체적인 삶의 설계로 결집됩니다. 건강을 병원에만 맡기는 것이 아니라 스스로 예방하고 돌보는 것, 경제적으로 독립성을 유지하며 다양한 활동에 참여하는 것, 그리고 끊임없이 배우고 성장하며 변화하는 세상에 유연하게 적응하는 것이 바로 호모 헌드레드가 추구하는 삶의 모습입니다.

물론 이런 노력은 개인의 몫만이 아닙니다. 의료 기술 발전, 유연한 노동 시장, 평생 학습을 위한 교육 인프라 구축 등 사회 시스템과 기술 발전이 함께 뒷받침되어야 하죠. 100세 시대는 우리에게 새로운 기회와 함께 도전이라는 과제를 안겨 주고 있으며, 이에 대한 사회 전체의 지속적인 논의와 노력이 필요합니다.

호모 헌드레드로서 당신은 어떤 삶을 꿈꾸고 계신가요?

"인생은 속도가 아니라 방향이다."
– 마하트마 간디

02. 끝이 아닌 새로운 시작!
100세 시대의 버킷 리스트

호모 헌드레드 시대. 이런 시대가 되면서 '삶의 의미는 뭘까?', '뭘 하면서 살아야 할까?' 같은 질문들을 다시 던지게 됩니다. 예전의 버킷 리스트는 '죽기 전에 해 보고 싶은 목록'처럼 삶의 마지막을 위한 거였다면, 이젠 완전히 달라졌어요!

길어진 수명 덕분에 버킷 리스트는 더 이상 종착역이 아닙니다. 오히려 끊임없이 확장되고 변하면서, 삶의 새로운 이정표이자 시작점이 되고 있죠. 100세 시대를 사는 우리에게 버킷 리스트가 어떤 의미인지, 어떻게 우리 삶을 더 풍요롭게 만드는지 함께 알아볼까요?

1) 전통적 버킷 리스트에서 새로운 패러다임으로

전통적으로 버킷 리스트는 '죽기 전에 꼭 해 볼 것'이었죠. 삶이 유한하다는 걸 깨닫고, 남은 시간을 후회 없이 보내려는 계획이었어요. 하지만 100세까지 사는 것이 특별하지 않은 시대에, 삶의 마지막에 겨우 버킷 리스트를 시작한다면 너무 늦은 거겠죠?

호모 헌드레드에게 버킷 리스트는 새로운 삶의 단계로 진입하는 '환승역'과 같습니다. 60대에 은퇴하고 남은 40년의 삶을 어떻게 채울지 고민하는 것은 더 이상 막연한 미래가 아니에요.

이제 버킷 리스트는 50대, 60대에 새롭게 짜여서 은퇴 후 제2, 제3의 인생을 설계하는 데 중요한 나침반이 됩니다. 앞으로의 긴 시간을 능동적으로 채워나갈 힘이 되는 거죠. 실제로 모건 프리먼은 65세에 《버킷 리스트》라는 영화를 찍으며 버킷 리스트의 새로운 의미를 보여 주었고, 80대가 된 지금도 활발한 연기 활동으로 사회 참여를 이어 가고 있습니다.

■ **100세 시대 새로운 버킷 리스트 작성을 위한 5대 지침**

① **생애 단계별로 진화하는 동적 버킷 리스트를 만드세요**
기존의 고정된 목록 방식에서 벗어나 10년 단위로 업데이트되는 유동적인 버킷 리스트를 작성하세요. 50대에는 건강 증진과 새로운 기술 습득에 중점을 두고, 60대에는 경험 나눔과 사회 기여에 집중하며, 70대 이후에는 정신적 성숙과 가족·친구와의 깊은 관계에 초

점을 맞추는 식으로 각 단계에 적합한 목표들을 설정하세요. 나이와 건강 상태, 관심사의 변화에 따라 자연스럽게 조정해 나가는 것이 중요합니다.

② 은퇴 이후 30~40년을 위한 장기적 비전을 설계하세요

단순히 여가 활동이나 즐거운 경험에만 초점을 맞추지 말고, 은퇴 후의 긴 시간을 의미 있게 채울 수 있는 장기적 목표를 포함하세요. 새로운 언어 배우기, 전문 기술 습득하기, 사회적 기업 창업하기, 봉사 활동 단체 설립하기 등 지속적인 성장과 기여가 가능한 항목들을 버킷 리스트에 담으세요. 이런 목표들은 단순한 체험을 넘어 새로운 정체성과 삶의 목적을 제공할 것입니다.

③ 건강 수명 연장을 위한 구체적 목표를 우선순위로 설정하세요

100세까지 건강하게 살기 위해서는 체력 관리, 정신 건강, 사회적 관계 유지가 필수입니다. 단순히 "건강 관리"라는 추상적 목표가 아니라 "주 3회 이상 근력 운동하기", "매년 건강검진 받고 관리하기", "새로운 취미 활동 배우기", "정기적으로 친구들과 만나기" 등 구체적이고 실행 가능한 건강 관련 목표들을 버킷 리스트의 핵심으로 설정하세요.

④ 경험과 지혜를 나누는 사회적 기여 활동을 포함하세요

오랜 인생 경험을 통해 축적한 지식과 지혜를 다른 사람들과 나누

는 것을 버킷 리스트에 포함시키세요. 멘토링 프로그램 참여, 자서전이나 회고록 쓰기, 전문 분야 강의하기, 지역사회 봉사 활동 등을 통해 개인적 만족을 넘어 사회적 가치를 창출하는 목표들을 설정하세요. 이런 활동들은 존재감과 성취감을 지속적으로 제공하며, 더 나은 세상을 만드는 데 기여할 수 있습니다.

⑤ 관계 중심의 목표를 통해 사회적 연결망을 강화하세요

혼자서 할 수 있는 활동보다는 가족, 친구, 새로운 사람들과 함께 할 수 있는 목표들을 우선적으로 포함하세요. "손자들과 세계 여행하기", "대학 동창들과 정기 모임 갖기", "새로운 취미 모임 참여하기", "이웃들과 공동체 활동하기" 등 관계를 깊게 하고 확장할 수 있는 목표들을 설정하세요. 사회적 고립을 방지하고 정신적 건강을 유지하는 데 이런 관계 중심의 버킷 리스트가 큰 도움이 될 것입니다.

2) 끊임없이 진화하는 살아 있는 목록

호모 헌드레드의 버킷 리스트는 고정된 목록이 아니에요. 끊임없이 진화하고 변화하는, 살아 있는 삶의 반영입니다. 20대에 쓴 버킷 리스트와 60대에 쓴 버킷 리스트가 같을 리 없겠죠?

젊을 때는 모험이나 성공 같은 목표가 많았다면, 나이 들면서는 건강, 관계, 사회적 기여, 정신적인 성숙 같은 목표가 더 중요해집니다.

예를 들어, 50대에 '세계 여행'이 목표였다면, 70대에는 '오랜 친구들과 국내 여행'으로 바뀔 수도 있어요. 혹은 '새로운 언어 배우기'가 'AI 번역 기술로 해외 친구 사귀기'로 진화할 수도 있고요.

이처럼 호모 헌드레드는 변하는 건강 상태, 사회 환경, 그리고 개인적인 관심사에 따라 유연하게 버킷 리스트를 수정하고 업데이트합니다. 길어진 삶 속에서 새로운 의미와 즐거움을 계속 찾아 나가는 과정인 셈이죠.

■ 평생 진화하는 버킷 리스트 관리를 위한 5대 지침

① 정기적인 리뷰와 업데이트 시스템을 구축하세요

매년 생일이나 새해에 버킷 리스트를 점검하고 수정하는 습관을 만드세요. 지난 한 해 동안 달성한 목표는 체크하고, 더 이상 중요하지 않거나 현실적이지 않은 목표는 과감히 삭제하세요. 새롭게 관심이 생긴 분야나 변화된 상황에 맞는 목표들을 추가하면서 버킷 리스트가 현재의 나를 정확히 반영하도록 지속적으로 관리하세요. 과거의 목표에 얽매이지 말고 현재와 미래의 나에게 의미 있는 것들로 채워 나가세요.

② 생애 주기별 가치관 변화를 수용하고 반영하세요

20~30대의 성취 지향적 목표에서 40~50대의 균형 추구, 60대 이후의 의미 추구로 자연스럽게 변화하는 가치관을 인정하고 버킷 리스트에 반영하세요. 젊을 때 중요했던 외적 성공이나 모험적 경험보다는 나이가 들수록 관계의 깊이, 정신적 성장, 사회적 기여 같은 내적 가치들이 더 소중해질 수 있습니다. 이런 변화를 자연스럽게 받아들이며 각 시기에 맞는 목표들로 버킷 리스트를 재구성하세요.

③ 건강 상태와 신체적 변화에 맞게 목표를 조정하세요

나이가 들면서 체력이나 건강 상태가 변할 수 있으므로, 이를 현실적으로 반영한 목표 설정이 중요합니다. 과거에 '에베레스트 등반'이 목표였다면 '국내 명산 100곳 등반'으로, '마라톤 완주'가 목표였다면 '하프 마라톤 완주'나 '매일 산책하기'로 조정하는 식으로 접근하세요. 포기가 아닌 현명한 적응으로 받아들이고, 여전히 도전적이면서도 실현 가능한 범위에서 목표를 설정하세요.

④ 기술과 사회 변화에 맞춰 새로운 형태의 목표를 개발하세요

디지털 기술의 발달, 사회 환경의 변화, 새로운 트렌드 등을 버킷 리스트에 적극적으로 반영하세요. '편지 쓰기'가 '영상 편지 만들기'

로, '사진 앨범 만들기'가 '디지털 스토리북 제작하기'로 진화할 수 있습니다. 또한 온라인 커뮤니티 참여, 가상현실 체험, AI 기술 활용 등 새로운 시대에 맞는 목표들을 추가하여 시대에 뒤처지지 않는 활기찬 삶을 유지하세요.

⑤ 유연성과 일관성의 균형을 유지하세요

변화에 대응하는 유연성을 유지하면서도 내 핵심 가치와 정체성은 일관되게 지켜나가는 균형감을 기르세요. 목표의 구체적인 형태는 바뀔 수 있지만, 그 목표를 통해 추구하고자 하는 본질적 가치는 유지하세요. 예를 들어 '여행'이라는 목표의 형태는 바뀔 수 있지만 '새로운 경험과 배움'이라는 핵심 가치는 계속 추구할 수 있습니다. 이렇게 변화하는 외적 조건에 적응하면서도 내적 일관성을 유지하는 것이 성숙하고 진정성 있는 버킷 리스트 관리법입니다.

3) 지속적 성장과 자기계발의 동력

길어진 수명은 은퇴 후에도 꾸준한 자기계발과 성장이 필요하다는 것을 의미합니다. 호모 헌드레드에게 버킷 리스트는 이런 성장을 위한 강력한 동기가 됩니다. 단순히 돈 버는 목표를 넘어, 새로운 기술을 배우거나, 미뤄 뒀던 취미를 시작하거나, 의미 있는 봉사 활동에 참여하는 등 정신적, 지적 성장을 위한 목표들이 버킷 리스트의 중요한 부분을 차지해요.

'새로운 악기 배우기', '코딩 배우기', '고전 읽기' 같은 목표를 통해 은퇴 후에도 배움을 놓지 않아요. 이건 뇌 활동을 활발하게 유지하고 치매 예방에도 큰 도움이 됩니다. 실제로 안토니오 반데라스는 61세에 심장마비를 겪은 후 버킷 리스트를 다시 작성해 연출에 도전했고, 현재 감독으로서 새로운 경력을 쌓고 있습니다.

'환경 보호 캠페인 참여하기', '지역사회 봉사 활동하기', '멘토링 프로그램으로 경험 공유하기' 등은 개인적인 만족을 넘어 사회에 긍정적인 영향을 주려는 마음을 담고 있습니다. 이런 활동들은 삶의 의미를 훨씬 풍부하게 만들어 주죠. 오프라 윈프리는 50대 후반부터 버킷 리스트에 '교육을 통한 사회 기여'를 넣고 남아프리카에 여학교를 설립하는 등 적극적인 사회공헌 활동을 펼치고 있습니다.

'마라톤 완주하기', '등산하기', '자서전 쓰기' 같은 목표는 체력적, 정신적 도전을 요구할 수 있어요. 이런 도전과 성공 경험은 길어진 삶에 활력을 불어넣고, 자존감을 높이는 데 아주 중요합니다. 해리슨 포드는 67세에 버킷 리스트에 '인디아나 존스 재연'을 넣고 80세가 된 지금까지 액션 영화에 도전하고 있으며, 다이애나 니아드(여)

는 64세에 쿠바에서 플로리다까지 상어 우리 없이 수영으로 횡단하는 꿈을 이뤘습니다.

■ 은퇴 후 지속적 성장을 위한 버킷 리스트 작성 5대 지침

① 뇌 건강과 인지 능력 향상을 위한 학습 목표를 설정하세요

'새로운 언어 배우기', '악기 연주 익히기', '컴퓨터 프로그래밍 배우기', '고전 문학 읽기' 등 뇌를 자극하고 새로운 신경 연결을 만드는 활동들을 버킷 리스트에 포함하세요. 이런 학습 활동은 치매 예방과 인지 능력 유지에 직접적으로 도움이 됩니다. 단순한 취미를 넘어 체계적이고 지속적인 학습 계획을 세워 매일 조금씩이라도 새로운 것을 배우는 습관을 만들어 정신적 활력을 유지하세요.

② 축적된 경험과 전문성을 나누는 사회 기여 활동을 계획하세요

평생 쌓아 온 지식과 경험을 다음 세대나 필요한 사람들과 나누는 목표를 설정하세요. '청년 창업가 멘토링', '재능 기부 강의', '자원봉사 단체 리더십', '사회적 기업 창업' 등을 통해 개인적 성취감과 사회적 가치 창출을 동시에 추구하세요. 이런 활동들은 존재의 의미를 확인하고 지속적인 동기부여를 제공하며, 사회적 네트워크를 확장하는 데도 도움이 됩니다.

③ 신체적·정신적 한계에 도전하는 성취 목표를 포함하세요

나이가 들어도 새로운 도전을 통해 성취감을 느낄 수 있는 목표들을 설정하세요. '하프 마라톤 완주', '등산 100 명산 달성', '자서전 출간', '전시회 개최' 등 개인의 한계를 뛰어넘는 도전적 목표들을 포함하세요. 이런 성취 경험은 자존감을 높이고 삶에 활력을 불어넣으며, '나이가 들어도 할 수 있다'는 자신감을 제공합니다. 안전한 범위 내에서 점진적으로 난이도를 높여 가는 것이 중요합니다.

④ 창조적 표현과 예술 활동을 통한 자아실현 목표를 설정하세요

'그림 그리기', '시집 출간', '음악 작곡', '사진전 개최', '수공예 작품 만들기' 등 창조적 활동을 통해 내면의 감정과 생각을 표현하는 목표들을 포함하세요. 예술 활동은 스트레스 해소, 정서적 안정, 자기표현의 기회를 제공하며 삶의 질을 크게 향상시킵니다. 완벽함을 추구하기보다는 과정 자체를 즐기며 내면의 창의성을 발휘하는 데 중점을 두세요.

⑤ 지속 가능한 성장을 위한 단계적 목표 체계를 구축하세요

은퇴 후 20~30년의 긴 시간을 고려하여 단기(1~2년), 중기(3~5년), 장기(10년 이상) 목표로 나누어 체계적으로 계획하세요. 건강 상태나 관심사의 변화를 고려하여 유연하게 조정할 수 있는 여지를 남겨 두면서도, 지속적인 성장과 발전이 가능한 목표들로 구성하세

요. 각 목표마다 구체적인 실행 계획과 평가 기준을 설정하여 체계적으로 관리하고, 정기적으로 진행 상황을 점검하며 필요에 따라 수정해 나가세요.

4) 관계 중심의 새로운 버킷 리스트

호모 헌드레드에게 버킷 리스트는 혼자만의 목표가 아니라, 소중한 사람들과의 관계를 더 돈독히 하는 수단이 되기도 합니다. 길어진 삶 속에서 가족, 친구, 동료와의 관계는 더욱 중요해지죠.

버킷 리스트에 '가족과 함께 여행하기', '오래된 친구들과 모임 갖기', '배우자와 새로운 취미 시작하기' 등 관계 중심의 목표를 넣으면서, 사랑하는 사람들과의 추억을 쌓고 유대감을 강화하려고 노력합니다.

이는 고독사나 사회적 고립 같은 문제를 예방하는 데도 도움이 돼요. 버킷 리스트를 함께 계획하고 실행하는 과정에서 자연스럽게 사람들과 교류하게 되고, 이는 정신 건강에도 긍정적인 영향을 줍니다.

결국 버킷 리스트는 개인의 성장을 넘어, 공동체 속에서 더불어 살아가는 삶의 소중함을 깨닫게 해 주는 역할을 합니다.

호모 헌드레드 시대의 버킷 리스트는 단순한 '할 일 목록'이 아닙니다. 길어진 인생을 어떻게 의미 있게 살아갈 것인가에 대한 청사진이자, 끊임없이 성장하고 변화하는 삶의 나침반인 것입니다.

■ 버킷 리스트 작성을 위한 5대 지침

① 현실적인 건강 상태와 경제력을 고려해 계획하세요

무리한 목표보다는 현재 체력과 건강 상태에 맞는 실현 가능한 목표를 세우세요. 예를 들어 '에베레스트 등반' 대신 '국립공원 트레킹', '세계일주' 대신 '국내 명산 완주'처럼 조정하세요. 경제적 여건도 솔직하게 반영해 부담 없이 달성할 수 있는 범위 내에서 계획을 짜세요. 건강 검진 결과를 바탕으로 의사와 상담한 후 목표를 설정하는 것도 중요합니다.

② 단계별로 나누어 점진적으로 접근하세요

큰 목표를 한 번에 달성하려 하지 말고 작은 단계로 나누어 차근차근 접근하세요. '새로운 언어 배우기'라면 '기초 회화 → 여행 회화 → 자격증 취득' 순으로, '마라톤 완주'라면 '3km 걷기 → 5km 조깅 → 10km 완주 → 하프 마라톤 → 풀 마라톤' 식으로 단계를 설정하세요. 각 단계마다 기한을 정하고 달성 시 스스로를 격려하며 다음 단계로 나아가세요.

③ 혼자보다는 가족이나 친구와 함께할 수 있는 목표를 포함하세요

사회적 관계를 강화할 수 있는 목표를 버킷 리스트에 넣으세요. '배우자와 댄스 배우기', '손자녀와 캠핑 가기', '동창들과 졸업여행 다시 가기', '요리 동호회 만들어 활동하기' 등 관계 중심의 목표는 외로움을 예방하고 삶의 만족도를 높입니다. 함께하는 사람이 있으면 목표 달성 동기도 더 강해지고 포기할 확률도 줄어들어요.

④ 새로운 배움과 도전 요소를 균형 있게 배치하세요

뇌 건강과 인지 능력 유지를 위해 학습 목표와 새로운 도전을 적절히 섞어 넣으세요. '컴퓨터 활용법 배우기', '악기 연주 배우기', '그림 그리기', '새로운 요리법 익히기' 등 뇌를 자극하는 활동들을 포함하세요. 동시에 '자원봉사 활동', '텃밭 가꾸기', '지역 문화센터 프로그램 참여' 등 사회적 기여와 성취감을 느낄 수 있는 활동도 넣어 균형을 맞추세요.

⑤ 정기적으로 목록을 점검하고 업데이트하세요

버킷 리스트는 고정된 것이 아니라 살아 있는 문서라고 생각하세요. 6개월마다 한 번씩 목록을 점검해 달성한 목표는 체크하고, 상황이 바뀌어 불가능해진 목표는 수정하거나 삭제하세요. 새로운 관심사나 건강 상태 변화에 따라 목표를 추가하거나 조정하는 것도 필요합니다. 가족들과 함께 버킷 리스트를 공유하고 피드백을 받으면 더

욱 현실적이고 의미 있는 목표를 세울 수 있어요.

■ **당신의 버킷 리스트, 당신의 삶을 디자인하다**

　호모 헌드레드에게 버킷 리스트는 더 이상 삶의 마지막을 기다리는 수동적인 목록이 아닙니다. 길어진 삶을 어떻게 채워 나갈지, 어떤 경험을 하고 어떤 사람이 될지에 대한 능동적인 '삶의 설계 도구'죠. 질병 치료를 넘어선 건강 관리, 경제적 안정, 활발한 사회활동, 그리고 끊임없는 자기계발은 호모 헌드레드의 버킷 리스트를 구성하는 핵심 요소들입니다.

　이렇게 버킷 리스트는 호모 헌드레드에게 길어진 삶을 의미 있고 풍요롭게 만들 수 있는 무한한 가능성을 제시합니다. 우리가 100세 시대를 단순히 '오래 사는 것'을 넘어, '더 잘 사는 것'으로 인식하게 하는 중요한 매개체가 될 겁니다.

"꿈을 기록하라, 그러면 이루어질 것이다."
- 조셉 머피

03. 우리 삶은 '다양성'으로 진화 중!
호모 헌드레드를 넘어

　호모 헌드레드, 즉 100세 시대는 인류의 새로운 모습을 보여 줍니다. 하지만 우리의 진화는 단순히 오래 사는 것만이 아니에요. 이제 우리는 더 다양하고, 나만의 방식으로 삶을 꾸려 가는 방향으로 나아가고 있습니다. 정해진 삶의 방식에서 벗어나, 각자의 가치와 열망에 따라 삶을 재구성하려는 경향이 강해지는 거죠. 100세 시대를 넘어, 인류가 어떻게 다양한 삶을 추구하고 있는지 함께 살펴볼까요?

1) 직업의 경계가 사라진다: N잡러와 평생 학습은 기본!

　예전엔 한 가지 직업만 가지고 평생을 사는 것이 당연했어요. 하지만 기술과 사회가 워낙 빠르게 변하면서 이런 직업의 경계가 무너지고 있습니다. 이제 사람들은 한 가지 일에 얽매이지 않고, N잡러(N-jobber), 즉 여러 직업을 동시에 갖거나 다양한 분야에서 활동하는 걸 자연스럽게 받아들입니다.

전문성을 바탕으로 여러 프로젝트에 참여하거나, 본업 외에 취미를 사업으로 연결하는 등 다양한 정체성을 가지는 것이 흔해졌어요. 단순히 돈 때문이 아니라, 자아실현과 다양한 경험을 하고 싶어서죠. 실제로 일론 머스크는 전기자동차 회사 테슬라의 CEO이면서 동시에 우주 탐사 회사 스페이스X, 뇌-컴퓨터 인터페이스 회사 뉴럴링크, 터널 굴착 회사 보링 컴퍼니 등 여러 분야에서 활동하며 다중 정체성을 보여 주고 있습니다. 또한 배우 라이언 레이놀즈는 연기 외에도 진 브랜드 '에이비에이션 진'과 통신회사 '민트 모바일'을 운영하며 사업가로서의 정체성도 갖고 있어요.

기술 발전이 워낙 빨라서, 한 번 배운 지식으로는 평생을 살 수 없게 됐습니다. 그래서 새로운 기술과 정보를 계속 배우고, 필요하면 직업을 바꾸기 위한 재교육도 당연하게 받아요. 온라인 교육이나 짧은 시간 배우는 '마이크로러닝' 같은 것들이 이런 평생 학습을 돕는 중요한 도구가 되고 있습니다. 이건 단순히 취업을 위한 공부를 넘어, 개인의 성장과 삶의 만족도를 높이는 수단으로 확장되고 있어요. 아마존 창업자 제프 베이조스는 50대 중반에 우주여행 회사 블루 오리진에 집중하기 위해 CEO에서 물러나 새로운 분야를 학습하며 도전하고 있습니다.

■ 다중 직업과 평생 학습을 위한 5대 지침

① 핵심 전문성을 기반으로 확장하세요

하나의 강력한 전문 분야를 먼저 구축한 후, 이를 바탕으로 관련 영역으로 확장해 나가세요. 예를 들어 마케팅 전문가라면 디지털 마케팅 → 브랜드 컨설팅 → 온라인 교육 콘텐츠 제작 → 스타트업 멘토링 순으로 영역을 넓혀 가세요. 기존 전문성을 활용하면 새로운 분야 진입이 훨씬 수월하고 신뢰도도 높아집니다.

② 시간과 에너지를 체계적으로 관리하세요

여러 일을 동시에 하려면 철저한 시간 관리가 필수입니다. 각 활동별로 우선순위를 정하고, 주간/월간 스케줄을 미리 계획하세요. 본업에 지장을 주지 않는 선에서 부업이나 새로운 도전을 배치하고, 번아웃을 방지하기 위해 충분한 휴식 시간도 확보하세요. 디지털 도구나 앱을 활용해 효율적으로 일정을 관리하는 것도 중요합니다.

③ 네트워킹과 협업 기회를 적극 활용하세요

다양한 분야의 사람들과 네트워크를 구축하고 협업 기회를 만들어 보세요. 온라인 커뮤니티, 전문가 모임, 세미나 참석 등을 통해 새로운 인맥을 쌓고 정보를 교환하세요. 서로 다른 전문성을 가진 사람들과 프로젝트를 함께 하면 시너지 효과를 낼 수 있고, 새로운 기회도 발견할 수 있습니다.

④ 지속적인 학습을 위한 시스템을 만드세요

매일 30분씩이라도 새로운 지식을 습득하는 습관을 만드세요. 온라인 강의, 팟캐스트(Pod cast), 전문 서적, 유튜브 등 다양한 학습 채널을 활용하고, 업계 트렌드와 기술 변화를 꾸준히 모니터링하세요. 학습한 내용을 블로그나 SNS에 정리해서 공유하면 지식이 더 오래 기억되고 전문성도 인정받을 수 있어요.

⑤ 실패를 두려워하지 말고 작은 실험부터 시작하세요

새로운 분야에 도전할 때는 큰 투자보다는 작은 프로젝트나 부업부터 시작하세요. 위험을 최소화하면서 경험을 쌓고, 성공 가능성을 확인한 후 점차 규모를 늘려 가세요. 실패하더라도 값진 경험과 교훈을 얻을 수 있다고 생각하고, 빠르게 수정하고 다시 도전하는 유연성을 가지세요. 완벽함보다는 지속적인 개선에 초점을 맞추는 것이 중요합니다.

2) 가족의 틀이 깨진다: '정상 가족'은 옛말!

전통적인 핵가족 중심 사회는 이제 다양한 가족 형태로 넓어지고 있습니다. 결혼과 출산에 대한 생각이 변하면서, 사람들은 각자의 선택에 따라 새로운 가족 형태를 만들어 가고 있어요.

개인의 자유와 독립성을 중요하게 생각하는 경향이 강해지면서, 혼자 사는 1인 가구가 엄청나게 늘고 있습니다. 결혼을 필수가 아닌 선택으로 여기는 비혼주의자도 늘어나고 있고요. 이건 사회 전반의 가치관 변화를 보여 주는 거죠. 실제로 배우 김우빈은 공개적으로 "결혼보다는 개인적인 성장과 일에 집중하고 싶다"고 밝히며 비혼 라이프를 추구하고 있습니다.

피를 나누지 않은 사람들이 모여 사는 공동체 주택, 코리빙(Co-living) 공간 등 새로운 형태의 주거 및 생활 공동체가 등장하고 있습니다. 외로움을 덜고, 생활의 편리함을 찾으며, 같은 가치를 공유하는 사람들과 교류하고 싶어서죠. 반려동물과의 삶도 이제 또 하나의 중요한 가족 형태로 자리 잡았습니다. 배우 유해진은 '겨울이'를 떠나보내고, 페로스 증후군을 겪으면서도 가족 같은 유대감을 공감하는 실상을 영화 '도그데이즈'를 통해 잘 알려져 있습니다.

한부모 가정, 결혼하지 않고 함께 사는 커플, 동성 커플 등 예전에는 '비전형적'이라고 생각했던 다양한 가족 형태가 사회적으로 인정받고 존중받는 분위기가 퍼지고 있습니다. 이는 개인의 선택과 행복을 존중하는 방향으로 사회가 발전하고 있음을 보여 줘요. 연예인 홍석천은 동성애자로서 자신의 정체성을 공개하며 다양한 가족 형태에 대한 사회적 인식 변화에 기여했습니다.

■ 다양한 가족 형태 시대를 위한 5대 지침

① 개인의 선택을 존중하고 편견 없이 받아들이세요

전통적인 가족 형태만이 정답이라는 고정관념을 버리고, 다양한 가족 형태를 자연스럽게 받아들이세요. 비혼, 1인 가구, 동성 커플, 한부모 가정 등을 바라볼 때 선입견이나 편견을 갖지 말고, 각자의 선택과 행복을 우선으로 생각하세요. 다른 사람의 생활 방식에 대해 불필요한 간섭이나 조언보다는 이해와 존중의 자세를 보이는 것이 중요합니다.

② 사회적 지원 시스템 활용법을 알아 두세요

1인 가구나 한부모 가정 등 다양한 가족 형태에 맞는 정부 지원 제도와 사회 서비스를 미리 알아 두세요. 주거 지원, 의료 혜택, 세제 혜택, 육아 지원 등 각자의 상황에 맞는 제도를 적극 활용하고, 필요시 관련 기관에 문의하여 도움을 받으세요. 지역사회의 공동체 프로그램이나 네트워크에도 참여하여 사회적 연결망을 구축하세요.

③ 경제적 독립성과 안정성을 우선 확보하세요

어떤 가족 형태를 선택하든 경제적 자립이 가장 중요합니다. 1인 가구라면 월세, 생활비, 비상금을 포함한 재정 계획을 세우고, 한부모라면 육아비와 교육비까지 고려한 장기적인 경제 계획을 수립하세요. 보험 가입, 연금 준비, 응급상황 대비 자금 등을 체계적으로 관리하여 어떤 상황에서도 안정적인 생활을 유지할 수 있도록 준비하세요.

④ 건강한 사회적 관계망을 구축하고 유지하세요

혼자 살거나 소규모 가족이라면 외로움과 고립을 방지하기 위해 의식적으로 사회적 관계를 만들고 유지하세요. 동호회, 취미 모임, 자원봉사, 종교 활동 등을 통해 다양한 사람들과 교류하고, 정기적인 모임이나 연락을 통해 관계를 지속하세요. 온라인 커뮤니티도 좋은 방법이지만, 오프라인에서의 직접적인 만남도 균형 있게 유지하는 것이 중요합니다.

⑤ 미래 변화에 대비한 유연한 계획을 세우세요

가족 형태나 생활 방식은 시간이 지나면서 변할 수 있으므로 유연한 대응 계획을 미리 세워 두세요. 1인 가구에서 커플이 될 수도 있고, 비혼에서 결혼으로, 또는 그 반대로 변할 수도 있습니다. 건강 상태 변화, 경제적 상황 변화, 사회적 관계 변화 등에 따라 주거 형태나 생활 방식을 조정할 수 있는 계획을 준비하고, 변화를 긍정적으로 받아들이는 마음가짐을 가지세요.

3) 삶의 공간이 유연해진다: 디지털 노마드와 재택근무!

디지털 기술 발전 덕분에 우리가 일하고 생활하는 방식과 공간이 완전히 바뀌었습니다. 이제 정해진 사무실에 출근하지 않고, 전 세계 어디에서든 내 일을 할 수 있는 디지털 노마드(Digital Nomad)의 삶이 현실이 되고 있어요.

코로나19 팬데믹을 겪으면서 원격 근무는 이제 많은 회사에서 기본 근무 형태로 자리 잡았습니다. 출퇴근 시간 절약, 워라밸 개선, 업무 효율성 증대 등 장점이 많아서 삶의 질을 높이는 데 크게 기여하죠. 실제로 깃랩(GitLab) CEO 시드 시브랜디는 회사를 100% 원격 근무 체제로 운영하며 네덜란드에서 거주하면서 글로벌 팀을 이끌고 있습니다.

인터넷만 연결되면 해변 카페에서, 산속 오두막에서, 혹은 다른 나라 도시에서 일할 수 있게 되었어요. 이건 개인이 원하는 삶의 방식에 따라 거주지를 자유롭게 선택하고, 다양한 문화를 경험하며 시야를 넓히려는 욕구를 채워 줍니다. 유명한 디지털 노마드인 피터 레벨스는 지난 10년간 50개 이상의 도시를 여행하며 원격으로 여러 스타트업을 운영하고 있습니다.

도시에만 집중되었던 인구와 기회가 분산되면서, 사라질 위기에 처했던 지방 지역에 새로운 활력을 불어넣기도 합니다. 사람들은 삶의 질을 중요하게 생각하며, 자연환경이 좋거나 생활비가 저렴한 지방으로 이주해 새로운 삶을 개척하기도 해요. 베이스캠프 창업자 제이슨 프라이드는 시카고에서 작은 마을로 이주해 원격으로 회사를 경영하며 지방 생활의 장점을 널리 알리고 있습니다.

■ **디지털 노마드와 원격 근무를 위한 5대 지침**

① 안정적인 인터넷 환경과 업무 도구를 확보하세요
어디서든 원활하게 일하려면 고속 인터넷, 백업 인터넷(모바일 핫스팟), 고성능 노트북, 클라우드 스토리지 등 기본적인 디지털 인프라를 갖춰야 합니다. VPN 서비스, 화상회의 도구, 협업 플랫폼 사용법을 숙지하고, 시간대가 다른 지역에서 일할 때를 대비해 스케줄 관리 앱도 활용하세요. 정전이나 인터넷 장애에 대비한 비상 계획도 미리 세워 두는 것이 중요합니다.

② 체계적인 시간 관리와 자기 규율을 확립하세요

원격 근무나 노마드 생활에서는 스스로 시간을 관리하는 능력이 핵심입니다. 일정한 업무 시간을 정하고, 업무 공간과 휴식 공간을 구분하여 일과 삶의 경계를 명확히 하세요. 시간대 차이를 고려한 미팅 스케줄을 짜고, 집중력을 높이기 위한 개인만의 루틴을 만드세요. 번아웃을 방지하기 위해 충분한 휴식과 운동 시간도 반드시 확보하세요.

③ 효과적인 소통과 협업 능력을 기르세요

대면 소통이 제한된 환경에서는 명확하고 효율적인 커뮤니케이션이 더욱 중요합니다. 이메일, 메신저, 화상회의 등 각 상황에 맞는 소통 채널을 선택하고, 업무 진행 상황을 정기적으로 공유하는 습관을 기르세요. 문서화의 중요성을 인식하고, 회의록이나 업무 기록을 체계적으로 남기세요. 팀원들과의 비공식적인 소통 시간도 의식적으로 만들어 관계를 유지하세요.

④ 재정 관리와 안전 대책을 철저히 준비하세요

노마드 생활이나 원격 근무를 위해서는 안정적인 수입원 확보가 필수입니다. 여러 국가에서 사용 가능한 은행 계좌와 카드를 준비하고, 환율 변동과 각국의 세금 제도를 미리 알아 두세요. 여행자 보험, 건강보험 등을 충분히 가입하고, 응급상황에 대비한 비상금도 별도로 준비하세요. 개인정보 보호와 사이버 보안에도 각별히 신경 쓰세요.

⑤ 지역 적응력과 문화적 감수성을 기르세요

새로운 지역으로 이주하거나 여행하며 일할 때는 현지 문화와 관습을 존중하는 자세가 중요합니다. 기본적인 현지 언어를 배우고, 지역 커뮤니티와 교류하며 네트워크를 구축하세요. 현지의 법률, 비자 규정, 업무 관련 규제 등을 미리 조사하고 준비하세요. 장기간 한 곳에 머물더라도 지역 사회에 기여하는 마음가짐을 갖고, 지속 가능한 여행과 생활 방식을 실천하세요.

4) 가치관과 소비가 바뀐다: 지속 가능성, 그리고 나만의 신념!

물질적인 풍요를 넘어, 이제는 개인의 가치관과 신념을 반영한 소비와 삶의 방식이 중요해지고 있습니다. 환경 보호, 사회적 책임, 동물 복지 등 지속 가능하고 윤리적인 가치를 추구하는 경향이 강해지고 있어요.

제품이 어떻게 만들어지는지, 어떤 재료를 쓰는지, 그리고 기업이 사회적 책임을 다하는지 등을 따져 보고 소비를 결정하는 사람들이 늘어나고 있습니다. 플라스틱 사용 줄이기, 비건 식단 실천, 공정 무역 제품 구매 같은 것들이 자신의 신념을 삶에 반영하는 구체적인 행동들이죠. 실제로 배우 레오나르도 디카프리오는 환경 보호를 위해 전기차만 사용하고 비건 식단을 실천하며 환경 재단을 운영하고 있습니다.

많이 소유하는 것보다 삶의 질과 경험의 가치를 중요하게 여기는 미니멀리즘이 확산되고 있어요. 불필요한 소비를 줄이고, 물건보다는 여행, 취미, 교육 등 경험에 투자해서 삶의 만족도를 높이려는 경향이 강합니다. 넷플릭스 다큐멘터리로 유명해진 미니멀리스트 조슈아 필즈 밀번과 라이언 니코데머스는 고소득 직장을 그만두고 최소한의 소유물로 살아가며 경험과 관계의 중요성을 전파하고 있습니다.

성별, 인종, 종교, 취향 등 다양한 정체성을 가진 사람들이 자신을 있는 그대로 표현하고 존중받는 사회를 지향합니다. 이는 패션, 문화, 미디어 등 다양한 분야에서 획일적인 기준을 벗어나 개성을 존중하는 흐름으로 이어지고 있어요. 가수 빌리 아일리시는 독특한 패션과 음악으로 자신만의 정체성을 표현하며 젊은 세대에게 개성 존중의 메시지를 전하고 있고, 배우 엠마 왓슨은 UN 여성친선대사로 활동하며 성평등과 다양성 존중을 위한 캠페인을 적극적으로 펼치고 있습니다.

■ 가치 지향적 라이프스타일을 위한 5대 지침

① 소비 전 가치 기준을 명확히 세우고 실천하세요

구매하기 전에 그 제품이나 서비스가 본인의 가치관과 일치하는지 확인하는 습관을 기르세요. 기업의 환경 정책, 노동자 처우, 사회적 책임 활동 등을 조사하고, 친환경 인증, 공정무역 마크, 비건 제품 등을 적극 선택하세요. 가격이 조금 비싸더라도 장기적으로 사회와 환경에 도움이 되는 소비를 우선시하고, 이러한 선택이 개인의 신념을 실현하는 방법임을 인식하세요.

② 소유보다는 경험과 관계에 투자하세요

물질적 소유욕을 줄이고 여행, 교육, 문화 활동, 인간관계 등 무형의 가치에 더 많은 시간과 자원을 투자하세요. 새로운 기술 배우기, 다양한 사람들과의 만남, 자연 체험, 예술 감상 등은 오래 기억에 남고 개인적 성장에 도움이 됩니다. SNS에서 과시용 소비보다는 진정한 의미와 즐거움을 주는 활동에 집중하고, 이를 통해 삶의 만족도를 높이세요.

③ 다양성과 포용성을 일상에서 실천하세요

성별, 나이, 인종, 종교, 성적 지향 등에 관계없이 모든 사람을 존중하는 태도를 갖고, 편견이나 차별적 언행을 하지 않도록 주의하세요. 다양한 배경을 가진 사람들과 교류하고, 서로 다른 관점을 듣고 배우려는 열린 마음을 가지세요. 소수자를 지원하는 단체나 활동에 참여하고, 일상 대화에서도 포용적인 언어를 사용하는 습관을 기르세요.

④ 환경 보호를 위한 작은 실천들을 지속하세요
 플라스틱 사용 줄이기, 대중교통 이용, 분리수거 철저히 하기, 에너지 절약, 음식물 쓰레기 줄이기 등 일상에서 실천할 수 있는 환경 보호 활동을 꾸준히 하세요. 일회용품 대신 재사용 가능한 제품을 선택하고, 로컬 푸드와 제철 음식을 우선 구매하세요. 개인의 작은 실천이 모여 큰 변화를 만들 수 있다는 믿음을 갖고 지속적으로 노력하세요.

⑤ 정보 습득과 지속적인 학습으로 가치관을 발전시키세요
 사회 문제와 환경 이슈에 대해 지속적으로 공부하고 정보를 습득하여 올바른 판단을 할 수 있는 능력을 기르세요. 신뢰할 만한 뉴스 소스를 찾고, 다양한 관점의 의견을 듣고 비교 검토하는 습관을 가지세요. 가치 지향적 라이프스타일은 고정된 것이 아니라 계속 발전하고 변화하는 것이므로, 새로운 정보와 경험을 통해 본인의 가치관도 유연하게 발전시켜 나가세요.

■ **나만의 삶을 디자인하다**

　호모 헌드레드 시대를 넘어선 인류의 진화는 획일적인 삶의 방식에서 벗어나, 개개인의 다양성을 존중하고 각자의 가치를 추구하는 방향으로 나아가고 있습니다. 직업과 가족의 형태, 삶의 공간, 그리고 소비 방식에 이르기까지, 우리는 더 이상 사회가 정해 놓은 틀에 갇히지 않고 스스로 삶을 디자인하려 합니다.

　이런 변화는 우리에게 무한한 자유와 가능성을 주지만, 동시에 다양한 가치관과 삶의 방식이 공존하는 사회에서 서로를 이해하고 존중하는 노력이 더욱 중요해짐을 의미합니다. 인류는 이제 단순히 생존하고 발전하는 것을 넘어, 각자의 삶을 하나의 예술 작품처럼 만들어 가는 여정을 시작하고 있습니다.

"가장 위대한 발명은
인간의 삶을 더 다양하게 만드는 것이다."
- 찰스 다윈

04. '나답게' 사는 법
진정한 나를 만나기 위한 태도의 변화

　의료 기술 발전 덕분에 우리 삶은 훨씬 길어졌습니다. 동시에 사회는 엄청나게 변하고 있고, 다양성이 새로운 표준이 되고 있어요. 획일적인 성공 기준은 사라지고, 각자의 가치관에 따라 삶을 디자인하는 시대가 온 겁니다. 그렇다면 이렇게 길고 다양해진 세상에서 우리는 어떻게 '나답게' 살아가야 할까요? 정답은 없지만, 몇 가지 중요한 삶의 태도를 통해 그 방향을 찾아볼 수 있습니다.

1) 끊임없이 배우고 유연하게 생각하기: 변화에 강해져라!

　100세 시대의 가장 큰 특징 중 하나는 바로 변화의 속도입니다. 어제는 새로운 기술이, 오늘은 새로운 사회 현상이 등장하며 우리 삶에 계속 영향을 미치죠. 이런 세상에서 뒤처지지 않고 내 삶의 주인이 되려면 평생 학습은 선택이 아닌 필수가 됩니다.

학교 졸업했다고 공부 끝나는 거 아니죠! 새로운 기술, 지식, 문화에 대한 호기심을 잃지 않고 계속 배우려는 자세가 중요해요. 온라인 강의, 독서, 세미나 참여 등 다양한 방법으로 지적 호기심을 채우고, 세상 돌아가는 흐름을 읽는 눈을 길러야 합니다. 실제로 리드 헤이스팅스는 50대 중반에 넷플릭스 CEO에서 물러난 후에도 지속적으로 새로운 기술과 트렌드를 학습하며 교육 분야에 투자하고 있고, 미디어 업계의 패러다임 변화를 이끌고 있습니다.

과거의 성공 방식이나 흔히 통하는 생각에 갇히지 말고, 새로운 시각으로 세상을 바라보는 유연한 사고가 필요합니다. '원래 이래야 돼', '저건 안 돼' 같은 고정관념에서 벗어나 열린 마음으로 새로운 아이디어와 방식들을 받아들이는 연습을 해 보세요. 때로는 내가 가진 지식이나 경험이 오히려 독이 될 수도 있다는 걸 인정하고, 과감히 버릴 줄 아는 용기도 필요합니다. 버크셔 해서웨이의 찰리 멍거는 90대가 된 지금도 "매일 조금씩 더 현명해지려 노력한다"며 새로운 분야를 공부하고 기존 관점을 수정하는 것을 두려워하지 않고 있습니다.

■ 변화하는 시대의 평생 학습을 위한 5대 지침

① 매일 작은 학습 습관을 만들어 지속하세요

거창한 계획보다는 매일 30분씩이라도 새로운 것을 배우는 습관을 만드세요. 출퇴근 시간에 팟캐스트 듣기, 점심시간에 온라인 강의 한 편 보기, 잠들기 전 관련 서적 읽기 등 일상에 자연스럽게 녹아드는 학습 루틴을 설정하세요. 한 번에 많이 하려다 포기하기보다는 꾸준함을 목표로 하고, 학습한 내용을 간단히 메모하거나 누군가와 공유하여 기억에 오래 남도록 하세요.

② 다양한 분야에 호기심을 갖고 경계를 넘나드세요

본인의 전문 분야에만 국한되지 말고 인문학, 과학기술, 예술, 사회 트렌드 등 다양한 영역에 관심을 가지세요. 서로 다른 분야의 지식이 만날 때 창조적인 아이디어가 나오는 경우가 많습니다. 평소 관심 없던 분야의 책을 읽거나, 다른 업계 사람들과 대화하고, 전혀 다른 분야의 세미나에 참석해보세요. 이런 경험들이 시야를 넓히고 새로운 기회를 발견하는 데 도움이 됩니다.

③ 실패와 무지를 인정하고 배움의 기회로 활용하세요

모르는 것을 부끄러워하지 말고 솔직하게 인정하는 용기를 가지세요. "잘 모르겠네요, 배워 보겠습니다"라고 말할 수 있는 겸손함이 오히려 더 많은 학습 기회를 가져다줍니다. 실패한 경험도 소중한 학습 자료로 여기고, 무엇을 잘못했는지 분석하여 다음번에는 더 나은 결과를 얻을 수 있도록 개선하세요. 완벽주의보다는 지속적인 개선에 초점을 맞추세요.

④ 젊은 세대와 적극적으로 소통하고 교류하세요

새로운 기술과 트렌드는 대부분 젊은 세대에서 시작됩니다. 나이나 지위에 상관없이 젊은 사람들과 대화하고, 그들의 관점과 경험을 듣는 데 열린 마음을 가지세요. 멘토링 관계에서도 일방적으로 가르치기보다는 서로 배우는 '리버스 멘토링'을 실천하고, SNS나 온라인 커뮤니티를 통해서도 다양한 세대와 소통하는 창구를 만드세요.

⑤ 학습한 지식을 실제로 적용하고 공유하세요

배운 지식을 단순히 아는 것에서 그치지 말고 실제 상황에 적용해 보세요. 새로 배운 기술을 업무에 활용하거나, 학습한 개념을 일상 문제 해결에 사용해 보세요. 또한 배운 내용을 다른 사람들과 공유하고 토론하면서 지식을 더욱 깊이 있게 이해할 수 있습니다. 블로그 작성, 스터디 그룹 참여, 강의나 발표 등을 통해 지식을 나누는 활동을 해 보세요.

2) '나'를 알아 가는 여행: 스스로 서고 주체가 돼라!

다양해진 사회는 획일적인 성공 기준이 사라졌다는 걸 의미합니다. 남들이 좋다고 하는 걸 무작정 쫓기보다는, 내가 뭘 원하는지, 뭘 잘하는지, 어떤 삶의 가치를 중요하게 생각하는지 아는 것이 중요해졌어요.

바쁜 일상 속에서도 잠시 멈춰 서서 나 자신을 돌아보는 시간을 가지세요. 내가 뭘 할 때 행복한지, 어떤 것에 의미를 느끼는지, 나의 강점과 약점은 뭔지 꾸준히 탐색해야 합니다. 명상, 일기 쓰기, 혼자만의 시간 갖기 등이 좋은 방법이 될 수 있어요. 실제로 미디어 재벌 오프라 윈프리는 매일 아침 명상과 일기 쓰기를 통해 자신을 성찰하며, 이를 통해 자신만의 독특한 길을 개척해 세계적인 영향력을 가진 인물이 되었습니다.

사회가 제시하는 성공의 속도나 방식에 휩쓸리지 말고, 나에게 맞는 속도와 방식을 찾아야 합니다. 남들이 억대 연봉을 받는다고 조급해하거나, 유명한 사람이 된다고 그 길을 무조건 따라갈 필요는 없어요. 내가 만족하고 행복할 수 있는 나만의 길을 개척하는 것이 진정한 성공일 수 있습니다. 소설가 파울로 코엘료는 40대에 첫 베스트셀러 《연금술사》를 썼지만, 그전까지 수십 년간 자신만의 속도로 글쓰기와 영적 탐구를 계속하며 결국 전 세계적인 작가가 되었습니다.

■ 진정한 나를 찾기 위한 5대 지침

① 정기적인 자기 성찰 시간을 확보하고 실천하세요
일주일에 최소 한 번은 스마트폰을 끄고 혼자만의 시간을 가지세요. 지난 일주일 동안 어떤 순간에 가장 행복했는지, 무엇이 스트레

스를 주었는지, 어떤 가치를 중요하게 여겼는지 되돌아보세요. 감정 일기를 쓰거나 명상을 통해 내면의 목소리에 귀 기울이고, 정기적으로 자신의 목표와 가치관이 변했는지 점검해 보세요. 이런 습관이 진정한 자아를 발견하는 첫걸음입니다.

② 타인의 기대와 사회적 압력에서 벗어나 나만의 기준을 세우세요
성공의 기준을 연봉, 지위, 명예 등 외적 요소에만 두지 말고 내적 만족감과 의미를 포함한 종합적인 관점에서 정의하세요. 부모님이나 친구들의 기대보다는 내가 진정으로 원하는 것이 무엇인지 파악하고, 그에 맞는 목표를 설정하세요. 남들과 비교하는 습관을 줄이고, 어제의 나와 오늘의 나를 비교하여 성장을 측정하는 방식으로 마음가짐을 바꿔 보세요.

③ 다양한 경험을 통해 숨겨진 재능과 관심사를 발견하세요
안전지대에서 벗어나 새로운 활동이나 취미를 시도해 보세요. 평소 관심 없던 분야의 강의를 듣거나, 봉사활동에 참여하거나, 여행을 통해 다른 문화를 경험해 보세요. 이런 경험들을 통해 예상치 못한 재능이나 흥미를 발견할 수 있고, 이것이 새로운 인생의 방향을 제시해 줄 수 있습니다. 실패를 두려워하지 말고 작은 실험들을 계속해 보세요.

④ 건강한 경계선을 설정하고 'NO'라고 말하는 연습을 하세요

모든 요청에 '예스'라고 답할 필요는 없습니다. 내 가치관과 맞지 않는 일이나 에너지를 고갈시키는 관계에 대해서는 정중하지만 단호하게 거절하는 방법을 배우세요. 다른 사람을 실망시킬까 봐 걱정하기보다는, 내 시간과 에너지를 진정으로 중요한 것에 집중할 수 있도록 우선순위를 명확히 하세요. 거절도 자기를 존중하는 방법 중 하나라는 점을 기억하세요.

⑤ 신뢰할 수 있는 지지자들과 진솔한 관계를 구축하세요

자신을 있는 그대로 받아 주고 솔직한 피드백을 줄 수 있는 사람들과 깊은 관계를 맺으세요. 이들은 내가 길을 잃었을 때 방향을 제시해 주고, 어려운 결정을 내려야 할 때 조언을 구할 수 있는 소중한 존재들입니다. 동시에 나 역시 다른 사람들에게 그런 존재가 되어 주려 노력하세요. 진정한 관계에서는 서로의 성장을 지지하고 격려할 수 있습니다.

3) 관계를 새롭게 정의하고 넓히기: 외로움을 넘어 함께!

길어진 삶 속에서 사회적 관계는 더욱 중요해집니다. 가족 형태의 다양화와 개인주의 확산은 새로운 형태의 관계를 필요로 하며, 동시

에 외로움에 빠질 위험도 커지고 있죠.

　예전의 수직적인 관계에서 벗어나, 서로 존중하는 수평적인 관계를 지향해야 합니다. 세대 간의 벽을 허물고, 다양한 배경을 가진 사람들과 교류하며 시야를 넓히는 게 중요해요. 혈연 중심의 가족을 넘어, 취미나 관심사를 공유하는 공동체, 느슨한 연대 등 다양한 형태의 관계를 받아들이고 넓혀야 합니다. 실제로 배우 톰 행크스는 할리우드에서도 겸손하고 따뜻한 인품으로 유명하며, 나이와 지위에 관계없이 모든 스태프와 동료들을 존중하는 수평적 관계를 유지하며 사랑받고 있습니다.

　관계는 저절로 유지되지 않아요. 적극적으로 소통하고, 상대방 이야기를 잘 들어주며, 필요할 때는 도움을 주고받는 등 능동적인 노력이 필요합니다. 온라인 커뮤니티, 동호회, 자원봉사 등 다양한 활동을 통해 새로운 관계를 맺고 기존 관계를 돈독히 할 수 있어요. 미국의 방송인 엘렌 디제너러스는 은퇴 후에도 동물 보호 단체와 LGBTQ+ 커뮤니티 활동을 통해 의미 있는 관계들을 지속적으로 만들어 가며 사회적 연결망을 확장하고 있습니다.

　모든 관계가 나에게 좋은 영향만 주는 건 아닙니다. 때로는 나를 힘들게 하거나 에너지를 뺏어 가는 관계도 있죠. 이런 관계에 대해 건강한 거리를 유지하고, 필요하다면 단호하게 정리할 줄 아는 지혜도 필요합니다. 테니스 선수 세레나 윌리엄스는 경력 전반에 걸쳐 자신에게 독이 되는 관계는 과감히 정리하고, 긍정적 에너지를 주는 사람들과만 가까이 지내며 정신적 건강과 경기력을 동시에 유지했습니다.

■ **건강한 사회적 관계 구축을 위한 5대 지침**

① 다양성을 포용하고 열린 마음으로 새로운 관계를 시작하세요

나이, 직업, 배경이 다른 사람들과도 적극적으로 교류하며 편견 없이 접근하세요. 나보다 젊은 사람에게는 새로운 트렌드와 관점을 배우고, 연륜 있는 분들에게는 지혜와 경험을 얻을 수 있습니다. 온라인 커뮤니티, 동호회, 자원봉사, 평생교육 프로그램 등을 통해 다양한 사람들과 만날 기회를 만들고, 서로의 차이를 인정하고 존중하는 자세를 유지하세요.

② 정기적인 소통과 관심 표현을 게을리하지 마세요

중요한 사람들과는 정기적으로 연락하고 안부를 물어보는 습관을 기르세요. 생일이나 기념일을 기억하고 축하 메시지를 보내거나, 상대방이 힘든 시기를 겪을 때 따뜻한 위로를 건네세요. 일방적인 소통보다는 상대방의 이야기를 진심으로 들어주고, 공감하며 반응하

는 것이 중요합니다. 작은 관심과 배려가 쌓여 깊은 신뢰 관계를 만들어 갑니다.

③ 상호 도움과 지원이 가능한 네트워크를 구축하세요

일방적으로 받기만 하거나 주기만 하는 관계보다는, 서로 도움을 주고받을 수 있는 균형 잡힌 관계를 만들어 가세요. 내 전문 분야의 지식이나 경험을 나누고, 필요할 때는 다른 사람의 도움을 겸손하게 받아들이세요. 어려운 일이 생겼을 때 서로 지지하고 격려할 수 있는 신뢰할 만한 사람들과의 관계를 소중히 여기고 지속적으로 발전시켜 나가세요.

④ 관계에서 발생하는 갈등을 건설적으로 해결하세요

모든 관계에는 크고 작은 갈등이 있기 마련입니다. 문제가 생겼을 때 회피하거나 감정적으로 대응하기보다는, 차분하게 대화하며 해결책을 찾으려 노력하세요. 상대방의 입장을 이해하려 하고, 내 감정과 생각을 솔직하지만 정중하게 표현하세요. 때로는 사과하거나 양보할 줄 아는 겸손함도 필요하며, 관계를 유지할 가치가 있는지도 현실적으로 판단해야 합니다.

⑤ 나에게 해로운 관계는 과감히 정리할 용기를 가지세요

모든 관계를 무조건 유지할 필요는 없습니다. 지속적으로 스트레

스를 주거나, 나의 성장을 방해하거나, 부정적인 에너지를 전달하는 관계라면 건강한 거리를 두세요. 독성 있는 관계에서 벗어나는 것도 자기 관리의 중요한 부분입니다. 정리할 때는 가능한 한 상대방에게 상처를 주지 않는 방법을 찾되, 내 정신적 건강과 행복을 우선시하는 결단력을 가지세요.

4) 삶의 목적과 의미 찾기: 소비를 넘어 가치 만들기!

물질적인 풍요만으로는 길어진 삶의 공허함을 채울 수 없습니다. 호모 헌드레드는 단순히 소비하고 즐기는 것을 넘어, 삶의 목적과 의미를 찾고 '가치'를 만들어 내는 것에서 진정한 만족을 얻고자 합니다.

내 재능이나 경험을 통해 사회에 기여하고 남을 돕는 것은 큰 보람을 줍니다. 자원봉사, 멘토링, 재능 기부 등 다양한 형태로 사회에 긍정적인 영향을 미치며 삶의 의미를 확장할 수 있어요. 이건 내 존재 가치를 확인하고, 사회 구성원으로서 책임감을 느끼게 합니다.

환경 문제, 사회 불평등 같은 큰 문제들을 외면하지 않고, 작은 실천이나 선택으로 지속 가능한 사회를 만드는 데 동참하는 태도가 중요합니다. 윤리적인 소비, 친환경 생활 습관, 약자를 배려하는 마음

등은 우리가 살아가는 세상에 대한 책임감을 보여 주는 태도입니다.

돈이나 명예 같은 물질적인 것 외에, 경험, 지식, 관계, 정신적 평화 등 무형의 가치를 중요하게 여기는 태도입니다. 미니멀리즘, 여행, 예술 활동, 명상 등은 이런 무형의 가치를 추구하는 대표적인 예시입니다. 이런 가치들은 길어진 삶을 훨씬 풍요롭고 의미 있게 만들어 줍니다.

■ 삶의 목적과 의미를 발견하기 위한 5대 지침

① 나만의 사명(使命)을 발견하고 구체화하세요

내가 정말 중요하게 생각하는 가치가 무엇인지, 어떤 일을 할 때 가장 보람을 느끼는지 깊이 성찰해 보세요. 과거의 경험 중에서 누군가에게 도움이 되었거나 의미 있다고 느꼈던 순간들을 되돌아보고, 그 안에서 나만의 사명을 찾아내세요. 이 사명을 구체적인 목표와 행동 계획으로 만들어 일상에서 실천할 수 있도록 하세요. 사명이 명확해질수록 삶의 방향성과 동기가 더욱 분명해집니다.

② 내 재능과 경험을 사회에 환원하는 방법을 찾으세요

평생 쌓아 온 지식, 기술, 경험을 혼자만 간직하지 말고 다른 사람들과 나누세요. 멘토링, 강의, 자원봉사, 재능 기부 등 다양한 방식으로 사회에 기여할 수 있습니다. 내 전문 분야에서 후배들을 지도하거나, 어려운 환경에 있는 사람들을 도우면서 내 존재의 가치를 확인하고 삶의 보람을 느낄 수 있습니다. 작은 기여라도 꾸준히 이어가면 큰 변화를 만들어 낼 수 있습니다.

③ 지속 가능한 가치관을 바탕으로 일상을 재구성하세요

단기적인 만족이나 물질적인 풍요보다는 장기적으로 지속 가능한 선택을 하는 습관을 기르세요. 환경을 생각하는 소비, 공정무역 제품 구매, 로컬 비즈니스 지원, 에너지 절약 등의 실천을 통해 더 나은 세상을 만드는 데 동참하세요. 이러한 작은 실천들이 모여 내 삶의 일관성을 만들고, 미래 세대에 대한 책임감 있는 태도를 보여 줍니다.

④ 물질적 성취를 넘어선 무형의 가치를 추구하세요

돈, 명예, 지위 같은 외적인 성과에만 매몰되지 말고, 개인적 성장, 깊은 인간관계, 정신적 평화, 창조적 경험 등 내면의 풍요로움을 추구하세요. 새로운 언어 배우기, 예술 활동, 여행, 독서, 명상 등을 통해 내면을 풍부하게 만들고 삶의 깊이를 더해 가세요. 이런 경험들은 돈으로 살 수 없는 진정한 만족과 행복을 가져다줍니다.

⑤ 내 삶의 스토리를 의미 있게 완성해 나가세요

지금까지의 인생을 되돌아보며 내가 겪은 시행착오, 성취, 배움을 하나의 일관된 이야기로 정리해 보세요. 과거의 실패나 고통도 현재의 나를 만든 소중한 경험으로 받아들이고, 앞으로 남은 인생에서 어떤 의미 있는 장면들을 추가하고 싶은지 구상해 보세요. 자서전 쓰기, 가족사 정리, 인생 회고록 작성 등을 통해 내 삶의 가치와 의미를 재발견하고 후세에 전달할 유산을 만들어 가세요.

■ **나만의 항해 지도를 그리는 당신의 삶**

100세 시대의 다양화된 사회에서 우리는 더 이상 정해진 길을 따르는 배가 아니에요. 스스로 나만의 항해 지도를 그리고, 나만의 속도로, 나만의 방향으로 나아가야 합니다. 끊임없이 배우고, 나 자신을 이해하며, 다양한 사람들과 연결되고, 삶의 의미를 찾아가는 과정 자체가 우리 삶을 풍요롭게 만드는 여정입니다.

이런 삶의 태도들은 하루아침에 뚝딱 만들어지는 게 아니죠. 끊임없이 나를 돌아보고 실천하면서 조금씩 단단해지고 유연해지는 겁니다.

"인생은 목적지가 아니라 여정이다."
- 랄프 왈도 에머슨

05. 다시 시작할 용기!
100세 시대, '늦었다'는 건 없어

   100세 시대가 열리면서 우리 삶의 시간표가 완전히 새로 쓰였습니다. 예전엔 30대에 자리 잡고, 50대 중후반에 은퇴하는 게 일반적이었죠. 하지만 평균 수명이 80세를 넘으면서 사회활동이 가능한 건강 수명도 함께 급증하였습니다. 따라서 UN과 OECD 보고서에서 함께 100세 시대를 전제로 생애주기로 제기되고 있는 만큼 '평생 성장(lifelong growth)'의 개념으로서의 인간관을 반영하고 있습니다. 이런 점을 고려해 볼 때 우리의 인생은 성장 → 기여 → 재도약 → 성찰의 순환구조로 보아야 하기 때문에 65세는 끝이 아니라 새로운 출발점(Second Stage)으로 인식해야 합니다.

   이와 같이 100세를 넘게 사는 게 특별한 일이 아닌 만큼, '늦은 출발'이라는 개념 자체가 무의미해지고 있습니다. 오히려 길어진 삶은 우리에게 몇 번이고 다시 시작할 수 있는 기회를 주고, 이게 우리 삶을 더 풍요롭게 만드는 힘이 됩니다. 지금부터라도 새로운 목표를 향해 나아간다면 결코 늦지 않은, 의미 있는 시작이 될 수 있어요!

1) 인생이 길어졌다: 시간표도 유연하게!

100세 시대는 '인생은 한 번뿐'이라는 생각을 '인생은 여러 번 다시 시작할 수 있다'로 바꿔 놓았습니다. 60대에 은퇴해도 앞으로 40년이라는 긴 시간이 남아 있어요. 이 시간은 과거의 노년기와는 다르게, 건강하고 활동적으로 살아갈 수 있는 '두 번째 청춘'이 될 수 있습니다.

젊은 시절엔 먹고 사느라 바빠서 진짜 내 재능이나 흥미를 발견하지 못했을 수도 있죠. 하지만 길어진 삶은 이제 그동안 억눌렸던 잠재력을 깨우고, 새로운 분야에 도전하며 숨겨진 재능을 꽃피울 귀한 기회를 줍니다. 늦게라도 음악, 미술, 글쓰기 같은 예술적 재능을 발견하거나, 봉사를 통해 남을 돕는 기쁨을 찾을 수도 있어요. 실제로 화가 모네는 40대 중반에 백내장 진단을 받았지만 70대까지 작품 활동을 계속하며 수련화 연작 같은 걸작을 남겼고, 베라 왕은 40세에 패션 디자이너로 데뷔해 세계적인 웨딩드레스 브랜드를 만들어 냈습니다.

한 가지 직업에 평생을 바치던 시대는 지났습니다. 100세 시대엔 여러 번 직업을 바꾸며 다양한 분야를 경험하고 새로운 전문성을 쌓는 게 자연스러워요. 40대나 50대에 새로운 분야로 이직하거나 창업을 시작하는 것이 더 이상 놀라운 일이 아니죠. 오히려 이는 다양한 경험에서 얻은 지혜와 노련함으로 더 크게 성공할 발판이 될 수도 있습니다. 스타벅스 창업자 하워드 슐츠는 29세에 스타벅스에 합류해 커피 문화를 완전히 바꿔 놓으며 제2의 인생을 시작했습니다.

■ 인생 재시작을 위한 5대 지침

① 과거 경험을 자산으로 활용하되 새로운 도전을 두려워하지 마세요

지금까지 쌓아 온 경험과 지식을 버리지 말고 새로운 분야에 접목시켜 차별화된 경쟁력을 만드세요. 예를 들어 교사 출신이라면 교육 콘텐츠 제작자로, 회계사 출신이라면 재정 컨설턴트로 전환하는 식으로 기존 전문성을 활용하세요. 동시에 완전히 새로운 영역에 도전하는 것도 주저하지 마세요. 나이는 숫자일 뿐이며, 새로운 기술이나 분야를 배우는 데 늦은 때란 없다는 마음가짐을 가지세요.

② 체계적인 준비와 점진적인 전환을 계획하세요

갑작스러운 변화보다는 충분한 준비 기간을 거쳐 점진적으로 전환하는 것이 안전합니다. 새로운 분야의 교육이나 자격증 취득, 관련 업계 네트워킹, 부업이나 프로젝트를 통한 경험 쌓기 등을 1~2년에 걸쳐 차근차근 준비하세요. 경제적 안정성도 고려해 최소 6개월에서 1년치 생활비를 확보한 후 전환을 시도하고, 가족과의 충분한 상의도 필요합니다.

③ 나이를 핑계로 삼지 말고 지속적인 학습 능력을 기르세요

"이 나이에 무슨"이라는 생각을 버리고 적극적인 학습자 마인드를 가지세요. 온라인 강의, 유튜브, 책, 세미나 등 다양한 학습 도구를 활용해 새로운 기술과 지식을 습득하세요. 젊은 동료나 멘토에게서 배우는 것을 주저하지 말고, 디지털 기술 활용법도 꾸준히 익혀 나가세요. 배움에 대한 열정과 겸손한 자세가 새로운 분야에서 성공할 수 있는 핵심 요소입니다.

④ 실패를 성장의 기회로 받아들이고 유연하게 적응하세요

새로운 도전에는 실패가 따를 수 있다는 것을 인정하고, 이를 두려워하지 마세요. 실패는 귀중한 학습 경험이며, 다음 도전을 위한 소중한 자산이 됩니다. 계획이 예상대로 되지 않을 때는 과감하게 방향을 수정하거나 새로운 접근법을 시도하는 유연성을 발휘하세요. 완벽주의보다는 지속적인 개선과 발전에 초점을 맞추는 것이 중요합니다.

⑤ 건강과 관계를 소홀히 하지 말고 균형 잡힌 재시작을 하세요

새로운 도전에 몰입하다 보면 건강 관리나 인간관계를 소홀히 할 수 있습니다. 하지만 100세 시대의 긴 여정을 고려할 때 꾸준한 운동, 건강한 식습관, 충분한 휴식은 필수입니다. 가족이나 친구들과의 관계도 유지하면서 새로운 인맥도 쌓아나가세요. 일과 삶의 균형

을 유지하며, 성공을 위해 모든 것을 희생하기보다는 지속 가능한 방식으로 재시작을 설계하세요.

2) '성공' 다시 정의하기: 나만의 속도, 나만의 가치!

사회는 더 이상 획일적인 성공 기준을 강요하지 않습니다. 빠른 승진, 높은 연봉, 거창한 명성만이 성공의 척도가 아니죠. 100세 시대에는 나만의 속도와 방식으로 삶을 채워 나가며, 내가 중요하게 생각하는 가치를 실현하는 것이 진정한 성공으로 여겨집니다.

다른 사람의 삶의 속도나 성취와 나를 비교하는 건 의미 없습니다. 우리는 모두 다른 출발선에서 다른 잠재력을 가지고 각자의 속도로 나아가는 존재니까요. 중요한 건 어제보다 나은 오늘을 만들고, 어제의 나보다 조금 더 성장하는 겁니다. 남들의 시선에서 벗어나 오직 '나' 자신에게 집중하고, 나만의 기준을 세우는 것이 중요해요. 실제로 미야자키 하야오는 은퇴를 여러 번 선언했다가 복귀하며 자신만의 속도로 작품을 만들어 왔고, 70대에도 《그대들은 어떻게 살 것인가》로 아카데미상을 수상하며 남들의 기대나 은퇴 압박에 흔들리지 않는 자신만의 길을 걸어왔습니다.

목표를 향해 나아가는 과정 자체가 주는 즐거움과 배움의 가치를 높이 평가해야 합니다. 비록 최종 목표에 도달하지 못하더라도, 그 과정에서 얻는 경험과 지혜, 그리고 만나는 사람들과의 관계는 그 자체로 값진 보상이 됩니다. 늦게 시작하더라도 조급해하지 않고, 한 걸음 한 걸음 내딛는 과정의 소중함을 느끼는 태도가 필요합니다.

■ 나만의 성공 기준을 세우기 위한 5대 지침

① 내적 동기와 외적 압박을 구분하여 진정한 목표를 설정하세요

사회적 기대나 타인의 시선 때문에 하고 싶은 일과 해야 한다고 생각하는 일을 명확히 구분하세요. 진정으로 나를 행복하게 만들고 의미를 느끼게 하는 것이 무엇인지 깊이 성찰해 보고, 이를 바탕으로 목표를 세우세요. 돈이나 명예보다는 개인적 만족감, 자아실현, 사회적 기여 등 내재적 가치를 우선순위에 두고 계획을 수립하는 것이 중요합니다.

② 작은 성취들을 인정하고 축하하는 습관을 기르세요

거대한 목표만 바라보지 말고 그 과정에서 이루어지는 작은 발전들을 소중히 여기고 축하하세요. 새로운 기술을 배웠거나, 어려운 상황을 극복했거나, 누군가에게 도움을 주었다면 그것도 충분히 의미 있는 성취입니다. 일기나 성취 노트를 작성해 이런 작은 승리들

을 기록하고, 스스로를 격려하는 시간을 가지세요. 이런 습관이 자존감을 높이고 지속적인 동기를 제공합니다.

③ 실패와 좌절을 성장의 디딤돌로 재정의하세요

모든 시도가 성공으로 이어지지는 않는다는 현실을 받아들이고, 실패를 통해 배울 수 있는 교훈에 집중하세요. "이번엔 안 됐지만 다음엔 더 잘할 수 있겠다"는 성장 마인드셋을 가지고, 실패 경험을 솔직하게 분석해 개선점을 찾아보세요. 완벽함을 추구하기보다는 지속적인 학습과 발전에 초점을 맞추면 부담 없이 도전할 수 있습니다.

④ 자신만의 성공 지표를 개발하고 정기적으로 점검하세요

연봉이나 직급 같은 외적 기준 외에도 개인적 만족도, 일과 삶의 균형, 건강 상태, 인간관계의 질, 새로운 경험의 횟수 등 다양한 측면에서 성공을 측정하는 지표를 만들어 보세요. 월별이나 분기별로 이런 지표들을 점검하며 현재 삶의 방향이 올바른지 확인하고, 필요하면 목표를 조정하는 유연성을 가지세요.

⑤ 비교와 경쟁보다는 협력과 연대를 추구하세요

다른 사람의 성공을 질투하거나 경쟁 상대로 보기보다는, 서로의 성장을 응원하고 도움을 주고받을 수 있는 관계를 만들어가세요. 같은 목표를 가진 사람들과 스터디 그룹을 만들거나, 멘토링 관계를 형

성하여 함께 발전해 나가는 것이 개인적 성장에도 더 도움이 됩니다. 나의 성공이 다른 사람의 실패를 의미하지 않으며, 모두가 각자의 방식으로 성공할 수 있다는 풍요로운 사고를 가지세요.

3) 경험과 지혜는 큰 자산: 늦깎이 시작의 강점!

뒤늦게 시작한다고 해서 불리한 것만은 아닙니다. 오히려 인생의 다양한 경험과 쌓아 온 지혜는 늦깎이 시작의 강력한 자산이 되죠.

젊은 시절의 시행착오와 실패는 훗날 새로운 도전에 부딪혔을 때 위기를 관리하고 문제를 해결하는 귀중한 자산이 됩니다. 성급한 판단을 피하고 신중하게 접근하며, 예상치 못한 난관에도 침착하게 대응할 수 있는 지혜는 경험 많은 사람에게서 나옵니다. 실제로 잭 마는 34세에 알리바바를 창업하기 전까지 수많은 실패를 겪었는데, 영어 교사로 일하며 번역 사업과 인터넷 사업에서 여러 번 실패한 경험이 알리바바를 성공으로 이끄는 위기 관리 능력의 기반이 되었습니다.

오랜 시간 쌓아 온 인맥은 새로운 출발에 큰 힘이 됩니다. 다양한 분야에서 활동하는 지인들은 정보 제공, 조언, 협력 등 여러 면에서 도움을 줄 수 있어요. 이건 젊은 시절에는 쉽게 얻기 어려운 강력한 자원입니다. 넷플릭스 창업자 마크 랜돌프는 40세에 넷플릭스를 공동 창업할 때 실리콘밸리에서 20년간 쌓아 온 네트워크를 활용해 초기 자금과 인재를 확보할 수 있었고, 이것이 회사 성공의 핵심 요소가 되었습니다.

젊은 시절의 무모함보다는 현실을 직시하고, 계획을 세우며, 포기하지 않고 끈기 있게 목표를 추구하는 능력이 중요합니다. 인생의 굴곡을 경험하며 단련된 인내심과 끈기는 뒤늦은 시작을 성공으로 이끄는 핵심적인 요소가 됩니다.

■ **늦깎이 성공을 위한 5대 지침**

① **축적된 경험과 지혜를 체계적으로 정리하고 활용하세요**

지금까지 살아오면서 겪은 다양한 경험들을 단순한 과거가 아닌 소중한 자산으로 인식하세요. 과거의 실패나 성공 경험을 분석해 어떤 교훈을 얻었는지 정리하고, 새로운 도전에서 이를 어떻게 활용할 수 있을지 구체적으로 계획하세요. 업무 경험뿐만 아니라 인생의 굴곡에서 배운 인간 이해, 문제 해결 능력, 스트레스 관리법 등도 모두 경쟁력이 될 수 있습니다.

② 기존 인맥을 적극 활용하되 새로운 네트워크도 구축하세요

오랜 시간 쌓아 온 인간관계를 새로운 도전의 든든한 지원군으로 활용하세요. 조언이 필요하거나 협력이 가능한 영역에서는 주저하지 말고 도움을 요청하고, 동시에 본인도 다른 사람들에게 도움을 줄 수 있는 부분을 찾아 상호 윈윈하는 관계를 만드세요. 기존 인맥에만 의존하지 말고 새로운 분야의 사람들과도 적극적으로 교류하며 네트워크를 확장해 나가세요.

③ 무모함보다는 신중한 계획과 단계적 접근을 택하세요

젊은 시절의 충동적인 도전보다는 철저한 준비와 단계적인 계획을 세우세요. 시장 조사, 재정 계획, 위험 분석 등을 충분히 하고, 실패했을 때의 대안도 미리 준비해 두세요. 한 번에 모든 것을 걸기보다는 작은 단위로 시작해서 점진적으로 확장하는 방식이 안전하고 지속 가능합니다. 가족의 생계나 안정성도 함께 고려한 현실적인 접근이 필요합니다.

④ 체력적 한계를 인정하되 효율성과 전략으로 보완하세요

젊은 시절과 같은 체력이나 에너지를 기대하기보다는 효율적인 시간 관리와 전략적 사고로 보완하세요. 핵심적인 업무에 집중하고, 불필요한 일은 과감히 포기하거나 위임하는 선택과 집중의 지혜를 발휘하세요. 건강 관리에도 더욱 신경 쓰고, 무리하지 않는 선에서

⑤ 나이를 약점이 아닌 신뢰의 자산으로 활용하세요

나이가 많다는 것을 단점으로 여기지 말고, 오히려 신뢰성과 안정감을 주는 강점으로 활용하세요. 고객이나 파트너들은 경험이 풍부하고 신중한 판단력을 가진 사람을 더 신뢰하는 경우가 많습니다. 멘토나 조언자로서의 역할을 적극 활용하고, 젊은 세대와 협력할 때는 경험과 지혜를 제공하는 윈윈 관계를 만들어 가세요. 나이 듦을 당당하게 받아들이는 자신감이 오히려 더 큰 매력이 될 수 있습니다.

4) 건강하고 활동적인 삶의 기반: 새로운 시작의 에너지!

100세 시대는 건강한 삶의 중요성을 더욱 강조합니다. 뒤늦은 출발을 성공으로 이끌기 위해서는 무엇보다 몸과 마음의 건강이 뒷받침되어야 합니다.

규칙적인 운동, 균형 잡힌 식단, 충분한 수면, 스트레스 관리 등 건강한 생활 습관을 유지하는 것은 새로운 도전을 위한 필수적인 에너지원이 됩니다. 건강을 잃으면 아무리 좋은 기회가 와도 잡을 수 없으니까요. 실제로 미국의 요가 지도자 타오 포천-린치는 73세에 요가를 시작해 102세까지 매일 요가 강의를 할 수 있었던 것은 나이가 아니라 삶의 태도가 중요하다는 것을 보여 주었습니다.

불확실한 미래 앞에서 불안감을 느끼는 건 당연하지만, 긍정적인 마음가짐을 유지하는 게 중요합니다. 실패를 두려워하기보다는 배움의 기회로 삼고, 좌절하더라도 다시 일어설 수 있는 회복 탄력성을 길러야 합니다. 새로운 도전에 대한 설렘과 기대감을 잃지 않는 것이 중요해요. 영국의 요리사 메리 베리는 60대에 《더 그레이트 브리티시 베이크 오프》로 세계적 명성을 얻었는데, 이전까지 수십 년간 크고 작은 실패를 겪으면서도 항상 "다음엔 더 잘할 수 있다"는 긍정적인 마음가짐을 유지했다고 합니다.

고립되지 않고 다양한 사람들과 교류하며 소통하는 것은 정신 건강에 매우 긍정적인 영향을 미칩니다. 새로운 목표를 공유하는 커뮤니티에 참여하거나, 친구들과 정기적으로 만나 이야기하는 등 사회적 유대감을 유지하는 것이 중요합니다. 건축가 안도 다다오는 80대가 된 지금도 젊은 건축가들과 적극적으로 교류하며 새로운 프로젝트에 도전하고 있고, 이러한 세대 간 소통이 그의 창작 활동에 지속적인 영감을 주고 있습니다.

■ **건강한 뒤늦은 출발을 위한 5대 지침**

① 종합적인 건강 관리 시스템을 구축하세요

단순히 운동만 하거나 식단만 관리하는 것이 아니라, 신체·정신·사회적 건강을 아우르는 종합적인 관리 계획을 세우세요. 정기적인 건강검진을 받고, 개인의 건강 상태에 맞는 운동 프로그램을 전문가와 상의해 설계하세요. 명상이나 취미 활동을 통한 스트레스 관리, 충분한 수면과 규칙적인 생활 패턴 유지도 함께 계획에 포함시켜 지속 가능한 건강 관리 체계를 만드세요.

② 실패와 좌절을 성장의 발판으로 재정의하세요

새로운 도전에서 겪는 어려움이나 실패를 개인적 결함이나 나이 탓으로 돌리지 말고, 학습과 성장의 자연스러운 과정으로 받아들이세요. 매번 실패할 때마다 무엇을 배웠는지 기록하고, 다음번에는 어떻게 개선할 수 있을지 구체적인 계획을 세우세요. "나이가 들어서 안 돼"라는 부정적 자기 대화를 "경험이 많아서 더 현명하게 접근할 수 있어"로 바꾸는 연습을 하세요.

③ 활동적인 사회적 네트워크를 지속적으로 확장하세요

기존 친구들과의 관계를 유지하면서도 새로운 분야에서 만나는 사람들과 적극적으로 관계를 맺으세요. 같은 목표를 가진 사람들의 모임에 참여하거나, 온라인 커뮤니티 활동을 통해 연령대가 다양한 사람들과 교류하세요. 젊은 사람들에게는 경험과 지혜를 나누고, 동년배에게는 동기부여와 격려를 주고받으며, 나보다 연장자에게는 롤모델을 찾는 등 다층적인 관계망을 구축하세요.

④ 에너지 관리를 통한 효율적인 활동 패턴을 개발하세요

젊은 시절과 같은 무한한 에너지를 기대하기보다는, 자신의 에너지 패턴을 파악하고 가장 중요한 일에 집중할 수 있도록 계획하세요. 하루 중 가장 집중력이 높은 시간대를 파악해 핵심 업무를 배치하고, 피로할 때는 무리하지 말고 충분한 휴식을 취하세요. 완벽주의를 버리고 핵심적인 것에만 집중하는 선택과 집중의 지혜를 발휘하세요.

⑤ 지속적인 학습과 정신적 자극을 통해 뇌 건강을 유지하세요

새로운 기술을 배우거나, 다른 언어를 공부하거나, 창작 활동을 하는 등 지속적으로 뇌를 자극하는 활동을 일상에 포함시키세요. 독서, 퍼즐, 새로운 게임 등을 통해 인지 기능을 활성화하고, 정기적으로 새로운 환경이나 상황에 노출되어 적응력을 기르세요. 단순한 반복 업무보다는 창의성과 문제 해결 능력을 요구하는 활동을 선택하여 정신적 예리함을 유지하세요.

■ **당신의 삶은 지금부터가 시작이다!**

100세 시대에는 '늦었다'는 말은 통용되지 않습니다. 당신이 몇 살이든, 어떤 배경을 가지고 있든 상관없이 지금 이 순간이 당신의 새로운 시작점이 될 수 있습니다. 과거의 경험과 지혜를 자산 삼아, 끊임없이 배우고, 건강을 관리하며, 긍정적인 마음으로 나아간다면 당신의 삶은 더욱 풍요롭고 의미 있는 방향으로 진화할 것입니다.

'뒤늦은 출발'이라는 생각은 이제 버려도 좋습니다. 당신의 100세 시대는 지금부터가 진짜 시작입니다.

> "가장 중요한 것은 멈추지 않는 것이다.
> 천천히 가도 괜찮으니, 멈추지만 마라."
> – 공자

☑ 내 삶을 지키기 위한 체크리스트

100세 시대를 '나답게' 살아가고, '늦었다'는 생각 없이 끊임없이 새로운 시작을 꿈꾸는 당신을 위한 질문입니다. 앞선 질문들과 겹치지 않게, 당신의 삶을 더욱 단단히 지키는 데 초점을 맞췄습니다.

1. 새로운 기술과 정보에 대한 호기심을 잃지 않고, 변화하는 세상의 흐름을 읽으려 노력하나요?

2. 과거의 지식이나 경험이 오히려 독이 될 수 있음을 인정하고, 필요하다면 과감히 버릴 용기가 있나요?

3. 바쁜 일상 속에서도 '내가 뭘 할 때 행복한지' 등 스스로를 깊이 성찰하는 시간을 꾸준히 가지고 있나요?

4. 남들이 제시하는 성공의 속도나 방식에 휩쓸리지 않고, 나에게 맞는 속도와 방식을 찾아가고 있나요?

5. 타인의 기대나 사회적 압력 때문에 원치 않는 일을 하거나 불편한 관계를 유지하지 않고, 단호하게 'NO'라고 말할 수 있나요?

6. 혈연 중심의 가족을 넘어, 취미나 관심사를 공유하는 공동체 등 다양한 형태의 관계를 넓히려 노력하나요?

7. 내 재능이나 경험을 통해 사회에 기여하고 남을 돕는 '가치 있는 일'을 찾아 실천하고 있나요?

8. 물질적인 소유보다 여행, 경험, 지식, 정신적 평화 등 무형의 가치를 중요하게 여기며 삶을 채워 나가고 있나요?

9. 인생의 시행착오와 실패를 통해 얻은 지혜를 새로운 도전에 활용하고, 위기 관리 능력을 키우고 있나요?

10. 불확실한 미래 앞에서도 긍정적인 마음가짐을 유지하고, 실패를 배움의 기회로 삼아 다시 일어설 회복 탄력성을 가지고 있나요?

제2부

진짜 세상의 주인공이 되자

01. 우리 삶의 새로운 챕터가 열리다!
의미 있게 삶을 채우자

　우리는 지금 인류 역사상 그 누구도 경험하지 못한 새로운 시대의 문턱에 서 있습니다. 바로 '호모 헌드레드(Homo Hundred)'의 시대죠. 평균 수명이 100세에 달하는 시대, 단순히 오래 사는 것을 넘어 100년이라는 시간을 어떻게 의미 있게 채워 나갈지에 대한 깊은 고민이 필요합니다. 이식식·최효진(2019)의 연구는 '나는 고령(노인)에 속한다'고 인식하는 것은 연대 나이가 지배적이며, 이로 인해 사회참여를 망설이고 스스로를 고립시키는 심리적 위축에서 자기개발을 위한 주관적인 인식이 필요하다는 것을 지적하였습니다. 이어 강성현·이해정(2024)에 따른 세계 총인구 중 80세 이상이 대폭 증가한 비중은 1950년~2023년간 0.6%에서 2.0%로 느는 데 그쳤다고 하였으나, 이후 2100년에 이르러 80~89세 28.3%, 90세 이상 10.6%의 통계를 볼 때 고령 인구 중 80대 이상 비중이 확연히 높아지며 크게 가속화될 것으로 보입니다(2023년 19.8% → 2100년 38.9%). 이런 점에서 우리는 100세 시대를 향해 경제, 건강, 삶의 가치관 등을 재고하여 삶의 가치를 완성해 가는 시간으로 환경을 조성하는 것이 무엇보다 중요하며, 이는 100세 시대의 삶이 더욱 다채로워질 것임을 시사합니다.

1) 첫 번째 변화: '인생 N회 차'의 도래

과거 60~70세가 평균 수명이었던 시절에는 한 직장에서 평생 일하고 은퇴 후 남은 여생을 보내는 게 일반적이었죠. 하지만 이제 우리는 100년이라는 시간을 살아가야 합니다. 이건 단순히 직업을 한두 번 바꾸는 걸 넘어, 인생의 여러 챕터를 완전히 '리셋'하고 새로운 삶을 시작하는 게 보편화될 거란 뜻입니다.

예를 들어, 20대 후반에 첫 직업을 갖고 50대 초반에 은퇴한 뒤, 남은 50년을 어떻게 살 것인가의 문제가 생기죠. 단순히 소일거리를 찾거나 손자녀를 돌보는 삶을 넘어, 새로운 분야에 도전하고, 제2, 제3의 직업을 갖는 '인생 N회 차' 시대가 오는 겁니다. 과거에는 상상하기 어려웠던 70대 신입사원, 80대 창업가, 90대 박사 학위 취득자가 등장하는 게 더 이상 놀라운 일이 아닐 겁니다.

인생의 챕터마다 우리는 새로운 배움을 통해 성장하고, 새로운 관계를 맺으며, 전혀 다른 정체성을 가질 수도 있습니다. 실제로 넬슨

만델라는 27년의 감옥 생활을 마치고 72세에 남아프리카공화국 대통령이 되어 완전히 새로운 인생을 시작했고, 일본의 기업가 이나모리 가즈오는 78세에 파산한 일본항공(JAL) 회장을 맡아 회사를 재건하며 인생의 새로운 챕터를 열었습니다. 또한 미국의 할머니 요리사 클라라 칸나베로는 83세에 유튜브를 시작해 수백만 구독자를 가진 인플루언서가 되며 디지털 시대의 새로운 정체성을 확립했습니다.

■ **인생 N회 차를 위한 5대 지침**

① 각 챕터 사이의 전환 준비 기간을 충분히 확보하세요

인생의 한 챕터에서 다른 챕터로 넘어갈 때는 급작스럽게 전환하기보다는 2~3년의 준비 기간을 두세요. 새로운 분야에 대한 학습, 관련 네트워크 구축, 재정적 안정성 확보 등을 미리 준비하고, 현재 챕터를 마무리하는 동시에 다음 챕터의 기반을 다지는 중첩 기간을 가지세요. 성급한 전환은 실패 위험을 높이므로 체계적인 계획과 준비가 필수입니다.

② 각 인생 챕터마다 명확한 목표와 의미를 설정하세요

단순히 시간을 때우거나 이전 챕터의 연장선상에서 생각하지 말고, 각 새로운 챕터마다 고유한 목표와 의미를 부여하세요. "이번 챕터에서는 내가 무엇을 성취하고 싶은가?", "어떤 가치를 추구할 것인

가?", "누구에게 어떤 도움을 줄 것인가?" 등을 명확히 정의하고, 이를 바탕으로 구체적인 실행 계획을 세우세요.

③ 이전 경험을 버리지 말고 새로운 챕터의 자산으로 활용하세요

완전히 새로운 시작이라고 해서 과거의 경험이나 지식을 무시하지 마세요. 이전 챕터에서 쌓은 전문성, 인맥, 경험을 새로운 분야에 창의적으로 접목시키면 차별화된 경쟁력을 만들 수 있습니다. 예를 들어 교사 출신이 교육 콘텐츠 크리에이터가 되거나, 엔지니어 출신이 기술 컨설턴트가 되는 등 기존 강점을 활용한 새로운 도전을 시도하세요.

④ 평생 학습자로서의 정체성을 확고히 하세요

인생의 각 챕터마다 새로운 기술, 지식, 관점을 배워야 한다는 각오를 가지세요. 나이가 들수록 학습 능력이 떨어진다는 고정관념을 버리고, 오히려 경험과 지혜가 더해진 학습이 더 깊이 있고 실용적일 수 있다는 자신감을 가지세요. 온라인 강의, 대학원 진학, 전문 자격증 취득 등을 통해 지속적으로 자신을 업그레이드하는 습관을 유지하세요.

⑤ 실패를 두려워하지 말고 실험적 정신을 유지하세요

새로운 챕터에서는 실패가 당연하다는 마음가짐을 가지세요. 젊은 시절과 달리 '잃을 것이 많다'는 부담감 때문에 안전한 선택만 하려 하지 말고, 적절한 위험을 감수하며 새로운 가능성을 탐험하세요. 실패하더라도 그것이 마지막이 아니라 다음 챕터로 가는 중간 과정이라고 생각하고, 실패에서 배운 교훈을 다음 도전에 활용하는 회복 탄력성을 기르세요.

2) 두 번째 변화: '나이'는 무의미, '경험'이 중요해진다

100세 시대에는 단순히 '몇 살'이라는 나이가 점차 무의미해질 겁니다. 대신, '어떤 경험을 얼마나 다양하게 했는가'가 개인의 가치를 판단하는 데 더 중요한 척도가 될 겁니다. 60세가 되어도 몸과 마음이 40대처럼 활력 넘치는 사람들이 많아지고, 80세에도 새로운 기술을 배우고 사회활동에 적극적으로 참여하는 이들이 늘어날 테니까요.

이는 사회 시스템 전반에 걸쳐 큰 변화를 요구합니다. 정년 퇴직의 개념이 사라지고, 교육 시스템은 평생 학습 체제로 바뀌어야 합니다. 나이에 기반한 차별이나 편견은 점차 사라지고, 개인의 능력과 경험, 그리고 잠재력에 초점을 맞춘 사회가 되어야 하죠. 우리는 끊임없이 배우고, 새로운 것에 도전하며, 자신을 재창조하는 능력을 키워야 합니다. '나는 ~살이니까'라는 고정관념에서 벗어나, '나는 지금 무엇을 할 수 있는가'에 집중하는 삶의 태도가 중요해집니다.

실제로 건축가 프랭크 로이드 라이트는 76세에 구겐하임 미술관을 설계해 건축계에 새로운 혁신을 가져왔고, 패션 디자이너 아이리스 아펠은 87세에 패션 다큐멘터리의 주인공이 되어 102세의 나이까지 '맥시멀리즘'의 상징적인 인물로 불리기도 하였습니다.

■ 나이를 넘어선 삶을 위한 5대 지침

① 나이 관련 자기 제한 신념을 의식적으로 제거하세요

"이 나이에 무슨", "너무 늦었어", "젊은 사람들을 따라갈 수 없어" 같은 부정적 자기 대화를 의식적으로 멈추고, "경험이 풍부해서 더 현명하게 접근할 수 있어", "나만의 독특한 관점이 있어" 같은 긍정적 프레임으로 바꾸세요. 나이를 핸디캡이 아닌 강점으로 인식하고, 연륜에서 나오는 깊이와 통찰력을 자신의 경쟁력으로 활용하세요.

② 세대를 초월한 다양한 관계를 적극적으로 구축하세요

같은 연령대의 사람들하고만 어울리지 말고, 20~30대 젊은 세대부터 80~90대 어르신들까지 다양한 연령층의 사람들과 교류하세요. 젊은 세대에게는 새로운 트렌드와 기술을 배우고, 연장자에게는 지혜와 경험을 얻으며, 동년배와는 공감대를 나누는 등 각각의 관계에서 얻을 수 있는 가치를 최대화하세요. 온라인 커뮤니티나 다세대 프로그램에 적극 참여하세요.

③ 지속적인 신체적·정신적 건강 관리로 생물학적 나이를 낮추세요

규칙적인 운동, 균형 잡힌 식단, 충분한 수면을 통해 실제 나이보다 젊은 몸 상태를 유지하세요. 특히 근력 운동과 유산소 운동을 병행하고, 뇌 건강을 위한 독서, 퍼즐, 새로운 언어 학습 등을 꾸준히 하세요. 정기적인 건강검진을 통해 질병을 조기에 발견하고 관리하며, 스트레스 관리와 긍정적 마인드 유지에도 신경 쓰세요.

④ 기술 변화에 뒤처지지 않도록 디지털 리터러시(literacy)를 꾸준히 업데이트하세요

"나이가 들어 기술을 못 따라간다"는 핑계를 버리고, 새로운 디지털 기술과 플랫폼을 적극적으로 학습하세요. 스마트폰 활용법, SNS 사용법, 온라인 쇼핑, 화상회의 도구 등 기본적인 디지털 기술부터 차근차근 익히고, 필요하면 젊은 세대에게 도움을 요청하는 것을 주저하지 마세요. 기술이 나이를 무력화시키는 가장 강력한 도구임을 인식하세요.

⑤ 경험과 지혜를 사회에 환원하는 역할을 적극적으로 찾으세요

단순히 나이를 숨기거나 젊어 보이려고 노력하기보다는, 오랜 경

험에서 나온 지혜와 통찰력을 사회에 기여하는 방법을 찾으세요. 멘토링, 강의, 컨설팅, 자원봉사 등을 통해 후배 세대에게 도움을 주고, 동시에 그들로부터 새로운 에너지와 아이디어를 얻는 상호 원윈 관계를 만드세요. 나이가 주는 신뢰감과 안정감을 활용해 사회적 가치를 창출하세요.

3) 세 번째 변화: '관계'의 재정의, 그리고 '고독'과의 공존

인생이 길어지면서 우리는 훨씬 더 많은 사람들을 만나고 헤어지게 될 겁니다. 한 챕터에서 맺었던 관계가 다음 챕터에서는 희미해지거나 완전히 단절될 수도 있죠. 배우자와의 황혼 이혼, 자녀 세대와의 가치관 차이, 친구들의 죽음 등은 100세 시대에 더욱 자주 마주할 현실입니다. 이는 새로운 관계를 형성하는 능력이 중요해짐과 동시에, 깊은 고독에 대한 대비도 필요하다는 의미지요.

고독을 긍정적으로 받아들이고, 자신과의 시간을 즐기는 방법을 배우는 게 중요합니다. 또한, 혈연, 지연, 학연을 넘어선 다양한 형태의 커뮤니티와 관계망을 형성하는 노력이 필요해요. 온라인 커뮤니티, 취미 동호회, 자원봉사 그룹 등 새로운 형태의 사회적 연결고리를 통해 우리는 변화하는 관계 속에서도 삶의 풍요로움을 유지할 수 있습니다. 길어진 삶 속에서 우리는 어떤 관계를 맺고 싶은지, 그리고 어떻게 고독을 관리할 것인지에 대한 깊은 성찰이 필요합니다.

실제로 미국의 시인, 작가, 배우인 마야 안젤루는 여러 번의 이혼과 상실을 겪으면서도 86세까지 새로운 사람들과의 관계를 통해 지속적으로 작품 활동을 이어 갔고, 소설가 어슐러 K. 르 귄은 88세에 세상을 떠날 때까지 온라인을 통해 젊은 작가들과 활발히 소통하며 새로운 형태의 관계를 만들어 갔습니다.

■ 변화하는 관계와 고독 관리를 위한 5대 지침

① 관계의 자연스러운 변화를 받아들이고 감사하는 마음을 기르세요

모든 관계가 영원히 지속되지 않는다는 현실을 받아들이고, 각 관계가 주었던 의미와 배움에 감사하는 마음을 가지세요. 이별이나 소원해짐을 개인적 실패로 여기지 말고, 서로의 성장과 변화에 따른 자연스러운 과정으로 이해하세요. 과거 관계에 대한 미련이나 원망보다는 그 관계를 통해 얻은 소중한 경험과 추억에 집중하며, 새로운 관계를 위한 마음의 공간을 만드세요.

② 다양한 형태의 새로운 커뮤니티에 적극적으로 참여하세요

전통적인 혈연, 지연, 학연 중심의 관계에만 의존하지 말고, 관심

사와 가치관을 공유하는 다양한 커뮤니티를 찾아 참여하세요. 온라인 동호회, 자원봉사 단체, 학습 모임, 종교 공동체, 취미 클럽 등을 통해 새로운 사람들과 만날 기회를 만드세요. 나이나 배경이 다른 사람들과도 열린 마음으로 교류하며, 예상치 못한 깊은 우정이나 동반자 관계를 발견할 수 있습니다.

③ 고독을 두려워하지 말고 자기 성찰과 성장의 시간으로 활용하세요

혼자 있는 시간을 외로움이나 결핍으로 여기지 말고, 자신과 깊이 대화하고 내면을 탐구하는 소중한 기회로 받아들이세요. 명상, 독서, 일기 쓰기, 산책, 창작 활동 등을 통해 고독한 시간을 풍요롭게 채우는 방법을 개발하세요. 타인에게 의존하지 않고도 스스로 행복과 만족을 찾을 수 있는 능력을 기르면, 관계에서도 더 건강하고 독립적인 모습을 보일 수 있습니다.

④ 깊이 있는 관계 유지를 위한 의식적인 노력을 지속하세요

정말 소중한 몇몇 관계는 시간과 거리의 장벽을 넘어 지속될 수 있도록 의식적으로 노력하세요. 정기적인 연락, 특별한 날 챙기기, 어려울 때 서로 돕기 등을 통해 관계의 깊이를 더해 가세요. 표면적인 안부 인사를 넘어 서로의 진짜 속마음과 고민을 나눌 수 있는 관계를 몇 개라도 유지하는 것이 길어진 인생에서 큰 힘이 됩니다.

⑤ 상실과 이별에 대한 건강한 대처 방식을 미리 준비하세요

길어진 인생에서는 사랑하는 사람들의 죽음이나 이별을 더 자주 경험하게 됩니다. 이런 상실을 건강하게 받아들이고 극복할 수 있는 방법을 미리 준비하세요. 애도의 과정을 자연스럽게 받아들이고, 필요시 전문가의 도움을 받는 것도 주저하지 마세요. 상실의 아픔을 다른 사람들과 나누고, 고인을 기리는 의미 있는 방식을 찾아 슬픔을 치유의 에너지로 전환하는 지혜를 기르세요.

4) 네 번째 변화: '죽음'에 대한 새로운 인식, '웰빙'의 중요성

100년이라는 삶을 살아간다는 것은, 필연적으로 죽음에 대한 인식 또한 변화시킨다는 것을 의미합니다. 죽음은 더 이상 '저 멀리 있는 것'이 아니라, 길어진 삶의 마지막 챕터이자 피할 수 없는 부분으로 받아들여질 겁니다. 중요한 건 죽음의 순간을 어떻게 맞이할 것인가 하는 것입니다.

건강하게 오래 사는 것, 즉 '웰니스(Wellness)'와 '웰빙(Well-being)'의 중요성이 더욱 커질 겁니다. 단순히 질병 없이 오래 사는 것을 넘어, 신체적, 정신적, 사회적으로 건강한 상태를 유지하며 삶의 질을 높이는 것에 대한 관심이 증대되고, 예방 의학, 맞춤형 건강 관리, 정

신 건강 서비스 등이 더욱 중요해지고 보편화될 겁니다.

마지막 챕터를 준비하는 과정에서 우리는 '어떻게 잘 죽을 것인가'에 대한 논의도 활발해질 겁니다. 이는 존엄한 죽음을 맞이할 권리, 사전 의료 의향서 작성 등 삶의 마지막까지 자신의 의지를 관철하는 것에 대한 사회적 합의를 필요로 합니다.

실제로 물리학자 스티븐 호킹은 21세에 루게릭병 진단을 받고 2년 시한부 선고를 받았지만, 76세까지 살면서 과학적 업적을 이어 가며 존엄한 삶과 죽음에 대한 새로운 관점을 제시했습니다. 또한 의사이자 작가인 아툴 가완데는 《어떻게 죽을 것인가》를 통해 현대 의학과 죽음의 관계를 재정의하며 존엄한 죽음에 대한 사회적 논의를 이끌었습니다.

■ **존엄한 삶의 마무리를 위한 5대 지침**

① 사전 의료 의향서와 생전 유언을 미리 작성하세요

건강할 때 자신의 의료적 선호도와 삶의 마지막에 대한 의향을 명확히 문서로 남겨 두세요. 연명 치료에 대한 입장, 호스피스 케어 선호 여부, 장기 기증 의사, 장례 방식 등을 구체적으로 기록하고 가족들과 충분히 논의하세요. 법적 효력을 갖는 사전 의료 의향서를 작성하고 정기적으로 업데이트하여, 본인의 의지가 존중받을 수 있도록 준비하세요.

② 정기적인 건강 관리와 예방 중심의 라이프스타일을 유지하세요

단순히 질병 치료에만 의존하지 말고, 예방 의학과 건강 유지에 중점을 둔 생활 습관을 만드세요. 정기적인 종합 건강검진, 적절한 운동, 균형 잡힌 영양 섭취, 스트레스 관리, 충분한 수면을 통해 건강 수명을 연장하세요. 만성 질환이 있다면 적극적으로 관리하고, 정신 건강에도 관심을 가져 우울증이나 치매 예방에도 신경 쓰세요.

③ 삶의 의미와 유산에 대해 지속적으로 성찰하세요

자신이 세상에 남기고 싶은 것이 무엇인지, 어떤 방식으로 기억되고 싶은지에 대해 깊이 생각해 보세요. 물질적 유산뿐만 아니라 가치관, 지혜, 경험 등 정신적 유산을 후세에 전달하는 방법을 찾으세요. 자서전 쓰기, 가족사 정리, 멘토링 활동, 자선 활동 등을 통해 자신만의 의미 있는 유산을 만들어 가세요.

④ 죽음과 상실에 대한 건강한 관점을 개발하세요

죽음을 터부시하거나 두려워하기보다는 자연스러운 삶의 과정으로 받아들이는 태도를 기르세요. 종교적 믿음, 철학적 성찰, 또는 과학적 이해를 통해 죽음에 대한 자신만의 관점을 정립하세요. 사랑하

는 사람들의 죽음을 경험할 때도 건강한 애도 과정을 거치며, 이를 통해 삶의 소중함을 더욱 깊이 깨닫는 기회로 활용하세요.

⑤ 마지막 순간까지 자율성과 존엄성을 유지할 수 있는 환경을 준비하세요

가능한 한 자신이 원하는 장소에서, 사랑하는 사람들과 함께 마지막을 맞이할 수 있도록 미리 준비하세요. 호스피스 케어나 재택 의료 서비스에 대해 알아보고, 고통 완화와 삶의 질 유지에 중점을 둔 의료진과 관계를 맺으세요. 경제적 준비도 중요한데, 의료비와 요양비를 충당할 수 있는 보험이나 적립금을 마련하여 가족에게 부담을 주지 않도록 하세요.

■ 길고 다채로운 여정, 어떻게 준비할까요?

'인생은 수없이 많은 챕터로 구성되어 있다'는 전제는 호모 헌드레드의 삶을 이해하는 핵심 열쇠입니다. 이건 단순한 비유가 아니라, 우리가 실제로 살아갈 미래의 모습이죠. 그렇다면 우리는 이 길고 다채로운 여정을 어떻게 준비해야 할까요?

유연한 사고방식이 중요해요. 한 가지 직업이나 정체성에 얽매이지 않고, 언제든 새로운 챕터를 시작할 수 있다는 마음가짐을 가지세

요. 변화를 두려워하기보다, 새로운 기회로 받아들이는 개방적인 태도가 필수적입니다.

평생 학습도 중요합니다. 학교 교육이 끝이 아니라, 삶의 모든 순간이 배움의 연속임을 인식해야 합니다. 새로운 기술, 지식, 경험을 끊임없이 습득하며 자신을 업데이트해야 합니다.

다양한 관계망: 혈연, 학연, 지연을 넘어 다양한 사람들과 관계를 맺고 유지하는 능력을 키워야 합니다. 새로운 커뮤니티에 참여하고, 소통하며, 서로에게 지지대가 되어 주는 관계는 길어진 삶의 중요한 자산이 될 겁니다.

적극적인 자기 관리를 해야겠죠. 건강한 몸과 마음을 유지하는 게 무엇보다 중요합니다. 꾸준한 운동, 균형 잡힌 식단, 스트레스 관리 등 적극적인 자기 관리를 통해 삶의 질을 높여야 합니다.

삶의 의미 탐색해 보세요. 길어진 삶 속에서 '무엇을 위해 살 것인가'에 대한 질문은 더욱 중요해집니다. 돈이나 명예를 넘어, 자신이 진정으로 가치 있다고 생각하는 일을 찾고, 사회에 기여하며, 의미 있는 삶을 살아가려는 노력이 필요합니다.

호모 헌드레드 시대는 위기이자 기회입니다. 예측 불가능한 변화와 고독이라는 그림자도 드리워져 있지만, 동시에 무한한 가능성과 새로운 발견의 기회를 제공하죠. '인생은 수없이 많은 챕터로 구성되어 있다'는 사실을 인지하고, 각 챕터를 능동적으로 만들어 나가는 삶의 자세야말로 우리가 호모 헌드레드로서의 삶을 풍요롭고 의미 있게 살아갈 수 있는 지혜로운 방법일 것입니다.

당신의 다음 챕터는 어떤 모습일까요? 그리고 그 챕터를 위해 지금 무엇을 준비하고 계신가요?

> "인생은 하나의 책과 같다.
> 어리석은 사람은 그것을 대충 넘겨 읽지만,
> 현명한 사람은 공들여 읽는다.
> 그들은 그것을 단 한 번밖에 읽을 수 없다는 것을 알기 때문이다."
> – 장 파울

02. 당신의 인생은 당신의 작품!
격변하는 시대, '나'를 위한 마음가짐

우리는 지금 모든 것이 전례 없는 속도로 변하는 시대에 살고 있습니다. 기술은 매일 발전하고, 사회 구조는 예측 불가능하게 변하며, 심지어 인간관계의 모습마저 새롭게 정의되고 있죠. 과거처럼 정해진 길을 따르거나, 남들의 시선에 갇혀 살기엔 세상은 너무나 빠르고 복잡하게 움직이고 있습니다. 이제 우리 각자는 잘 설계된 목표가 자신의 인생을 능동적으로 바꿀 수 있는 '인생 설계자'가 되어야 해요. 이 길고 새로운 여정 속에서 우리가 갖춰야 할 마음의 자세는 무엇일까요?

1) 첫 번째 자세: '변화'를 친구 삼는 유연한 생각

이 시대의 가장 큰 특징은 바로 '변화의 가속화'입니다. 어제의 상식이 오늘은 구시대적인 것이 되고, 새로운 기술이 순식간에 우리의 일상을 바꿔 놓죠. 이런 시대에 과거 경험이나 고정된 생각에만 갇혀 있다면, 우리는 급변하는 흐름에 뒤처지기 쉽습니다.

'나는 원래 이런 사람이야', '이 나이에 뭘 새로 시작해?', '이건 내 분야가 아니야' 같은 생각은 이제 더 이상 통하지 않아요. 대신, '어떻게 하면 변화에 적응하고 새로운 것을 배울 수 있을까?'라는 질문을 스스로에게 던져야 합니다. 새로운 기술을 배우는 데 주저하지 않고, 익숙지 않은 환경에 기꺼이 뛰어들며, 실패를 두려워하지 않는 유연한 사고방식이 필요합니다. 변화를 위협이 아닌 새로운 기회로 여기는 마음가짐, 그것이 바로 격변하는 세상을 주도적으로 이끌어 갈 첫걸음이에요. 마치 끊임없이 모습을 바꾸는 강물 위에서 능숙하게 방향을 잡는 뱃사공처럼 말이죠.

실제로 넷플릭스 창업자 마크 큐반은 50대에 들어서도 암호화폐와 NFT(Non-Fungible Token) 같은 새로운 기술 트렌드를 적극적으로 학습하고 투자하며 변화에 앞서 나가고 있습니다. 또한 미디어 제국을 이끌던 루퍼트 머독은 90대가 된 지금도 디지털 미디어 환경 변화에 발 빠르게 대응하며 기존 사업 모델을 지속적으로 혁신하고 있습니다.

■ 급변하는 시대의 적응력 강화를 위한 5대 지침

① 고정관념과 기존 틀에서 벗어나는 연습을 지속하세요

매일 작은 변화부터 시도해 보세요. 평소 다니던 길 대신 새로운 길로 출근하거나, 항상 주문하던 메뉴 대신 새로운 음식을 시도하는 등 일상의 패턴을 의식적으로 바꿔 보세요. "원래 이래", "항상 이렇게 해 왔어"라는 말을 의식적으로 줄이고, "다른 방법은 없을까?", "왜 이렇게 해야 하지?"라는 질문을 습관화하세요. 작은 변화가 큰 변화에 대한 두려움을 줄여 줍니다.

② 새로운 기술과 트렌드에 대한 호기심을 잃지 마세요

나이나 전문 분야를 핑계로 새로운 기술을 외면하지 말고, 적어도 기본적인 이해는 하려고 노력하세요. AI, 메타버스, 블록체인 등 최신 기술이 내 삶이나 업무에 어떤 영향을 미칠 수 있는지 관심을 가지세요. 모든 것을 깊이 파지 못하더라도 전반적인 흐름은 파악하고, 필요시 전문가나 젊은 세대에게 도움을 요청하는 것을 주저하지 마세요.

③ 실패를 학습 기회로 받아들이는 마인드셋(Mind set)을 기르세요

새로운 것에 도전할 때 완벽함을 추구하기보다는 "일단 해 보자"는 실험 정신을 가지세요. 실패했을 때 자책하기보다는 "무엇을 배웠는가?"에 집중하고, 그 경험을 다음 도전에 활용하세요. 실패 경험을 부끄러워하지 말고 다른 사람들과 공유하여 서로 배울 수 있는 기회로 만드세요. 완벽주의보다는 지속적인 개선과 학습에 가치를 두세요.

④ 다양한 세대와 배경을 가진 사람들과 적극적으로 소통하세요

같은 생각을 가진 사람들과만 어울리지 말고, 나와 다른 관점을 가진 사람들과 의도적으로 대화하세요. 젊은 세대의 새로운 시각, 다른 문화권의 사고방식, 전혀 다른 업계의 접근법 등을 듣고 배우려는 열린 자세를 가지세요. 온라인 커뮤니티나 세미나, 워크숍 등에 참여해 새로운 인맥을 쌓고 다양한 의견을 접할 기회를 만드세요.

⑤ 변화를 예측하고 선제적으로 대응하는 능력을 기르세요

단순히 변화에 반응하는 것을 넘어, 변화의 신호를 일찍 포착하고 미리 준비하는 안목을 기르세요. 업계 동향, 사회 트렌드, 기술 발전 등을 꾸준히 모니터링하고, 이것이 내 삶이나 일에 어떤 영향을 미칠지 미리 생각해 보세요. 변화가 일어난 후 적응하기보다는, 변화를 예상하고 선제적으로 준비함으로써 변화를 기회로 활용할 수 있는 위치에 서세요.

2) 두 번째 자세: '평생 학습'을 즐기는 적극적인 태도

빠른 변화 속에서 살아남기 위해선 '평생 학습'이 필수적입니다. 한 번의 교육으로 평생을 살아갈 수 있었던 시대는 이미 지났어요. 이제는 직업을 바꾸든, 취미를 바꾸든, 삶의 챕터가 바뀔 때마다 새로

운 지식과 기술을 배워야 합니다. 이건 단순히 강제적인 학습이 아니라, 삶의 활력과 의미를 부여하는 즐거운 과정이 되어야 해요.

호기심을 잃지 않는 아이처럼 새로운 분야를 탐험하고, 다양한 사람들과 교류하며 지식을 넓혀 나가야 합니다. 온라인 강좌, 독서, 커뮤니티 활동 등 학습의 형태는 무궁무진하죠. 중요한 것은 나이와 상관없이 배우고 성장하려는 적극적인 태도입니다. 뇌를 계속 사용하고 새로운 자극을 주는 것은 신체적, 정신적 건강까지 챙기는 현명한 투자지요. 평생 학습은 더 이상 선택이 아닌 생존 전략이자, 삶을 풍요롭게 만드는 즐거움의 원천입니다.

실제로 미국의 투자자 찰리 멍거는 99세까지 매일 책을 읽고 새로운 지식을 탐구하며 "매일 조금씩 더 현명해져야 한다"는 철학을 실천했고, 건축가 이오 밍 페이는 90대에도 새로운 건축 프로젝트에 도전하며 현대 건축 기술과 트렌드를 지속적으로 학습했습니다.

■ 평생 학습을 위한 5대 지침

① 학습 목표를 명확히 하되 과정 자체를 즐기는 태도를 기르세요

무작정 많은 것을 배우려 하기보다는 현재 상황에서 가장 필요하거나 흥미로운 분야를 선택해 집중하세요. 단기 목표(3개월 내 기초

습득)와 장기 목표(1년 내 활용 가능한 수준)를 설정하되, 결과에만 집착하지 말고 새로운 지식을 알아가는 과정 자체에서 즐거움을 찾으세요. 완벽하게 마스터하지 못하더라도 배움 자체가 주는 만족감과 성취감을 소중히 여기는 마음가짐이 중요합니다.

② 다양한 학습 방법을 조합해 자신만의 학습 스타일을 개발하세요

온라인 강의, 책, 팟캐스트, 유튜브, 실습, 토론 등 여러 학습 방법을 시도해 보고 자신에게 가장 효과적인 조합을 찾으세요. 시각적 학습자라면 도표나 영상을, 청각적 학습자라면 강의나 토론을, 체험적 학습자라면 실습이나 프로젝트를 중심으로 학습 계획을 세우세요. 한 가지 방법에만 의존하지 말고 여러 채널을 통해 같은 내용을 반복 학습하면 더 깊이 이해할 수 있습니다.

③ 학습 커뮤니티에 참여해 동기부여와 피드백을 받으세요

혼자 공부하는 것의 한계를 인정하고, 같은 관심사를 가진 사람들과 함께 배우는 환경을 만드세요. 온라인 스터디 그룹, 독서 모임, 취미 동호회, 전문가 네트워킹 등에 적극 참여하며 서로 격려하고 지식을 나누세요. 다른 사람들의 학습 경험과 노하우를 공유받고, 자신의 배움을 남들에게 설명하는 과정에서 더 확실한 이해를 얻을 수 있습니다.

④ 실무에 즉시 적용할 수 있는 실용적 학습에 우선순위를 두세요

이론적 지식도 중요하지만, 배운 내용을 실제 생활이나 업무에 바로 적용해 볼 수 있는 실용적인 학습을 우선하세요. 새로 배운 디지털 도구를 업무에 활용해 보거나, 학습한 요리법을 직접 만들어 보거나, 배운 언어로 실제 대화를 시도해 보는 등 즉시 활용 가능한 경험을 쌓으세요. 실제 적용을 통해 얻는 피드백이 다음 학습의 방향을 제시해 줍니다.

⑤ 학습한 내용을 기록하고 정기적으로 복습하는 시스템을 만드세요

배운 내용을 그때뿐이 아니라 오래 기억하고 활용하기 위해 체계적인 기록과 복습 시스템을 구축하세요. 학습 노트, 디지털 메모, 마인드맵 등을 활용해 핵심 내용을 정리하고, 정기적으로 되돌아보며 복습하세요. 배운 지식을 블로그에 정리하거나 다른 사람에게 가르쳐주는 것도 좋은 복습 방법입니다. 망각 곡선을 고려해 일정한 간격으로 반복 학습하는 습관을 만드세요.

3) 세 번째 자세: '나 자신과의 관계'를 깊게 가꾸는 성찰의 시간

모든 것이 빠르게 변하고 외부 정보가 쏟아지는 시대일수록, 나 자신과의 관계를 깊게 가꾸는 것이 중요합니다. 타인과의 소통만큼이

나 내면과의 대화가 중요해요. 외부 자극에만 의존하거나 남들의 시선에 휘둘리기보다, 스스로의 중심을 잡아야 합니다.

자신의 내면을 들여다보고, 진정으로 원하는 것이 무엇인지, 어떤 가치를 추구하며 살고 싶은지 성찰하는 시간을 가지세요. 명상, 일기 쓰기, 자연 속에서의 사색 등 다양한 방법을 통해 자신과 소통하고, 내면의 평화를 찾는 연습이 필요합니다. 고독을 외로움이 아닌 '자유로운 혼자만의 시간'으로 재해석하고, 그 시간을 통해 자신을 재충전하며 성장하는 계기로 삼아야 합니다. 스스로를 이해하고 사랑하는 마음이 단단할수록, 우리는 외부의 변화와 관계의 부침에도 흔들리지 않고 굳건히 설 수 있습니다.

■ **내면과의 깊은 소통을 위한 5대 지침**

① 매일 고요한 시간을 확보하여 내면의 목소리에 귀 기울이세요

하루 중 일정한 시간을 정해 스마트폰을 끄고 완전히 혼자만의 고요한 시간을 만드세요. 아침 일찍 일어나거나 잠들기 전 30분이라도 외부 자극을 차단하고 내 마음의 상태를 점검해 보세요. 명상, 깊은 호흡, 조용한 산책 등을 통해 마음을 진정시키고, 내가 지금 무엇을 느끼고 있는지, 어떤 생각들이 떠오르는지 관찰하는 습관을 기르세요. 이런 시간이 쌓일수록 자신의 진정한 욕구와 감정을 더 명확하

게 알아차릴 수 있습니다.

② 정기적인 자기 성찰을 통해 삶의 방향성을 점검하세요

월말이나 분기별로 내 삶을 돌아보는 시간을 가지세요. 최근에 내가 한 선택들이 정말 내가 원하는 방향이었는지, 어떤 순간에 가장 행복했고 어떤 때 힘들었는지 솔직하게 평가해 보세요. 내가 추구하는 가치와 실제 행동 사이에 괴리가 있다면 그 이유를 찾아보고, 앞으로 어떻게 조정해 나갈지 구체적인 계획을 세우세요. 이런 성찰을 통해 외부의 기대나 압박이 아닌 진정한 내 의지로 삶을 살아갈 수 있습니다.

③ 일기나 글쓰기를 통해 내면의 복잡한 감정을 정리하세요

매일 또는 정기적으로 일기를 쓰면서 그날의 감정, 생각, 경험을 글로 표현해 보세요. 기쁨, 분노, 슬픔, 불안 등의 감정을 있는 그대로 인정하고 글로 풀어내면서 내면을 정화하세요. 특별한 형식에 얽매이지 말고 자유롭게 써 내려 가면서 무의식 속에 숨어 있던 진짜 마음을 발견해 보세요. 시간이 지난 후 예전 글을 다시 읽어 보면 내 성장 과정과 변화하는 내면을 객관적으로 파악할 수 있습니다.

④ 고독한 시간을 적극적으로 즐기고 활용하세요

혼자 있는 시간을 외롭거나 무료한 시간이 아닌, 자유롭고 창조적

인 시간으로 재정의하세요. 좋아하는 책 읽기, 음악 감상하기, 그림 그리기, 요리하기 등 온전히 나만을 위한 활동을 찾아 즐기세요. 타인의 시선이나 평가를 의식하지 않고 순수하게 내가 좋아하는 일에 몰입하면서 진정한 자유로움을 경험하세요. 이런 시간들이 내면의 에너지를 충전하고 창의성을 기를 수 있는 소중한 자원임을 깨달으세요.

⑤ 자신을 판단하지 말고 있는 그대로 수용하고 사랑하세요

완벽하지 않은 내 모습, 실수하는 내 모습, 때로는 약한 내 모습도 인간으로서 자연스러운 일부라고 받아들이세요. 남들과 비교하거나 사회적 기준에 맞추려 애쓰기보다는, 내가 가진 고유한 장점과 개성을 인정하고 소중히 여기세요. 내면의 비판적인 목소리를 줄이고, 스스로에게 친한 친구나 사랑하는 가족에게 하듯 따뜻하고 격려하는 말을 건네는 습관을 기르세요. 자기 자신과 화해하고 사랑할 수 있을 때 진정한 내적 평화를 얻을 수 있습니다.

4) 네 번째 자세: '의미'를 찾아 나서는 주체적인 삶

예전엔 사회나 타인이 부여하는 역할 속에서 삶의 의미를 찾았다면, 이제는 스스로 의미를 찾아 나서는 주체적인 삶이 필요합니다.

특히 길어진 삶 속에서 '무엇을 위해 살 것인가'에 대한 질문은 더욱 중요해져요. 돈이나 명예 같은 외적인 성공을 넘어, 자신이 진정으로 가치 있다고 생각하는 일을 찾고, 사회에 긍정적인 영향을 미치며, 만족감을 얻는 데 집중해야 합니다.

나만의 가치관을 정립하고, 그에 따라 삶의 목표를 설정하며, 작은 행동이라도 의미를 부여하는 노력이 필요합니다. 이는 꼭 거창할 필요는 없어요. 누군가를 돕는 작은 손길, 새로운 것을 배우는 즐거움, 아름다움을 창조하는 기쁨 등 일상 속에서 발견하는 의미들이 모여 우리 삶을 풍요롭게 만들 수 있습니다. 타인의 기준이 아닌, 나만의 기준으로 삶의 의미를 만들어 나가는 것. 그것이 격변하는 시대에 흔들리지 않고 나아갈 수 있는 가장 강력한 원동력이 됩니다.

실제로 심리학자 빅터 프랭클은 홀로코스트 생존자로서 극한의 고통 속에서도 삶의 의미를 찾는 것이 인간 생존의 핵심이라는 '로고테라피'를 개발하며 수많은 사람들에게 희망을 주었고, 환경운동가 제인 구달은 90대가 된 지금도 자연과 동물 보호라는 자신만의 가치관을 바탕으로 전 세계를 돌며 환경 보호 활동을 이어 가고 있습니다.

■ 주체적인 삶의 의미 창조를 위한 5대 지침

① 깊은 자기 성찰을 통해 핵심 가치관을 명확히 하세요

정기적으로 혼자만의 시간을 가지며 "나에게 정말 중요한 것은 무엇인가?", "어떤 일을 할 때 가장 보람을 느끼는가?", "내가 세상에 남기고 싶은 것은 무엇인가?"와 같은 근본적인 질문을 스스로에게 던져 보세요. 명상, 일기 쓰기, 산책 등을 통해 내면의 목소리에 귀 기울이고, 사회적 기대나 타인의 시선에서 벗어나 진정한 자신의 욕구와 가치를 발견하세요.

② 작은 일상에서부터 의미를 발견하고 확장해 나가세요

거창한 목표부터 세우려 하지 말고, 일상의 작은 순간들에서 의미를 찾는 연습을 하세요. 가족과의 대화, 동료와의 협력, 취미 활동, 독서, 산책 등에서 어떤 가치와 보람을 느끼는지 주의 깊게 관찰하세요. 이런 작은 의미들을 점차 확장하여 더 큰 목표와 방향으로 발전시켜 나가면, 자연스럽게 자신만의 삶의 철학이 형성됩니다.

③ 나만의 성공 기준을 설정하고 타인과의 비교를 피하세요

사회적으로 통용되는 성공 기준(연봉, 지위, 명성 등)에만 얽매이지 말고, 자신의 가치관에 맞는 개인적 성공 지표를 만들어 보세요. 예를 들어 "한 해 동안 몇 명의 사람에게 도움을 주었는가", "새로운

기술을 몇 개나 배웠는가", "가족과 얼마나 의미 있는 시간을 보냈는가" 등으로 성공을 정의할 수 있습니다. SNS나 주변 사람들과의 비교보다는 과거의 나와 현재의 나를 비교하며 성장을 측정하세요.

④ 사회적 기여와 개인적 만족을 연결하는 활동을 찾으세요

자신의 재능이나 관심사를 활용해 다른 사람이나 사회에 도움을 줄 수 있는 방법을 모색하세요. 자원봉사, 멘토링, 지식 나눔, 창작 활동, 환경 보호 등 다양한 형태의 기여 활동 중에서 자신에게 맞는 것을 찾아보세요. 타인을 돕는 것이 곧 자신의 성장과 만족으로 이어지는 윈윈 활동을 발견하면, 삶의 의미가 더욱 풍부해집니다.

⑤ 유연성을 유지하며 삶의 의미를 지속적으로 업데이트하세요

한 번 정한 삶의 목표나 가치관에 고착되지 말고, 나이와 상황에 따라 자연스럽게 변화할 수 있음을 받아들이세요. 20대의 관심사와 60대의 관심사가 다를 수 있고, 새로운 경험을 통해 예상치 못한 의미를 발견할 수도 있습니다. 정기적으로 자신의 가치관과 목표를 점검하고, 필요하면 과감히 방향을 수정하는 용기를 가지세요. 변화하는 자신을 인정하고 포용하는 것도 주체적인 삶의 중요한 부분입니다.

■ 당신의 인생은 당신의 작품이다

이 모든 것이 변화하는 시대의 삶은 우리가 상상하는 것 이상으로 복잡하고 다채로울 겁니다. 정해진 답도, 명확한 로드맵도 없습니다. 하지만 역설적으로 이것이야말로 우리에게 주어진 가장 큰 선물입니다. 바로 '자신의 인생을 스스로 디자인할 자유와 책임'이죠.

과거에는 사회가 우리에게 특정한 삶의 궤적을 제시했지만, 이제는 우리가 그 궤적을 스스로 그려 나가야 합니다. '인생의 설계자는 바로 당신이다'라는 이 말은 더 이상 수동적인 삶을 살 수 없음을 의미합니다. 변화를 두려워하지 않고, 평생 배우며, 자신과의 관계를 깊게 하고, 자신만의 의미를 찾아 나서는 마음의 자세를 갖추는 것.

이는 결코 쉽지 않은 길일 겁니다. 하지만 이 길 위에서 우리는 진정한 자신을 발견하고, 매 순간 새로운 의미와 기쁨을 찾아내며, 궁극적으로 후회 없는 삶을 완성할 수 있을 겁니다.

"너 자신이 되어라.
다른 사람의 역할은 이미 채워져 있다."
- 오스카 와일드

03. 과거를 놓아주고 미래를 잡는 법
시간은 강물처럼 흐른다

시간은 마치 끊임없이 흐르는 강물 같아요. 어제의 물은 이미 저 아래로 흘러가 버렸고, 오늘의 물은 지금 이 순간 우리 앞을 지나고 있죠. 이 단순한 진리, 즉 '흘러간 것들은 돌아오지 않는다'는 사실은 때로는 서글프게 느껴지지만, 동시에 우리에게 강력한 교훈을 안겨 줍니다. 지나간 시간에 대한 미련과 후회에 묶여 있다면, 우리는 현재의 소중한 순간들을 놓치고 미래를 향해 나아갈 힘을 잃게 될 겁니다. 결국 중요한 것은 과거를 붙잡는 게 아니라, 앞으로의 삶을 어떻게 개척해 나갈지에 대한 우리의 태도와 의지입니다.

1) 과거는 박물관: 교훈을 얻고 놓아주자

우리는 살면서 수많은 경험을 합니다. 성공의 기쁨, 실패의 좌절, 사랑하는 사람과의 이별, 예상치 못한 불행 등. 이 모든 순간들은 우리 삶의 중요한 부분이 되어 우리를 만들어 가죠. 하지만 종종 우리는 과거의 영광에 취해 안주하거나, 뼈아픈 실수를 되씹으며 스스로를 괴롭히곤 합니다. '그때 그랬더라면…', '만약 그때 다른 선택을 했다면…' 같은 후회는 우리의 발목을 잡고 앞으로 나아가지 못하게 만들어요.

하지만 아무리 후회하고 애원해도, 흘러간 시간은 결코 되돌아오지 않습니다. 지나간 일들은 그저 우리의 기억 속에 존재하는 하나의 '역사'일 뿐이죠. 과거는 우리가 배울 점을 찾는 '박물관'과 같습니다. 박물관의 유물처럼 과거의 경험을 통해 교훈을 얻되, 그것에 갇혀 현재를 외면해서는 안 됩니다. 실제로 KFC 창업자 할랜드 샌더스는 65세까지 수많은 실패를 겪으며 사업가, 보험 판매원, 주유소 운영자 등 다양한 직업을 전전했지만, 과거의 실패에 얽매이지 않고 프라이드치킨 레시피로 새로운 도전을 시작해 세계적인 브랜드를 만들어 냈습니다.

반면, 미래는 아직 아무것도 그려지지 않은 '새하얀 도화지'와 같아요. 이 도화지를 어떤 색깔로, 어떤 그림으로 채울지는 전적으로 우리의 손에 달려 있습니다. 지나간 얼룩진 그림에 연연할 시간에, 우리는 새로운 붓을 들고 새로운 그림을 그려나갈 기회를 얻는 거죠. 과거는 이미 고정된 것이지만, 미래는 무한한 가능성으로 열려 있습니다. 영화감독 리들리 스콧(Ridley Scott)은 80대가 된 지금도 과거

작품의 성공에 안주하지 않고 새로운 장르와 기법에 도전하며 혁신적인 영화를 만들어 내고 있습니다.

■ **과거에서 배우고 미래를 향해 나아가기 위한 5대 지침**

① 과거의 경험을 교훈으로 승화시키되 거기에 갇히지 마세요

지나간 실패나 성공 경험을 단순히 후회하거나 그리워하기보다는, 그 안에서 배울 점을 찾아 현재와 미래에 활용하세요. "그때 왜 그랬을까?"라는 자책보다는 "이 경험에서 무엇을 배울 수 있을까?"라는 관점으로 접근하세요. 실패했던 프로젝트에서는 부족했던 준비나 판단 기준을 점검하고, 성공 경험에서는 그때 잘했던 전략이나 태도를 현재 상황에 적용할 방법을 모색하세요. 과거는 참고서이지 감옥이 아님을 기억하세요.

② 후회의 시간을 현재 행동의 에너지로 전환하세요

"만약 그때 다르게 했다면"이라는 가정법 사고에 빠져 시간을 낭비하기보다는, 지금 당장 할 수 있는 구체적인 행동을 찾아 실행하세요. 과거에 놓친 기회가 아쉽다면 비슷한 새로운 기회를 적극적으로 찾아보고, 과거의 잘못된 선택이 후회된다면 현재 비슷한 상황에서는 더 나은 선택을 할 수 있도록 준비하세요. 후회의 감정을 미래를 위한 동기부여로 바꿔 건설적으로 활용하세요.

③ 미래에 대한 구체적이고 실현 가능한 계획을 세우세요

막연한 꿈이나 추상적인 목표보다는 단계별로 달성 가능한 구체적인 계획을 수립하세요. 1년, 3년, 5년 후의 모습을 그려 보고, 그 목표를 달성하기 위해 지금부터 해야 할 일들을 월별, 주별, 일별로 나누어 실행하세요. 큰 변화보다는 작은 습관의 개선부터 시작해서 점진적으로 발전시켜 나가세요. 계획을 세울 때는 과거의 경험에서 얻은 지혜를 반영하되, 새로운 가능성에 대해서도 열린 마음을 유지하세요.

④ 현재 순간에 온전히 집중하고 몰입하세요

과거의 추억이나 미래의 걱정에 사로잡혀 현재를 놓치지 마세요. 지금 하고 있는 일, 지금 만나고 있는 사람, 지금 느끼고 있는 감정에 온전히 집중하세요. 과거도 미래도 결국 현재의 연속이기 때문에, 현재를 충실하게 살지 않고서는 의미 있는 미래를 만들 수 없습니다. 매일의 작은 성취와 진전을 인정하고 축하하면서 현재 삶의 가치를 높여 가세요.

⑤ 새로운 도전과 변화를 두려워하지 말고 적극적으로 수용하세요

과거의 안전지대에 머물러 있기보다는 새로운 경험과 배움의 기회를 적극적으로 찾아 나서세요. 나이나 경력, 과거의 실패를 핑계로 새로운 시도를 포기하지 말고, 오히려 그동안의 경험을 바탕으로

더 현명하게 도전할 수 있다는 자신감을 가지세요. 실패할 가능성을 두려워하기보다는 도전하지 않고 후회할 가능성을 더 경계하세요. 변화하는 세상에 맞춰 유연하게 적응하고 성장하는 자세를 유지하세요.

2) 후회는 '독', 교훈은 '약'

과거에 대한 후회는 종종 독이 됩니다. 이 독은 우리의 에너지를 갉아먹고, 자존감을 낮추며, 새로운 도전을 시도할 용기마저 앗아갑니다. 심지어 불면증이나 우울증 같은 정신 건강 문제로 이어지기도 해요. 반면, 과거의 실패나 아쉬움에서 교훈을 얻는 것은 우리에게 귀한 '약'이 됩니다.

실패는 단순한 끝이 아니라, 더 나은 시작을 위한 소중한 경험이에요. 중요한 건 실수 자체에 매몰되는 게 아니라, '무엇이 잘못되었고, 다음에는 어떻게 개선할 것인가'를 찾아내는 것입니다. 예를 들어, 실패한 관계에서 '나는 다시는 사랑에 빠지지 않을 거야'라고 다짐하기보다, '이번 경험을 통해 나는 어떤 사람을 원하고, 어떤 관계를 만들어 나가고 싶은지 깨달았어'라고 성찰하는 자세가 필요합니다. 실제로 영국의 사업가 리처드 브랜슨은 젊은 시절 수많은 사업 실패를 겪었지만, 각각의 실패에서 얻은 교훈을 바탕으로 버진 그룹을 세계적인 기업으로 성장시켰고, 지금도 70대에 새로운 사업 영역에 도전하고 있습니다.

과거의 교훈을 통해 현재의 행동을 수정하고 미래의 방향을 설정하는 것. 이것이 바로 '흘러간 것들은 돌아오지 않는다'는 진리를 긍정적으로 활용하는 방법입니다. 교훈을 나침반 삼아 우리는 더 현명하게, 더 강하게 앞으로 나아갈 수 있습니다. 작가 J.K. 롤링은 이혼, 실업, 우울증 등 인생 최악의 시기를 겪으며 해리포터를 집필했고, 그 어려운 경험들이 오히려 작품의 깊이와 진정성을 더해 주었다고 말했습니다.

■ 과거의 독을 약으로 바꾸기 위한 5대 지침

① 실패와 후회를 자책의 근거가 아닌 성장의 데이터로 활용하세요

과거의 실수나 잘못된 선택을 '내가 얼마나 바보였는지'를 증명하는 자료로 사용하지 마세요. 대신 객관적인 분석의 대상으로 바라보며 "왜 그런 결정을 내렸는지, 당시 놓친 신호나 정보는 무엇이었는지, 비슷한 상황에서 어떻게 다르게 접근할 수 있는지"를 냉정하게 파악하세요. 감정적 자책보다는 논리적 분석을 통해 실패를 미래의 성공을 위한 귀중한 학습 자료로 전환하세요.

② 부정적 경험에서 긍정적 패턴과 강점을 발견하세요

힘들었던 시기나 실패한 경험 속에서도 내가 보여 준 회복력, 창의성, 인내심 등의 강점을 찾아내세요. 어려운 상황을 버텨낸 나만의 방법, 위기 속에서 발휘한 문제 해결 능력, 고난 중에도 포기하지 않았던 끈기 등을 인정하고 기록해 두세요. 이런 강점들은 미래의 도전에서 나를 지탱해 줄 소중한 자원이 됩니다. 과거의 아픔이 현재의 지혜와 강인함을 만들어 낸 과정임을 깨달으세요.

③ 과거의 교훈을 현재 상황에 구체적으로 적용하세요

과거에서 얻은 깨달음이 추상적인 수준에 머물지 않도록 현재의 구체적인 상황이나 결정에 직접 활용하세요. 예를 들어, 과거 관계에서 소통 부족이 문제였다면 현재 관계에서는 더 적극적으로 대화하려 노력하고, 이전 프로젝트에서 준비 부족으로 실패했다면 지금은 더 철저한 계획을 세우세요. 교훈을 실행 가능한 행동 지침으로 바꿔 일상에서 실천함으로써 과거의 경험이 현재의 발전으로 이어지도록 하세요.

④ 실패 경험을 다른 사람에게 도움이 되는 지혜로 나누세요

내가 겪은 시행착오와 그로부터 얻은 교훈을 비슷한 상황에 있는 다른 사람들과 나누세요. 멘토링, 조언, 경험담 공유 등을 통해 나의 실패가 타인의 성공에 기여할 수 있도록 하세요. 이런 과정에서 과

거의 아픈 경험이 다른 사람에게는 소중한 가이드가 되고, 나 자신도 그 경험의 가치를 새롭게 발견하게 됩니다. 실패를 숨기거나 부끄러워하기보다는 누군가에게 도움이 될 수 있는 자원으로 인식하세요.

⑤ 과거의 상처를 딛고 더 큰 꿈을 설계하세요

과거의 실패나 좌절이 미래의 목표를 축소하는 이유가 되어서는 안 됩니다. 오히려 그 경험들이 나를 더 단단하게 만들었고, 이제는 더 큰 도전을 감당할 수 있는 역량을 갖추었다고 생각하세요. 과거에 이루지 못했던 꿈이 있다면 포기하지 말고 새로운 방법과 전략으로 다시 도전해 보세요. 나이나 과거 실패를 핑계로 꿈을 작게 만들지 말고, 경험을 통해 얻은 지혜와 성숙함을 바탕으로 더 의미 있는 목표를 세워 나아가세요.

3) 지금 이 순간이 중요해: 현재에 집중하고 미래를 설계하자!

'흘러간 것들은 돌아오지 않는다'는 명제는 우리에게 '현재'의 중요성을 극명하게 일깨워 줍니다. 우리가 바꿀 수 있는 유일한 시간은 바로 지금, 이 순간이에요. 과거에 얽매이거나 아직 오지 않은 미래를 막연히 불안해하기보다, 지금 이 순간에 집중하여 최선을 다하는 것이 중요합니다.

현재에 충실한다는 건 단순히 '오늘만 즐기자'는 즉흥적인 삶을 의미하지 않습니다. 이는 오늘의 선택과 노력이 미래를 만든다는 것을 인지하고, 목표를 향해 꾸준히 나아가는 의지적인 삶의 태도입니다. 매일매일 배우고 성장하며, 작은 습관들을 통해 긍정적인 변화를 만들어 나가야 해요. 실제로 미국의 투자가 워렌 버핏은 90대가 된 지금도 매일 5~6시간씩 책을 읽고 기업을 분석하며 현재에 충실한 학습과 투자를 지속하고 있고, 이러한 일상의 꾸준함이 그를 세계 최고의 투자자로 만들었습니다.

또한, 미래를 막연히 기다리는 것이 아니라, 적극적으로 설계하는 자세가 필요합니다. 10년 후, 20년 후의 나의 모습은 어떠할지 상상하고, 그 목표를 달성하기 위한 구체적인 계획을 세우는 거죠. 물론 모든 계획이 뜻대로 되지는 않을 겁니다. 하지만 계획은 변화하는 상황 속에서도 우리를 이끌어 줄 나침반이 됩니다. 삶의 목표와 비전을 명확히 설정하고, 그를 향해 끊임없이 도전하며 자신을 발전시키는 삶. 이것이 바로 흘러간 것에 연연하지 않고, 다가올 미래를 개척하는 진정한 방법입니다.

소설가 무라카미 하루키는 30년 넘게 매일 새벽 4시에 일어나 글을 쓰고 달리기를 하는 규칙적인 생활을 유지하며, 현재의 꾸준한 노력이 지속적인 창작 활동의 원동력이 된다고 말했습니다. 또한 환경

운동가 그레타 툰베리는 과거의 환경 파괴를 한탄하기보다는 지금 당장 실천할 수 있는 기후 행동에 집중하며, 젊은 나이에도 미래를 위한 구체적이고 지속적인 활동을 이어 가고 있습니다.

■ **현재에 충실하며 미래를 설계하기 위한 5대 지침**

① 매일의 작은 습관을 통해 장기적 목표를 향해 나아가세요

원대한 꿈을 이루기 위해서는 매일 반복할 수 있는 작고 구체적인 습관부터 만들어야 합니다. 하루 30분 독서, 일주일에 3번 운동, 매일 새로운 단어 5개 외우기 등 실현 가능한 수준에서 시작하세요. 이런 작은 습관들이 쌓여 1년, 5년, 10년 후에는 놀라운 변화를 만들어 냅니다. 중요한 것은 완벽함이 아니라 꾸준함입니다. 하루 빠뜨렸다고 포기하지 말고 다시 시작하는 회복력을 기르세요.

② 구체적이고 측정 가능한 미래 계획을 수립하세요

막연한 "성공하고 싶다", "행복해지고 싶다"가 아닌 구체적이고 달성 여부를 확인할 수 있는 목표를 세우세요. 1년, 3년, 5년 후의 목표를 숫자나 구체적 상황으로 표현하고, 이를 달성하기 위한 단계적 계획을 월별, 주별로 세분화하세요. 정기적으로 진행 상황을 점검하고 필요에 따라 계획을 수정하되, 핵심 목표는 유지하는 유연성을 발휘하세요. 계획표를 눈에 보이는 곳에 붙여 두고 매일 확인하는 습관

을 만들어 보세요.

③ 현재 순간에 온전히 집중하고 몰입하는 능력을 기르세요

스마트폰이나 SNS에 시간을 빼앗기지 말고, 지금 하고 있는 일에 완전히 집중하는 연습을 하세요. 일할 때는 일에만, 가족과 시간을 보낼 때는 가족에게만, 공부할 때는 공부에만 온전히 몰입하세요. 멀티태스킹보다는 하나씩 제대로 끝내는 것이 더 효율적이고 만족스러운 결과를 가져다줍니다. 명상이나 깊은 호흡 같은 방법으로 마음을 진정시키고 현재에 머무는 능력을 키워 나가세요.

④ 과거와 미래의 불안에 사로잡히지 말고 지금 할 수 있는 일을 찾으세요

과거의 실수를 후회하거나 미래의 불확실성에 대해 걱정하는 시간을 현재의 생산적인 활동으로 전환하세요. "지금 당장 내가 할 수 있는 가장 중요한 일이 무엇인가?"라는 질문을 자주 던지고, 그에 대한 답을 행동으로 옮기세요. 불안하거나 우울한 감정이 들 때일수록 몸을 움직이고, 학습하고, 창조하는 활동에 집중하여 부정적 에너지를 긍정적 결과로 바꿔내세요.

⑤ 변화하는 상황에 유연하게 적응하면서도 핵심 가치는 유지하세요

세상은 빠르게 변하고 예상치 못한 일들이 일어나기 마련입니다.

계획이 틀어져도 좌절하지 말고 새로운 상황에 맞게 전략을 조정하는 유연성을 기르세요. 하지만 변화 속에서도 내가 추구하는 핵심 가치와 원칙은 흔들리지 않도록 단단히 지켜 나가세요. 외부 환경이 바뀌어도 내 정체성과 목표 의식은 일관성 있게 유지하면서, 방법론만 상황에 맞게 조정하는 지혜를 발휘하세요.

■ 삶은 끝나지 않는 여정, 당신이 선장이 되어라

흘러간 것들은 돌아오지 않지만, 그렇다고 해서 우리의 삶이 끝나는 것은 아닙니다. 오히려 매 순간 새로운 시작을 맞이할 수 있는 기회지요. 우리는 더 이상 과거의 경험에 갇힌 채 수동적으로 살아가는 존재가 아닙니다. 삶이라는 배의 선장은 바로 우리 자신입니다.

어떤 방향으로 나아갈지, 어떤 항해를 할지는 오롯이 선장인 우리의 결정에 달려 있습니다. 때로는 거친 폭풍우를 만나고, 예상치 못한 암초에 부딪힐 수도 있죠. 그러나 우리는 과거의 실패에서 배운 지혜와 현재의 노력, 그리고 미래에 대한 희망을 연료 삼아 앞으로 나아갈 수 있습니다. 흘러간 물은 다시 담을 수 없지만, 새로운 물줄기를 찾아 더 넓은 바다로 나아갈 수 있습니다.

과거를 추억하되 붙잡지 않고, 미래를 꿈꾸되 현재에 충실하는 것.

이것이야말로 '흘러간 것들은 돌아오지 않는다'는 냉정한 진리 속에서 우리가 찾아야 할 삶의 지혜입니다.

"오늘을 붙잡아라.
내일에 대한 믿음은 최소한으로만 가져라."

- 호라티우스

04. 삶의 터닝 포인트: '나'를 깨닫는 순간!
나를 알아야 세상을 알 수 있다

삶은 예측 불가능한 여정이죠. 우리는 그 길 위에서 수많은 갈림길과 마주합니다. 어떤 사람들은 일찍이 자기 길을 찾아 거침없이 나아가고, 또 어떤 사람들은 한참을 헤맨 끝에 비로소 방향을 잡기도 합니다. 하지만 중요한 건 출발점이 언제였느냐가 아니에요. 진정으로 삶의 물꼬를 트는 순간은 바로 '나 자신에 대한 깨달음을 얻는 순간'입니다. 이 깨달음은 나이와 상관없이, 언제든 새로운 기회의 문을 열어 주는 열쇠가 된답니다.

1) 깨달음: 어둠을 밝히는 작은 불씨

우리는 종종 외부 환경이나 남들의 시선에 갇혀 살아가죠. '나는 이것밖에 안 돼', '남들은 다 저렇게 성공하는데', '이미 늦었어' 같은 생각들은 우리 자신을 한계 속에 가두고, 잠재력을 발휘할 기회마저 빼앗아 갑니다. 그러나 어느 날 문득, 혹은 오랜 성찰 끝에 '아, 내가 이런 사람이었구나', '내게 정말 중요한 것은 이것이었구나', '지금까지 잘못된 길을 걸어왔구나' 하고 자신을 명확하게 인식하는 순간이 찾아옵니다.

이러한 깨달음은 마치 어둠 속을 밝히는 작은 불씨와 같아요. 그 불씨는 우리의 내면을 비추고, 우리가 진정으로 원하는 것, 잘하는 것, 그리고 나아가야 할 방향을 명확하게 보여 주죠. 이 순간, 우리는 비로소 외부의 소음에서 벗어나 자신의 목소리에 귀 기울이게 됩니다. 이 깨달음의 불씨가 뜨거워질수록, 우리는 이전과는 다른 선택을 하고, 새로운 도전을 시작할 용기를 얻게 돼요. 그것이 아무리 작은 변화일지라도, 그 불씨가 결국 우리의 운명을 바꿀 거대한 불꽃이 될 수 있음을 역사는 증명하고 있습니다.

실제로 코미디언 로빈 윌리엄스는 어린 시절부터 타인을 웃게 만드는 자신의 진정한 재능을 발견하고 연기와 코미디의 길로 나아가 전 세계 사람들에게 웃음과 감동을 선사했고, 화가 빈센트 반 고흐는 27세까지 목사, 교사, 화상 등 여러 직업을 전전하다가 자신의 진정한 열정이 그림에 있음을 깨닫고 10년이라는 짧은 기간 동안 2천여 점의 작품을 남기며 미술사에 불멸의 족적을 남겼습니다.

■ 자신만의 깨달음의 불씨를 발견하고 키우기 위한 5대 지침

① 외부의 기대와 시선에서 벗어나 진정한 내 목소리를 찾으세요

주변인들의 바람, 사회의 기준, 친구들의 성공 스토리에 휩쓸리지 말고 조용한 시간을 만들어 "내가 정말 원하는 것은 무엇인가?"를 진지하게 물어보세요. 남들이 부러워하는 것이 아니라 내가 진심으로 갖고 싶은 것, 남들이 성공이라고 하는 것이 아니라 내가 정말 성취하고 싶은 것을 구분해 내세요. SNS나 미디어에 나오는 화려한 삶에 현혹되지 말고, 내 마음 깊은 곳에서 울리는 진짜 목소리에 귀 기울이는 연습을 하세요.

② 작은 신호와 직감을 무시하지 말고 세심하게 관찰하세요

어떤 일을 할 때 시간 가는 줄 모르고 몰입하게 되는 순간, 예상보다 쉽게 잘 되는 일, 다른 사람들이 내게 자주 요청하거나 칭찬하는 영역들을 주의 깊게 기록해 보세요. 이런 작은 신호들이 모여 내 진짜 재능과 적성을 알려 주는 단서가 됩니다. 또한 무언가에 대해 강한 호기심이나 끌림을 느낄 때, 그것을 우연이라고 넘기지 말고 한 번 더 깊이 탐구해 보는 용기를 가지세요.

③ 두려움과 고정관념을 뛰어넘어 새로운 시도를 해보세요

"나이가 많아서", "경험이 없어서", "재능이 부족해서"라는 제한적

믿음에 갇히지 말고 작은 실험부터 시작해 보세요. 관심 있는 분야의 온라인 강의를 듣거나, 관련 동아리에 참여하거나, 단기 프로젝트에 도전하는 등 부담 없는 수준에서 새로운 경험을 쌓아 가세요. 실패를 두려워하지 말고 시행착오를 통해 배우는 과정 자체를 즐기며, 예상과 다른 결과가 나와도 그것 역시 자신을 알아가는 소중한 정보로 받아들이세요.

④ 일상 속에서 자신만의 패턴과 선호를 발견하세요

어떤 환경에서 가장 편안함을 느끼는지, 어떤 유형의 사람들과 함께 있을 때 에너지가 충전되는지, 어떤 활동을 할 때 가장 만족스러운지 등 일상의 작은 순간들을 통해 자신의 성향을 파악하세요. 스트레스받는 상황에서 어떻게 반응하는지, 문제 해결할 때 어떤 방식을 선호하는지도 관찰해 보세요. 이런 패턴들을 통해 내가 어떤 환경과 역할에서 가장 잘 발휘될 수 있는지 구체적으로 알아갈 수 있습니다.

⑤ 발견한 깨달음을 구체적인 행동으로 연결하세요

자신에 대한 새로운 발견이나 깨달음이 단순한 아이디어에 그치지 않도록 즉시 실행 가능한 첫 걸음을 내디디세요. 작은 목표부터 세워서 매일 조금씩이라도 그 방향으로 나아가는 습관을 만들고, 관련된 사람들과 네트워크를 형성하며 정보를 수집하세요. 완벽한 계획을 세우기보다는 일단 시작하면서 과정에서 배우고 조정해 나가는 실행력을 기르세요. 깨달음이 실제 변화로 이어질 때 비로소 진정한 자기 발견의 가치를 경험할 수 있습니다.

2) 나이는 숫자에 불과하다: 경험이 주는 깊은 깨달음

"늦었다고 생각할 때가 가장 빠르다"는 말처럼, 깨달음의 순간은 나이와 상관없이 찾아옵니다. 오히려 삶의 다양한 경험이 쌓인 후에 찾아오는 깨달음은 더욱 깊고 단단한 뿌리를 내리는 경우가 많죠.

어린 시절부터 자신의 재능을 발견하여 성공한 사람들도 있지만, 많은 이들은 시행착오를 겪으며 자신을 알아갑니다. 학창 시절의 방황, 사회 초년생의 좌절, 중년의 위기 등은 때로는 깊은 깨달음을 주는 계기가 됩니다. 50대, 60대가 되어 전혀 다른 분야에 도전하여 성공하는 사례, 70대가 되어 새로운 학문을 배우기 시작하는 노학자들의 이야기는 깨달음이 결코 나이에 구애받지 않음을 보여 줍니다. 건축가 루이스 칸은 50세가 되어서야 자신만의 건축 철학을 확립하며 20세기 건축의 거장으로 인정받았습니다.

이러한 경우, 축적된 삶의 경험은 깨달음과 결합하여 놀라운 시너지를 발휘합니다. 젊은 시절에는 알지 못했던 인내심, 통찰력, 문제 해결 능력 등이 깨달음과 만나 새로운 기회를 창조하는 원동력이 되죠. 과거의 실패는 더 이상 발목을 잡는 족쇄가 아니라, 성공을 위한 소중한 '학습 자료'가 되는 것입니다. 중요한 것은 우리가 얼마나 오래 살았느냐가 아니라, 삶의 과정에서 무엇을 깨닫고 그것을 어떻게 활용하느냐에 달려 있습니다.

■ 나이에 구애받지 않는 늦깎이 성공을 위한 5대 지침

① 과거의 모든 경험을 성공의 밑거름으로 재해석하세요

젊은 시절의 방황, 직장에서의 실패, 인간관계의 어려움 등을 단순한 시행착오가 아닌 소중한 학습 경험으로 바라보세요. 나이가 들어 새로운 도전을 할 때 이런 경험들이 오히려 큰 자산이 됩니다. 실패를 통해 얻은 문제 해결 능력, 좌절 속에서 키운 인내심, 다양한 사람들과의 만남에서 얻은 소통 기술 등을 목록으로 만들어 정리하고, 새로운 도전에서 이를 어떻게 활용할 수 있을지 구체적으로 계획해 보세요.

② 나이를 핑계로 삼지 말고 오히려 경쟁 우위로 활용하세요

"이제 너무 늦었다"는 생각을 "이제야 진짜 시작할 때가 됐다"로 바꿔 보세요. 젊은 사람들이 가지지 못한 풍부한 인생 경험, 안정된 경

제력, 넓은 인맥, 성숙한 판단력 등은 나이가 주는 특별한 장점들입니다. 이런 강점들을 명확히 인식하고, 새로운 분야에 뛰어들 때 젊은 경쟁자들과는 다른 차별화된 접근 방식을 개발하세요. 나이에서 오는 신뢰성과 안정감을 브랜드로 만들어 활용하세요.

③ 완벽함보다는 시작하는 용기에 집중하세요

새로운 분야에 도전할 때 모든 것을 완벽하게 준비하려고 하지 마세요. 기초 지식이나 기술이 부족하더라도 일단 시작하면서 배워 나가는 자세가 중요합니다. 온라인 강의, 멘토 찾기, 관련 커뮤니티 참여 등을 통해 학습과 실행을 동시에 진행하세요. 나이가 들어서도 배우는 모습 자체가 다른 사람들에게 영감을 주고, 도움을 받을 수 있는 기회로 이어질 수 있습니다.

④ 네트워크와 멘토십을 적극적으로 활용하세요

그동안 쌓아 온 인간관계와 사회적 네트워크를 새로운 도전에 적극적으로 활용하세요. 다양한 분야의 지인들로부터 조언을 구하고, 필요하면 나보다 젊지만 해당 분야에 경험이 많은 사람을 멘토로 모시는 겸손함도 가지세요. 동시에 내가 가진 경험과 지혜를 다른 사람들과 나누면서 상호 도움이 되는 관계를 만들어 가세요. 나이 차이를 뛰어넘는 협력 관계가 예상치 못한 시너지를 만들어 낼 수 있습니다.

⑤ 장기적 관점에서 꾸준히 발전해 나가세요

늦은 시작이라고 해서 급하게 결과를 얻으려 하지 마세요. 오히려 여유 있는 마음으로 천천히 꾸준히 발전해 나가는 전략을 택하세요. 매일 조금씩이라도 새로운 것을 배우고 연습하며, 작은 성취들을 축하하고 기록하세요. 5년, 10년 후의 모습을 그려 보고 역산해서 지금 해야 할 일들을 정리하세요. 나이가 들어 시작한 일이라면 더욱 지속 가능하고 의미 있는 방향으로 발전시켜 나가는 것이 중요합니다.

3) 깨달음이 열어 주는 새로운 기회들: 진정한 '나다움'을 향한 여정

깨달음을 얻는 순간, 우리는 비로소 진정한 '나다움'을 찾아가는 여정을 시작합니다. 이 여정 속에서 우리는 다음과 같은 놀라운 기회들을 잡을 수 있어요.

자신에 대한 깨달음은 잊고 있었던 꿈을 다시 꾸게 하거나, 새로운 목표를 설정할 용기를 줍니다. 남들의 시선이나 사회적 기대에 얽매이지 않고, 진정으로 자신이 하고 싶은 일, 자신에게 맞는 일을 찾아 과감하게 도전할 수 있게 됩니다. 실제로 요가 수행자 B.K.S. 아이엔가는 16세에 건강 회복을 위해 시작한 요가가 자신의 진정한 소명임을 깨닫고 평생에 걸쳐 요가를 발전시켜 전 세계에 아이엔가 요가를 전파했습니다.

　자신을 이해하게 되면, 타인과의 관계 또한 더욱 명확하고 건강하게 재정립할 수 있습니다. 불필요한 관계에 에너지를 낭비하지 않고, 자신에게 긍정적인 영향을 주는 사람들과의 관계에 집중하며, 때로는 용기 있게 관계를 정리할 수도 있습니다. 심리학자 칼 융은 중년의 위기를 겪으며 자신의 내면을 탐구하는 과정에서 진정한 자아를 발견했고, 이를 통해 더욱 깊이 있는 인간관계와 학문적 성취를 이룰 수 있었습니다.

　자신을 온전히 받아들이고 이해하게 되면, 외부 환경에 대한 불안감이나 초조함이 줄어듭니다. 내면의 혼란이 줄어들고 평화로워지면서, 더욱 차분하고 지혜롭게 삶의 문제들을 해결해 나갈 수 있는 힘이 생겨요. 달라이 라마는 젊은 시절 티베트를 떠나야 하는 고통스러운 상황에서도 자신의 내면을 성찰하며 평화로운 마음을 유지하는 방법을 터득했고, 이를 바탕으로 전 세계에 평화와 자비의 메시지를 전하고 있습니다.

　무엇을 위해 살고 있는지, 어떤 가치를 추구해야 하는지에 대한 깊은 고민은 깨달음을 통해 비로소 답을 찾을 수 있습니다. 자신의 존재 이유와 삶의 목적을 발견하면서, 매 순간을 더욱 의미 있고 충만하게 살아갈 수 있게 됩니다. 물리학자 알베르트 아인슈타인은 과학적 발견을 통해 우주의 신비를 탐구하는 것이 자신의 삶의 의미임을 깨달았고, 말년까지 통일장 이론을 연구하며 학문에 대한 열정을 불태웠습니다.

깨달음이 주는 이러한 기회들은 우리 삶을 근본적으로 변화시킵니다. 중요한 것은 이 기회들을 알아채고 적극적으로 활용하는 것입니다. 나이나 상황에 상관없이 자신에 대한 깊은 이해를 바탕으로 새로운 삶을 시작할 수 있다는 것, 그것이 바로 깨달음이 우리에게 주는 가장 큰 선물입니다.

■ 깨달음을 통한 진정한 '나다움' 실현을 위한 5대 지침

① 깨달음의 순간을 놓치지 말고 적극적으로 받아들이세요

일상 속에서 문득 찾아오는 작은 깨달음부터 인생을 바꾸는 큰 통찰까지, 모든 깨달음의 순간을 소중히 여기고 기록하세요. "아, 이게 내가 진짜 원하는 거구나", "이제야 내 진짜 모습을 알겠다" 같은 순간들을 그냥 지나치지 말고 깊이 성찰해 보세요. 깨달음이 왔을 때 즉시 메모하거나 일기로 남겨서 나중에 되돌아볼 수 있도록 하고, 그 깨달음이 내 삶에 어떤 변화를 가져올 수 있을지 구체적으로 상상해 보세요.

② 외부의 기대와 시선에서 벗어나 진정한 내 목소리를 따르세요

깨달음을 얻었다면 더 이상 남들이 원하는 모습이 아닌 진정한 나 자신의 모습으로 살아갈 용기를 가지세요. 가족의 기대, 사회의 기준, 동료들의 시선에 휘둘리지 말고 내가 진심으로 원하는 것이 무엇인지 명확히 하세요. 새로운 도전이 두렵더라도 내 마음의 소리에 귀 기울이고, 작은 실험부터 시작해서 점진적으로 내 길을 찾아가세요. 다른 사람들의 반대나 우려보다는 내 직감과 확신을 더 믿는 연습을 하세요.

③ 인간관계를 건강하게 재정립하고 선별적으로 관리하세요

자신에 대한 깨달음을 바탕으로 주변 인간관계를 객관적으로 평가하고 재정립하세요. 나에게 에너지를 주는 사람들과는 더 가깝게 지내고, 지속적으로 부정적 영향을 주는 관계는 점진적으로 거리를 두세요. 무조건 모든 관계를 유지하려고 애쓰기보다는 나의 성장과 행복에 도움이 되는 관계를 우선시하세요. 새로운 나를 이해하고 지지해 주는 사람들과의 네트워크를 적극적으로 구축하고 발전시켜 나가세요.

④ 내면의 평화를 유지하기 위한 일상적 실천법을 개발하세요

깨달음을 통해 얻은 내면의 평화를 지속적으로 유지할 수 있는 개인적인 방법들을 찾아 실천하세요. 명상, 요가, 산책, 독서, 일기 쓰

기 등 자신에게 맞는 마음 챙김 활동을 정기적으로 하세요. 외부 상황이 어떻게 변하더라도 내 중심을 잃지 않도록 하는 정신적 훈련을 지속하고, 스트레스나 갈등 상황에서도 침착함을 유지할 수 있는 대처 방법을 미리 준비해 두세요.

⑤ 발견한 삶의 의미와 목적을 구체적인 행동으로 실현하세요

깨달음을 통해 발견한 삶의 의미나 목적이 추상적인 수준에 머물지 않도록 구체적인 실행 계획을 세우세요. 내가 추구하고자 하는 가치를 일상 속에서 어떻게 실천할 수 있을지, 어떤 활동이나 일을 통해 의미를 구현할 수 있을지 명확히 하세요. 작은 단계부터 시작해서 점진적으로 확대해 나가며, 정기적으로 내 삶이 진정한 목적과 일치하는 방향으로 흘러가고 있는지 점검하고 조정하세요. 깨달음이 단순한 이해에 그치지 않고 변화된 삶으로 이어지도록 지속적으로 노력하세요.

■ 당신의 깨달음은 언제 찾아올까요?

우리는 모두 각자의 속도로 삶을 살아갑니다. 어떤 이에게는 20대에, 또 어떤 이에게는 40대에, 심지어 60대가 넘어서야 자신에 대한 진정한 깨달음을 얻을 수도 있습니다. 중요한 것은 그 깨달음의 순간이 언제 오든, 그것은 결코 늦은 때가 아니며 오히려 새로운 삶의

시작을 알리는 황금 같은 기회라는 점입니다.

우리는 이 깨달음을 위해 능동적으로 노력해야 해요. 독서, 명상, 여행, 새로운 경험, 타인과의 깊은 대화 등 다양한 방식으로 자신을 탐색하고 성찰하는 시간을 가져야 합니다. 외부의 소음에 흔들리지 않고, 오롯이 자신에게 집중하는 시간을 통해 우리는 내면의 목소리를 들을 수 있어요.

깨달음을 얻는 순간은 단순히 앎의 확장이 아니라, 존재의 변화를 의미합니다. 그리고 이 변화는 우리에게 지금까지는 보이지 않던 새로운 문을 열어 줄 것입니다.

"자신을 아는 것이 모든 지혜의 시작이다."
– 아리스토텔레스

05. 과거를 통해 현재를 살고 미래를 만들자!
내 삶은 '나'라는 이름의 직물

우리는 매일 새로운 아침을 맞이하고, 어제와는 또 다른 오늘을 살아갑니다. 마치 아무런 연결 없이 흘러가는 듯 보이는 이 시간 속에서, 문득 멈춰 서서 뒤를 돌아볼 때가 있죠. 그리고 깨닫게 됩니다. 지금의 나를 지탱하는 건 다름 아닌, 내가 살아온 수많은 순간들, 그 속에서의 선택과 깨달음, 성공과 실패의 역사가 촘촘히 엮여 만들어진 '직물'이라는 것을 말입니다. 이 깨달음은 단순한 회고를 넘어, 현재를 이해하고 미래를 개척할 강력한 힘을 선사합니다.

1) 내 삶은 선택의 실타래: 후회 대신 수용!

우리 삶은 태어나는 순간부터 죽음에 이르는 모든 과정이 크고 작은 선택의 연속입니다. 오늘 아침 뭘 먹을지, 어떤 옷을 입을지 같은 사소한 결정부터, 어떤 학교에 갈지, 어떤 직업을 가질지, 누구와 사랑에 빠질지 같은 인생의 중대한 결정까지. 이 모든 선택들은 마치 보이지 않는 실타래처럼 얽히고설켜 지금의 나를 구성하고 있어요.

어떤 선택은 후회로 남아 마음 한편에 아쉬움을 남기기도 합니다. '그때 다른 전공을 선택했다면…', '그 사람에게 솔직하게 말했더라면…' 같은 생각들이 떠오르기도 하죠. 하지만 아무리 후회해도 지나간 선택을 되돌릴 수는 없습니다. 중요한 건 그 선택의 결과가 어떠했든, 그 선택이 있었기에 지금의 내가 존재한다는 사실입니다. 만약 과거의 어떤 선택이 없었다면, 지금의 나는 지금의 내가 아닐 겁니다.

이 깨달음은 후회 대신 '수용'의 마음을 가져다줍니다. 내 삶의 모든 선택은 나라는 존재의 일부이며, 그로 인해 내가 만들어졌음을 인정하게 되는 것이죠. 실제로 소설가 레이먼드 카버는 젊은 시절 알코올 중독과 잇따른 실패로 고통받았지만, 그 어둠의 시간들이 오히려 인간의 내면을 깊이 있게 탐구하는 독특한 문체의 바탕이 되었다고 회고했습니다. 애플의 창업자 스티브 잡스 역시 대학을 중퇴하고 캘리그라피 수업을 들었던 선택이 훗날 애플 제품의 아름다운 타이포그래피로 이어졌다며, 모든 경험은 나중에 의미 있게 연결된다고 강조했습니다.

■ 인생의 모든 선택을 의미 있게 수용하기 위한 5대 지침

① 과거의 선택을 후회가 아닌 현재 나를 만든 필수 요소로 받아들이세요

"만약 그때 다르게 했다면"이라는 가정법적 사고에서 벗어나 "그 선택이 있었기에 지금의 내가 있다"는 관점으로 전환하세요. 당시에는 실패나 고통으로 느껴졌던 선택들도 현재의 나를 형성한 소중한 경험임을 인정하세요. 과거의 모든 선택을 부정하는 것은 현재의 나 자신을 부정하는 것과 같다는 점을 기억하고, 내 인생의 모든 순간들이 지금의 나를 만든 귀중한 재료였음을 받아들이세요.

② 현재 순간의 선택에 온전히 집중하고 최선을 다하세요

과거의 후회나 미래의 불안에 에너지를 낭비하지 말고, 지금 당장 내가 내릴 수 있는 선택에 모든 주의를 기울이세요. 크고 작은 결정을 할 때 내 가치관과 목표에 부합하는지 신중하게 판단하되, 결정을 내린 후에는 그 선택을 믿고 최선을 다해 실행하세요. 완벽한 선택은 없다는 것을 받아들이고, 현재 주어진 정보와 상황에서 가장 합리적인 판단을 내리는 것에 집중하세요.

③ 실패나 고통스러운 경험에서도 배움과 성장의 기회를 찾으세요

힘들었던 시기나 잘못된 것 같았던 선택들 속에서도 그 경험이 나

에게 가져다준 교훈, 성장, 깨달음을 적극적으로 찾아보세요. 고난을 통해 얻은 회복력, 실패를 통해 배운 겸손함, 상처를 통해 키운 공감 능력 등은 모두 소중한 자산입니다. 어려운 경험들이 나를 더 단단하고 지혜로운 사람으로 만들었음을 인식하고, 그 경험들을 다른 사람들을 돕거나 더 나은 선택을 하는 데 활용하세요.

④ 모든 경험이 나중에 의미 있게 연결될 수 있음을 믿으세요

지금 당장은 별로 중요해 보이지 않거나 실패처럼 느껴지는 경험들도 언젠가는 예상치 못한 방식으로 도움이 될 수 있다는 열린 마음을 가지세요. 과거의 우연한 만남, 뜻밖의 경험, 심지어 실수나 실패도 나중에 새로운 기회의 문을 열어 주는 열쇠가 될 수 있습니다. 인생의 모든 점들이 결국은 하나의 그림을 완성한다는 믿음을 가지고, 현재의 경험들도 미래에 어떤 의미로 연결될지 기대하는 마음을 유지하세요.

⑤ 내 선택의 기준과 가치관을 명확히 하고 일관성 있게 적용하세요

앞으로의 선택에서 후회를 최소화하기 위해 내가 진정으로 중요하게 생각하는 가치들을 명확히 정리하세요. 성공, 관계, 건강, 자유, 안정 등 다양한 가치 중에서 내게 가장 우선순위가 높은 것들을 파악하고, 중요한 결정을 내릴 때 이 기준들을 일관성 있게 적용하세요. 다른 사람의 기대나 사회적 압력보다는 내 진정한 가치관에 따라 선

택하는 습관을 기르고, 그 선택에 대해 책임지는 용기를 가지세요.

2) 깨달음의 불씨: 나를 밝히는 등대!

 삶의 여정 속에서 우리는 예상치 못한 깨달음의 순간들을 마주합니다. 때로는 깊은 좌절 속에서, 때로는 문득 찾아온 영감 속에서, 우리는 자신과 세상에 대한 새로운 이해를 얻게 돼요. 마치 어둠 속을 헤매다 갑자기 밝혀진 등대처럼, 이 깨달음은 우리가 나아가야 할 방향을 제시하고, 우리가 누구인지 명확하게 인식하게 돕습니다.

 어린 시절의 소박한 호기심, 청년 시절의 실패를 통한 교훈, 중년에 찾아온 삶의 본질에 대한 성찰 등, 각 시기마다 우리를 성장시킨 깨달음은 다릅니다. 예를 들어, 어떤 사람은 극심한 스트레스 속에서 '돈보다 건강이 중요하다'는 깨달음을 얻고 삶의 방식을 바꿀 수도 있고, 또 어떤 사람은 관계의 어려움 속에서 '타인의 시선보다 나 자신의 행복이 우선'이라는 깨달음을 얻어 새로운 길을 걸을 수도 있죠. 실제로 생물학자 E.O. 윌슨은 어린 시절 한쪽 눈을 다친 후 작은 곤충들에 집중하게 되었고, 이것이 평생의 개미 연구로 이어져 사회생물학의 아버지가 되었습니다.

이러한 깨달음의 순간들은 우리의 사고방식을 변화시키고, 새로운 선택을 가능하게 하며, 결국은 인생의 궤적을 수정하는 결정적인 역할을 합니다. 지금의 내가 가진 가치관, 세계관, 그리고 삶을 대하는 태도는 바로 이러한 수많은 깨달음의 산물입니다. 그것들은 무의식적으로 우리를 지탱하는 든든한 정신적 기둥이 되어 줘요. 철학자 장 폴 사르트르는 제2차 대전 중 포로 경험을 통해 인간의 자유와 책임에 대한 깊은 통찰을 얻었고, 이것이 실존주의 철학의 토대가 되었습니다.

■ 인생의 깨달음을 의미 있게 활용하기 위한 5대 지침

① 일상의 작은 순간들에서도 배움의 기회를 놓치지 마세요

깨달음은 항상 극적인 순간에만 찾아오는 것이 아닙니다. 지하철에서 만난 한 사람의 미소, 책에서 읽은 한 줄의 문장, 자연에서 바라본 풍경 등 평범한 일상 속에서도 소중한 통찰이 숨어 있을 수 있습니다. 매일 저녁 하루를 돌아보며 "오늘 무엇을 배웠는가?"라는 질문을 던져 보고, 작은 깨달음이라도 놓치지 않고 기록하는 습관을 만드세요. 이런 작은 깨달음들이 쌓여 큰 변화의 토대가 됩니다.

② 어려운 상황과 실패를 성장의 기회로 적극적으로 활용하세요

고통스러운 경험이나 실패의 순간에 "왜 나에게 이런 일이 일어나

는가?"라고 원망하기보다는 "이 경험이 나에게 무엇을 가르쳐주려는 것인가?"라는 관점으로 접근하세요. 좌절감이나 분노 같은 부정적 감정도 내면을 돌아보고 진정한 가치를 발견하는 계기가 될 수 있습니다. 어려운 시기를 겪을 때일수록 자신의 한계와 가능성을 동시에 발견할 수 있는 기회임을 기억하세요.

③ 깨달음을 구체적인 행동 변화로 연결하세요

아무리 좋은 깨달음이라도 실제 행동으로 이어지지 않으면 의미가 없습니다. 새로운 통찰을 얻었다면 그것을 어떻게 일상생활에 적용할 수 있을지 구체적인 계획을 세우세요. 예를 들어, "건강이 가장 중요하다"는 깨달음을 얻었다면 운동 계획을 세우고 식습관을 개선하는 등의 실질적인 변화를 시작하세요. 작은 행동이라도 꾸준히 실천하는 것이 깨달음을 진정한 성장으로 만드는 열쇠입니다.

④ 깨달음을 다른 사람들과 나누고 토론하세요

개인적인 깨달음을 혼자만 간직하지 말고 신뢰할 만한 사람들과 나누어 보세요. 가족, 친구, 멘토와의 대화를 통해 내 생각을 정리하고 다른 관점에서 바라볼 수 있는 기회를 만드세요. 또한 비슷한 경험을 한 사람들의 이야기를 들어보거나 관련 서적을 읽으면서 내 깨달음을 더욱 깊이 있게 발전시켜 나가세요. 나눔과 소통을 통해 개인적 깨달음이 보편적 지혜로 승화될 수 있습니다.

⑤ 과거의 깨달음을 정기적으로 되돌아보고 재평가하세요

시간이 지나면서 과거에 중요하다고 여겼던 깨달음이 현재 상황에 맞지 않을 수도 있습니다. 1년이나 몇 년 주기로 내가 가진 신념과 가치관을 점검하고, 새로운 경험과 성장에 따라 업데이트하는 시간을 가지세요. 과거의 깨달음에 너무 얽매여 새로운 가능성을 놓치지 않도록 유연성을 유지하되, 핵심적인 가치는 일관성 있게 지켜 나가는 균형감을 기르세요. 깨달음도 살아 있는 것처럼 지속적으로 발전시켜 나가야 합니다.

3) 성공과 실패: 나를 단단하게 만드는 실!

우리 삶의 역사는 환희로운 성공의 순간들로만 채워져 있지 않습니다. 오히려 뼈아픈 실패의 경험들이 성공만큼이나, 어쩌면 성공보다 더 깊은 흔적을 남기며 우리를 성장시킵니다. 프로젝트의 실패, 인간관계의 좌절, 예상치 못한 불운 등, 우리는 살면서 수많은 실패를 경험하죠.

성공은 우리에게 자신감과 만족감을 안겨 주지만, 때로는 자만심에 빠지게 하거나 더 큰 도전을 가로막기도 합니다. 반면 실패는 겸손을 가르치고, 부족한 점을 돌아보게 하며, 새로운 방법을 모색하게 만듭니다. 실패를 통해 우리는 자신의 한계를 인지하고, 그것을 극복하기 위한 노력을 기울이며, 결국 더 단단한 사람으로 거듭나요. 실제로 발명가 토마스 에디슨은 전구를 발명하기까지 수천 번의 실패를 겪었지만, "나는 실패한 것이 아니라 작동하지 않는 방법 1만 가지를 발견한 것"이라고 말하며 실패를 배움의 기회로 삼았습니다.

지금의 내가 가진 회복탄력성, 문제 해결 능력, 그리고 타인에 대한 이해심은 수많은 실패의 경험 속에서 길러진 경우가 많습니다. 성공의 발자취는 우리를 앞으로 나아가게 하는 동력이 되지만, 실패의 발자취는 우리를 돌아보게 하고 더 깊이 뿌리내리게 하는 성장의 밑거름이 됩니다. 이 모든 경험들이 지금의 나를 지탱하는 굳건한 토대가 되어 줘요. 농구 선수 마이클 조던은 "나는 커리어 동안 9,000번 이상 슛을 놓쳤고, 300경기에서 졌으며, 26번의 결승 슛 기회를 놓쳤다. 나는 계속해서 실패했고, 그것이 내가 성공한 이유"라고 말하며 실패가 성공의 필수 요소임을 강조했습니다.

■ **실패를 성장의 밑거름으로 활용하기 위한 5대 지침**

① 실패를 개인적 결함이 아닌 학습 과정의 일부로 받아들이세요
실패했을 때 "내가 능력이 없구나"라고 자신을 비하하지 말고, "이 방법은 효과가 없다는 것을 배웠다"는 관점으로 접근하세요. 실패는

부족함의 증거가 아니라 성장하고 있다는 신호입니다. 완전히 안전한 영역에만 머물러서는 절대 실패할 일이 없지만 동시에 성장할 기회도 없습니다. 실패를 통해 자신의 현재 한계를 파악하고, 그 한계를 확장하기 위한 구체적인 계획을 세우는 데 집중하세요.

② 실패의 원인을 구체적이고 객관적으로 분석하세요

감정적으로 실망하는 시간을 줄이고, 냉정하게 무엇이 잘못되었는지 분석하는 시간을 늘리세요. 준비 부족이었는지, 전략의 문제였는지, 외부 요인 때문이었는지 등을 세세하게 파악하세요. 실패한 프로젝트나 상황을 단계별로 나누어 어느 지점에서 문제가 발생했는지 찾아내고, 다음에는 그 부분을 어떻게 개선할 수 있을지 구체적인 대안을 마련하세요. 이런 분석이 같은 실수를 반복하지 않게 해 주는 소중한 자산이 됩니다.

③ 실패 경험에서 얻은 회복력과 끈기를 인정하고 강화하세요

실패를 겪고도 다시 일어서는 자신의 회복탄력성을 소중히 여기고 의식적으로 키워 나가세요. 어려운 상황에서 어떻게 대처했는지, 어떤 마음가짐으로 버텨 냈는지, 누구의 도움을 받았는지 등을 기록해 두세요. 이런 경험들이 쌓일수록 "나는 어려움을 극복할 수 있는 사람"이라는 자신감이 생기고, 더 큰 도전에도 두려워하지 않게 됩니다. 실패를 통해 얻은 정신적 근력을 자랑스럽게 여기세요.

④ 실패 경험을 다른 사람들과 나누며 서로 배우세요

실패를 부끄러운 비밀로 감추지 말고, 신뢰할 만한 사람들과 솔직하게 나누어 보세요. 멘토, 동료, 친구들로부터 조언을 구하고, 그들의 유사한 경험담을 들어보세요. 실패담을 나누는 과정에서 새로운 관점을 얻을 수 있고, 다른 사람들도 비슷한 어려움을 겪었다는 것을 알게 되어 위안을 받을 수 있습니다. 나중에는 내 실패 경험이 누군가에게 도움이 되는 조언으로 바뀔 수 있습니다.

⑤ 실패를 딛고 더 큰 목표에 재도전하는 용기를 기르세요

실패 때문에 꿈이나 목표 자체를 포기하지 마세요. 오히려 실패에서 얻은 교훈을 바탕으로 더 현실적이고 전략적인 계획을 세워 재도전하세요. 첫 번째 시도에서 실패했다면 두 번째는 더 나은 준비와 방법으로 접근할 수 있습니다. 실패의 아픔이 사라지면 그 경험이 주는 지혜와 강인함만 남게 되며, 이것이 더 큰 성공을 위한 발판이 됩니다. 실패를 두려워하는 마음보다 성장을 기대하는 마음이 더 크게 키우세요.

■ 나의 역사가 곧 나다: 현재의 의미를 찾아서

결국 지금의 나는 과거의 나와 분리될 수 없습니다. 내가 해 온 모든 선택, 내가 얻은 모든 깨달음, 내가 겪은 모든 성공과 실패는 마치

퍼즐 조각처럼 모여 지금의 '나'라는 거대한 그림을 완성했습니다. 내가 가진 습관, 내가 생각하는 방식, 내가 반응하는 방식, 내가 사랑하는 방식, 그리고 내가 꿈꾸는 모든 것이 이 시간의 나열 속에서 형성되었습니다.

이러한 깨달음은 우리에게 깊은 자유와 평화를 가져다줍니다. 과거의 실수에 대한 자책에서 벗어나, 그것 또한 나의 삶을 구성하는 소중한 부분임을 인정하게 되죠. 내가 걸어온 길을 온전히 받아들이고 사랑하게 되는 것입니다. 동시에 이 깨달음은 우리에게 강력한 책임감을 부여합니다. 지금 이 순간 내가 내리는 선택과 경험하는 모든 것이 미래의 나를 만들어나갈 것이기 때문입니다.

나를 지탱하는 건 외부의 어떤 힘이 아니라, 바로 내 안에 축적된 시간의 나열, 즉 나의 역사입니다. 이 역사를 이해하고 존중할 때, 우리는 비로소 현재의 의미를 찾고, 더 나아가 미래를 주도적으로 개척해 나갈 수 있는 힘을 얻게 됩니다. 당신은 당신이 살아온 역사의 산물이며, 동시에 앞으로 만들어 갈 역사의 주체입니다.

"인생은 살아가는 것이 아니라, 만들어 가는 것이다."
– 윌리엄 셰익스피어

☑ 내 삶을 위한 체크리스트

100세 시대, 나라는 존재의 '작품'을 멋지게 완성하기 위해, 지금 당신에게 필요한 질문 10가지입니다.

1. 새로운 변화를 두려워하기보다, 새로운 기회로 받아들일 준비가 되어 있나요?

2. 삶의 모든 순간이 배움의 연속임을 인식하고, 꾸준히 새로운 지식과 기술을 배우고 있나요?

3. 혈연, 학연, 지연을 넘어 다양한 사람들과 관계를 맺고, 새로운 커뮤니티에 참여하려 노력하고 있나요?

4. 건강한 몸과 마음을 유지하기 위해 꾸준히 운동하고, 스트레스를 적극적으로 관리하고 있나요?

5. 돈이나 명예를 넘어, 자신이 진정으로 가치 있다고 생각하는 일을 찾아 삶의 의미를 만들고 있나요?

6. '나는 원래 이런 사람이야'라는 생각에 갇히지 않고, 언제든 자신을 재창조할 수 있다고 믿나요?

7. 과거의 후회나 실수에 얽매이지 않고, 그것 또한 나를 만든 소중한 부분임을 인정하고 받아들이나요?

8. 지금 이 순간에 집중하여 최선을 다하고 있으며, 동시에 미래의 나를 위한 구체적인 계획을 세우고 있나요?

9. 자신의 내면을 들여다보고, 진정으로 원하는 것이 무엇인지 성찰하는 시간을 충분히 가지고 있나요?

10. 삶이라는 배의 선장이 바로 당신 자신임을 인지하고, 당신의 인생을 능동적으로 디자인하고 있나요?

제3부

나의 진정한 가치는 무엇인가?

01. '나는 누구인가?' 답을 찾는 당신에게
늦지 않았어, 지금부터 시작이야!

시간은 흐르고 나이는 숫자에 불과하다고는 하지만, 문득 거울 앞에 선 내 모습에서 낯섦을 느낄 때가 있죠. 사회가 정해 놓은 길을 따라 열심히 달려왔는데, 정작 멈춰 서 보니 '나는 누구인가, 나는 무엇을 원하는가'라는 질문 앞에서 막막해지는 순간. 주변 친구들은 이미 자신만의 견고한 세계를 구축한 듯 보이고, 나는 여전히 방황하는 이방인처럼 느껴질 때가 있습니다. '이 나이에 아직도 나를 찾고 있다니…' 하는 자괴감이 밀려오기도 하죠.

하지만 당신은 혼자가 아닙니다. 그리고 절대 늦은 것이 아니에요. 진정한 나를 찾는 여정은 인생이라는 광활한 지도 위에서 아직 발견되지 않은 보물을 찾아가는 일과 같습니다. 중요한 것은 얼마나 빨리 찾느냐가 아니라, 언제든 그 보물 지도를 펼쳐 들 용기를 내느냐에 달려 있습니다.

1) '나'는 정답이 아니라 '과정'이다

　우리는 어릴 때부터 끊임없이 '정답'을 찾도록 교육받습니다. 좋은 대학, 안정적인 직장, 배우자와 자녀… 사회가 제시하는 모범 답안을 따라가다 보면, 어느새 우리는 그 답안이 나의 것이었는지 의심하게 되죠. 진정한 나를 찾지 못하는 이들의 마음속에는 종종 이런 질문들이 맴돕니다. '내가 정말 원하는 것은 무엇일까?', '나는 무엇을 할 때 행복할까?', '어떤 삶이 나다운 삶일까?'

　이러한 질문들에 명확한 정답이 있다고 믿는 순간, 우리는 좌절하게 됩니다. 왜냐하면 삶은 하나의 정답이 아니라, 무수한 가능성으로 이루어진 거대한 질문이기 때문이에요. '진정한 나'는 이미 어딘가에 완성된 형태로 존재하며 우리가 발견하기만을 기다리는 것이 아닙니다. 오히려 그것은 우리가 경험하고, 느끼고, 선택하며 끊임없이 만들어 가는 과정 속에 있습니다. 그러니 아직 찾지 못했다고 해서 불안해할 필요는 없습니다. 어쩌면 당신은 그저 아직 자신만의 독특한 답을 찾아가는 중일 뿐입니다.

　실제로 천체물리학자 닐 디그래스 타이슨은 어린 시절 부모와 교사들이 의사나 변호사가 되기를 바랐지만, 9세에 천문관을 방문한 후 우주에 대한 호기심을 키워 나가며 자신만의 길을 개척했습니다.

미국의 TV 진행자 오프라 윈프리 역시 가난한 환경에서 자란 흑인 여성으로서 전통적인 성공 공식과는 다른 길을 걸으며, 자신만의 독특한 방식으로 미디어 제국을 건설하고 수많은 사람들에게 영감을 주었습니다.

2) 외부의 소음을 끄고, 내면의 목소리에 귀 기울이기

진정한 나를 찾는 여정을 가로막는 가장 큰 장애물 중 하나는 바로 '외부의 소음'입니다. 타인의 기대, 사회적 시선, 비교 의식, 미디어의 영향 등 수많은 소음들이 우리의 내면의 목소리를 덮어 버리죠. "남들은 다 저렇게 사는데, 나만 왜 이럴까?" 하는 생각이 들기 시작하면, 우리는 스스로를 의심하고 타인의 기준에 맞춰 자신을 바꾸려 합니다.

하지만 기억하세요. 모든 사람의 지문이 다르듯, 모든 사람의 삶의 궤적 또한 다릅니다. 누군가의 성공이 나의 성공일 수 없고, 누군가의 행복이 나의 행복일 수는 없습니다. 진정한 나를 찾기 위해서는 잠시 멈춰 서서 외부의 소음에서 벗어나야 합니다. 고요한 시간 속에서 오롯이 자신의 내면에 집중하고, 나만의 목소리, 나만의 속삭임에 귀 기울여야 합니다. 실제로 작가 헨리 데이비드 소로는 월든 호

숲가에서 2년 2개월간 홀로 지내며 자연과 함께하는 소박한 삶을 통해 진정한 자아를 발견했고, 이 경험이 《월든》이라는 불멸의 작품으로 탄생했습니다.

명상, 일기 쓰기, 자연 속에서의 시간, 혼자만의 여행 등 자신에게 맞는 방법을 찾아보세요. 잠시 스마트폰을 내려놓고, 타인의 SNS를 닫고, 오롯이 당신 자신에게 집중하는 시간을 가져 보세요. 그 시간을 통해 비로소 당신은 당신의 진정한 욕망, 진정한 가치관, 진정한 열정을 발견할 수 있을 것입니다. 영화감독 데이비드 린치는 매일 아침 명상을 통해 창의적 영감을 얻는다고 하며, 작가 엘리자베스 길버트는 《먹고 기도하고 사랑하라》에서 이탈리아, 인도, 인도네시아를 홀로 여행하며 자신을 재발견하는 과정을 솔직하게 기록해 많은 이들에게 영감을 주었습니다.

3) 경험하고 시도하라: '나'를 만나는 가장 확실한 길

'진정한 나'는 머리로만 생각해서는 결코 찾을 수 없습니다. 그것은 직접 경험하고, 시도하고, 때로는 실패하는 과정 속에서 발견됩니다. 마치 낯선 곳을 여행하며 길을 잃기도 하고, 예상치 못한 풍경을 만나기도 하듯이 말입니다.

어릴 적 꿈꿨던 일을 지금이라도 해 보세요. 배우고 싶었던 것을 배우고, 가고 싶었던 곳을 가 보세요. 거창한 것이 아니어도 좋습니다. 작은 취미 활동, 봉사 활동, 새로운 사람들과의 만남 등. 다양한 경험들은 당신이 어떤 것을 좋아하고, 어떤 것에 재능이 있으며, 어떤 환경에서 성장할 수 있는지에 대한 중요한 단서를 제공할 것입니다. 실제로 요리사 앤서니 부르댕은 44세에 첫 책 《키친 컨피덴셜》을 쓰기 전까지 수많은 레스토랑에서 일하며 다양한 경험을 쌓았고, 그 과정에서 자신이 단순히 요리하는 것이 아니라 음식을 통해 세상을 이야기하는 스토리텔러임을 발견했습니다.

물론 그 과정에서 실패하거나 실망할 수도 있습니다. 하지만 그 실패는 결코 무의미한 것이 아닙니다. 실패는 '이것은 내가 원하는 것이 아니구나'라는 중요한 깨달음을 주고, 당신을 진정한 자신에게 한 걸음 더 다가가게 만듭니다. 경험을 통해 얻는 작은 깨달음들이 모여, 결국 진정한 당신의 모습을 완성할 것입니다. 배우 앨런 릭맨은 30대까지 무대 디자인과 그래픽 디자인 일을 하며 연기와는 거리가 먼 삶을 살았지만, 다양한 예술 분야에서의 경험이 결국 깊이 있는 연기자로 거듭나는 밑거름이 되었습니다.

■ **당신은 충분히 가치 있고, 당신의 삶은 무한하다!**

'나이가 들었는데도 아직 나를 찾지 못했다'는 생각은 종종 자기 자신을 향한 비난으로 이어집니다. 하지만 나이는 물리적인 시간에 불과하며, 진정한 성숙은 자기 이해의 깊이에서 나옵니다. 젊은 나이에 성공을 거둔 사람 중에서도 자신을 이해하지 못해 방황하는 이들이 많고, 늦은 나이에 비로소 자신을 찾아 삶의 의미를 발견하는 이들도 많습니다.

당신이 지금 어떤 나이든 상관없습니다. 중요한 것은 당신이 지금 이 순간에도 자신을 탐색하고, 더 나은 당신이 되기 위해 노력하고 있다는 사실입니다. 그 과정 자체가 이미 훌륭하며, 존중받아 마땅합니다. 당신의 삶은 아직 완성되지 않은 작품이며, 당신은 그 작품을 완성해 나갈 유일한 예술가입니다. 그러니 조급해하지 마세요. 비교하지 마세요.

당신의 삶은 아직 발견되지 않은 보물 지도이며, 그 보물을 찾아낼 힘은 오직 당신 안에 있습니다. 조용히 내면의 목소리에 귀 기울이고, 용기 있게 새로운 경험을 시도하며, 때로는 실패를 통해 배우는 과정을 즐기세요. 당신이 진정으로 무엇을 원하는지 깨닫는 순간, 당신의 삶은 새로운 빛을 발하며 당신만의 길을 열어 줄 것입니다.

"자신을 발견하는 가장 좋은 방법은
다른 사람들을 위해 자신을 잃는 것이다."
- 마하트마 간디

02. 가장 큰 보물은 바로 '내 안에' 있다!
보물섬은 멀리 있지 않다

우리는 때때로 삶이라는 망망대해에서 길을 잃은 나룻배처럼 흔들립니다. 간절히 바라던 꿈, 희미해져 가는 희망, 손에 잡힐 듯 잡히지 않는 성공을 찾아 끊임없이 외부를 헤매죠. 새로운 기회를 찾아 뛰어들고, 남들이 가는 길을 따라가 보기도 합니다. 하지만 어느 순간, 지치고 허무한 마음으로 깨닫게 됩니다. 그렇게 오랜 시간 찾아 헤매던 그 모든 것들이 사실은 아주 가까운 곳, 바로 나 자신의 마음 속 깊은 곳에 웅크리고 있었다는 것을요.

1) 외부의 소음 속에서 길을 잃다

어릴 적 우리는 누구나 자신만의 꿈과 반짝이는 희망을 품고 있었습니다. 하늘을 나는 상상, 세상을 바꾸는 영웅이 되는 꿈. 하지만 자라면서 우리는 점점 외부의 소음에 익숙해집니다. '남들은 다 이렇게 살아', '현실은 냉정해', '네가 뭘 할 수 있다고 그래?' 같은 목소리들이 우리의 내면을 잠식합니다. 사회가 요구하는 기준, 타인의 시선, 성공의 공식들이 우리의 진짜 목소리를 덮어 버리죠.

대부분의 사람들이 그렇습니다. '성공'이라는 거대한 목표를 향해 무작정 달립니다. 남들이 좋다는 직업을 좇고, 유행하는 투자에 뛰어들었으며, 인정받기 위해 끊임없이 자신을 포장합니다. 하지만 그럴수록 마음은 공허해지고, 아무리 많은 것을 성취해도 진정한 만족감은 찾아오지 않습니다. 마치 갈증이 나는데 바닷물을 마시는 것처럼, 채워지지 않는 허기가 나를 괴롭힙니다. 실제로 배우 짐 캐리는 젊은 시절 성공과 부를 좇다가 극심한 우울증에 빠졌다고 고백했습니다. "나는 모든 사람이 부자가 되고 유명해져서 그것이 답이 아니라는 걸 깨달았으면 좋겠다"고 말하며, 외적 성공이 내적 공허함을 채워 주지 못한다는 깨달음을 전했습니다.

돌아보면 그 모든 시간은 외부의 목소리에만 귀 기울인 채 내 안의 진짜 목소리에는 침묵했던 시간이었습니다. 내가 진정으로 무엇을 원하는지, 어떤 일을 할 때 행복한지, 어떤 가치를 중요하게 여기는지 스스로에게 묻지 않았습니다. 나 자신은 점점 더 깊은 마음속 동굴에 숨어들어 웅크리고 있었죠. 작가 체리 길크리스트도 비슷한 경험을 했다고 고백했습니다. 수십 년간 남편과 사회가 기대하는 완벽한 아내와 어머니 역할에만 매진하다가 50대에 이르러서야 자신이 진정 원했던 글쓰기를 시작했고, 그제서야 진정한 자아를 발견할 수 있었다고 말했습니다.

2) 절망의 바닥에서 '나'를 발견하다

자기 이해가 부족한 사람들 대부분은 성공의 조건에만 집중해 무작정 인생 궤도를 쫓아 결국, 한계에 부딪힙니다. 야심 차게 시작했던 프로젝트가 좌초되고, 믿었던 관계가 깨지며, 경제적인 어려움까지 겹쳤을 때, 모든 것을 놓아 버리고 싶어집니다. 더 이상 어디로 가야 할지, 무엇을 해야 할지도 알 수 없어집니다. 마치 세상의 끝에 서 있는 듯한 절망감에 휩싸이죠.

하지만 역설적이게도, 그 절망의 바닥에서 비로소 진정한 나를 만날 수 있습니다. 더 이상 외부의 시선에 신경 쓸 여력도, 남들이 원하는 나를 연기할 힘도 없었을 때, 처음으로 오롯이 나 자신과 마주할 수 있습니다. 깊은 침묵 속에서, 내 안에서 희미하게 들려오는 목소리에 귀 기울여야 합니다.

그 목소리는 거창한 성공이나 화려한 명예를 말하지 않습니다. 오히려 내가 어릴 적 좋아했던 것들, 나를 진정으로 즐겁게 했던 소박한 순간들, 내가 마음 편히 쉴 수 있었던 순간들을 떠올리게 합니다. 그림을 그릴 때의 설렘, 글을 쓸 때의 몰입감, 누군가를 돕는 데서 오는 보람… 잊고 있었던, 아니 억지로 외면했던 '나다움'의 조각들이 하나둘씩 모습을 드러냈습니다.

그리고 깨닫습니다. 내가 그토록 찾아 헤매던 꿈과 희망, 성공에 대한 갈망은 사실 외부의 빛나는 무언가가 아니라, 내 안에 이미 존재하고 있던 나의 잠재력과 진정한 열정이었다는 것을요. 그것들은 외부의 시선과 경쟁 속에서 움츠러들어 잠시 숨어 있었을 뿐, 사라진 것이 아닙니다. 배우 모건 프리먼도 50대가 되어서야 진정한 연기적 성취를 이루었는데, 그는 "젊은 시절에는 성공하려고만 했지만, 나이가 들면서 진정 내가 사랑하는 연기 자체에 집중하게 되었을 때 비로소 진짜 내가 되었다"고 말했습니다.

3) '나 자신'을 찾은 후, 새로운 삶을 시작하다

깨달음 이후, 나의 삶은 완전히 달라집니다. 더 이상 남들의 길을 맹목적으로 따라가지 않습니다. 대신 내 안에서 발견한 작은 불씨, 즉 진정한 열정을 따라 새로운 길을 모색하기 시작합니다. 처음에는 불안하고 두렵습니다. 익숙한 길을 버리고 미지의 길로 나서는 것은 용기가 필요한 일이니까요.

하지만 매 순간 내 안의 목소리에 귀 기울여야 합니다. 내가 무엇을 할 때 진정으로 행복하고 몰입하는지, 어떤 가치를 추구할 때 삶이 충만해지는지 스스로에게 끊임없이 질문해야 합니다. 때로는 작은 성공에 기뻐하고, 때로는 예상치 못한 실패에 좌절하기도 하지만, 그 모든 과정이 나를 더 깊이 이해하고 나만의 보물을 찾아가는 여정의 일부임을 알기에 흔들리지 않을 수 있습니다.

내가 가진 재능, 내가 좋아하는 것, 내가 세상에 기여하고 싶은 방식 등, 나를 구성하는 모든 요소들이 퍼즐 조각처럼 맞춰지기 시작합니다. 마치 오랜 시간 먼지 쌓여 있던 보물 지도가 서서히 펼쳐지는 느낌입니다. 그 지도는 나를 가장 '나답게' 만들고, 진정한 행복과 성공으로 이끌어 줄 나만의 유일한 길입니다. 배우 알란 릭맨도 26세까지 그래픽 디자이너로 일하다가 연기에 대한 진정한 열정을 발견한 후 연기 학교에 입학했고, 늦은 시작에도 불구하고 자신만의 독특한 연기 스타일을 완성해 불멸의 캐릭터들을 만들어 냈습니다.

■ 당신의 보물은 어디에 숨어 있나요?

우리는 모두 각자의 마음속에 자신만의 보물을 숨겨 두고 살아갑니다. 그것은 어린 시절의 순수한 꿈일 수도 있고, 남들이 알아주지 않아도 혼자 즐기던 취미일 수도 있으며, 혹은 오랫동안 억눌러 왔던 솔직한 욕망일 수도 있습니다. 사회의 소음, 불안감, 비교 의식 속에서 그 보물은 잠시 웅크리고 있을 뿐, 사라진 것이 아닙니다.

만약 당신이 지금, '나는 누구인가, 무엇을 원하는가'라는 질문 앞에서 방황하고 있다면, 잠시 멈춰 서서 외부의 모든 소음을 차단해 보세요. 그리고 당신의 마음속 가장 깊은 곳에 귀 기울여 보세요.

당신은 무엇을 할 때 시간 가는 줄 모르는가?
무엇이 당신을 진정으로 기쁘게 하는가?
어떤 상황에서 당신은 가장 '나답다'고 느끼는가?
세상에 어떤 긍정적인 영향을 미치고 싶은가?

그 답은 화려한 포장지 속에 숨겨져 있지 않습니다. 어쩌면 당신이 가장 당연하게 생각했던 것, 혹은 너무나 작고 보잘것없다고 여겼던 것 속에 진정한 당신의 보물이 숨어 있을지도 모릅니다.

나를 찾아 헤매던 모든 시간은 결국 나 자신에게로 돌아오는 과정이었습니다. 가장 귀한 보물은 가장 가까운 곳에, 가장 친숙한 나 자신 안에 숨어 있었습니다. 이제 당신의 차례입니다. 용기를 내어 당신의 마음속 동굴로 들어가세요. 그곳에서 웅크리고 있는 진정한 당신을 만나고, 당신만의 보물 지도를 펼쳐 새로운 삶의 여정을 시작하시기를 바랍니다.

"가장 위대한 발견은 인간이 자신의 태도를 바꿈으로써
자신의 삶을 바꿀 수 있다는 것이다."
- 윌리엄 제임스

03. 당신의 꿈은 아직 끝나지 않았다
100세 시대, 다시 피어나는 꿈의 여정

우리 삶은 수많은 역할과 책임으로 가득 차 있죠. 학생, 직장인, 부모, 배우자… 매일매일 숨 가쁘게 살아가다 보면, 문득 마음 한구석에 묻어 두었던 아련한 그림자 하나와 마주하게 됩니다. 바로 어린 시절 품었던, 혹은 한때 열렬히 갈망했던 '꿈'입니다. 바쁜 일상에 치여 잊고 살았던, 혹은 현실의 벽에 부딪혀 포기해야만 했던 그 꿈들은 여전히 우리 마음속 어딘가에서 희미한 빛을 발하고 있어요.

하지만 이제 우리는 인류 역사상 전례 없는 시대를 맞이하고 있습니다. 평균 수명 100세가 현실이 되는 시대 말입니다. 길어진 삶은 우리에게 단순히 오래 사는 것을 넘어, 잊었던 꿈을 다시 꺼내 들고 새로운 삶의 챕터를 시작할 무한한 기회를 선사합니다. 뒤늦게라도 자신의 꿈을 찾아 나서는 사람들의 이야기는 이 시대에 가장 빛나는 희망의 메시지가 됩니다.

1) 꿈은 왜 사라졌을까? 현실이라는 벽

어릴 적 우리는 누구나 세상의 주인공이 되는 꿈을 꾸었습니다. 우주비행사, 발레리나, 화가, 탐험가… 그러나 현실의 벽은 생각보다 높고 단단했습니다. 학업 경쟁, 취업 전쟁, 가족의 생계를 위한 고된 노동, 사회적 시선 등 수많은 '현실'이라는 무게가 어깨를 짓눌렀고, 결국 꿈은 마음속 깊은 곳에 봉인되었습니다.

'나이 들면 다 저렇게 사는 거야', '꿈은 사치야', '현실을 직시해야지'라는 말들이 스스로를 위로하는 동시에, 꿈을 포기하게 만드는 합리화가 되기도 했습니다. 그렇게 20대, 30대, 40대를 보내며 우리는 자신의 꿈이 마치 박물관의 오래된 유물처럼 과거의 한 조각으로만 존재한다고 생각했어요. 꿈은 이미 나와는 상관없는, 흘러간 유년기의 추억일 뿐이라고 단정 지었던 것이죠.

실제로 패션 디자이너 베라 왕은 40세까지 보그 편집자와 랄프 로렌에서 일하며 패션업계에 몸담고 있었지만, 자신만의 브랜드를 만드는 꿈은 '현실적이지 않다'며 미뤄 두고 있었습니다. 화가 그랜마 모지스 역시 농장 일에 매여 살다가 78세에 관절염으로 자수를 할 수 없게 되자 그제서야 그림을 그리기 시작했는데, 그전까지는 그림에 대한 열정을 '현실적이지 않은 꿈'으로 치부하고 있었습니다.

2) 100세 시대: 꿈을 다시 꺼낼 시간!

하지만 평균 수명 100세 시대는 이러한 고정관념을 송두리째 흔들어 놓습니다. 60세에 은퇴해도 남은 삶이 40년입니다. 이 40년은 과거의 '노년'과는 확연히 다른, 활기찬 새로운 시작이 될 수 있는 시간이에요. 신체적, 정신적 건강을 유지하며 사회활동에 적극적으로 참여할 수 있는 이 시기는 우리에게 '끝나지 않는 가능성'이라는 놀라운 선물을 안겨줍니다.

이제는 '이 나이에 뭘 새로 시작해?'라는 질문 대신, '이 긴 시간을 무엇으로 채울 것인가?'라는 질문을 던져야 합니다. 그리고 이 질문의 가장 강력한 답 중 하나가 바로 '잊었던 꿈을 다시 펼쳐 보이는 것'입니다. 수십 년간 쌓아 온 삶의 지혜와 경험, 그리고 경제적, 시간적 여유는 젊은 시절에는 꿈꿀 수 없었던 새로운 도전을 가능하게 합니다.

실제로 건축가 프랭크 게리는 68세에 빌바오 구겐하임 미술관을 설계해 자신의 건축 인생에서 가장 혁신적인 작품을 완성했고, 80대가 된 지금도 새로운 프로젝트에 도전하고 있습니다. 예술가 루이즈 부르주아는 70대에 거미 조각 시리즈로 세계적인 명성을 얻었고, 90대까지 왕성한 창작 활동을 이어가며 현대 미술의 새로운 지평을 열었습니다. 이들은 모두 나이를 핑계로 삼지 않고 자신의 꿈과 열정을 끝까지 추구한 100세 시대의 선구자들입니다.

3) 늦깎이 꿈, 더 빛나는 이유!

세상은 이미 뒤늦게 자신의 꿈을 찾아 나서는 사람들의 감동적인 이야기로 가득합니다.

화가 그랜마 모지스는 78세에 관절염 때문에 자수를 할 수 없게 되자 그림을 그리기 시작했습니다. 젊은 시절 그림을 배우고 싶었지만 농장 생활에 매여 포기해야 했죠. 그러나 늦은 나이에 붓을 다시 잡았고, 삶의 깊은 통찰이 담긴 그녀의 소박한 시골 풍경화는 전 세계인들에게 위로와 영감을 주며 101세까지 1,500여 점의 작품을 남겼습니다.

일본의 마사코 와카마츠는 60세에 처음 컴퓨터를 배우기 시작해 81세에 아이폰 게임 앱 'hinadan'을 개발했습니다. 그녀는 젊은 시절 기술에 대한 호기심이 있었지만, 현실적인 이유로 전업주부의 길을 걸었습니다. 은퇴 후 비로소 자신의 오랜 꿈에 도전했고, 새로운 기술로 소통하며 세계 최고령 앱 개발자라는 또 다른 인생의 의미를 찾아갔습니다.

이들의 이야기는 단순히 개인의 성공담을 넘어, 우리 모두에게 깊은 교훈을 줍니다. 꿈은 특정한 시기에만 꿀 수 있는 것이 아니며, 나이와 상관없이 언제든 다시 시작될 수 있다는 희망의 메시지를 던져줍니다. 중요한 것은 꿈의 크기가 아니라, 그 꿈을 향해 다시 한 걸음 내딛는 용기입니다.

■ 당신의 꿈을 위한 행동 지침!

만약 당신의 마음속에도 오래된 꿈의 조각들이 숨어 있다면, 지금이야말로 그 조각들을 다시 꺼내 볼 때입니다. '나이 때문에', '경험이 없어서', '돈이 없어서' 같은 변명들은 더 이상 당신의 꿈을 가로막을 수 없습니다. 호모 헌드레드 시대는 당신에게 충분한 시간을 선물했고, 당신의 지난 삶의 경험들은 그 꿈을 이루는 데 필요한 소중한 자산이 될 겁니다.

꿈을 찾아 나서는 여정은 결코 쉽지 않을 수 있습니다. 두려움, 불안감, 때로는 주변의 만류와 부딪힐 수도 있죠. 하지만 기억하세요.

꿈은 당신 안에 숨어 있다: 오랜 시간 잊고 있었을 뿐, 당신의 꿈은 사라진 것이 아닙니다. 조용히 내면의 목소리에 귀 기울여 보세요. 당신을 진정으로 설레게 하는 것이 무엇인지, 어떤 일을 할 때 시간

가는 줄 모르는지 스스로에게 질문해 보세요.

작은 시작이 큰 변화를 만든다: 거창한 목표부터 세울 필요는 없습니다. 꿈을 향한 아주 작은 한 걸음부터 내디뎌 보세요. 관련 강좌를 들어보고, 책을 읽고, 비슷한 꿈을 가진 사람들과 교류하는 것만으로도 충분합니다. 작은 시작들이 모여 결국 큰 변화를 만들어 낼 것입니다.

실패는 배움의 과정이다: 새로운 도전을 하다 보면 실패할 수도 있습니다. 하지만 실패는 끝이 아니라, 꿈을 향해 더 나아가기 위한 소중한 배움의 기회입니다. 실패를 통해 자신을 돌아보고, 다음 단계를 위한 교훈을 얻는다면, 그 실패는 결코 헛되지 않을 것입니다.

당신은 혼자가 아니다: 당신처럼 뒤늦게 꿈을 찾아 나서는 많은 사람들이 있습니다. 그들과 소통하고, 서로에게 용기와 지지를 보내주세요. 혼자가 아니라는 사실은 당신의 여정을 더욱 든든하게 만들어 줄 것입니다.

누구나 마음속에 꿈 하나쯤은 있었습니다. 그리고 이제, 그 꿈을 다시 꺼내 들고 피워 낼 충분한 시간과 기회가 우리에게 주어졌습니다. 당신의 나이가 얼마든 상관없습니다. 당신의 삶은 아직 수많은 가능성으로 가득 찬 미지의 세계입니다. 용기를 내어 당신의 꿈을 다시 펼쳐 보이세요. 그 꿈은 당신의 남은 삶을 가장 아름답고 의미 있게 채워 줄 것입니다.

"꿈을 꿀 수 있다면, 이룰 수도 있다."
- 월트 디즈니

04. 인생은 끝없는 붓질
미완성이라 더 아름다운 당신의 그림!

우리 삶을 거대한 그림에 비유한다면, 우리는 모두 각자의 붓을 들고 캔버스 위에 끊임없이 색을 덧칠하고 있는 화가와 같습니다. 매일 새로운 경험이라는 물감으로, 선택이라는 붓질로 그림을 그려 나가죠. 하지만 문득 의문이 듭니다. '이 인생이란 붓질은 언제쯤 완성되는 걸까?'

예전에는 학업을 마치고, 직업을 갖고, 결혼하고, 은퇴하면 그림이 완성되는 줄 알았죠. 하지만 평균 수명 100세를 바라보는 시대에 접어들면서, 이 그림이 결코 쉽게 완성되지 않음을 깨닫게 됩니다. 심지어 시작하는 나이는 더 이상 중요하지 않고, 미완의 형태로도 충분히 앞으로 나아갈 수 있다는 용기가 필요한 시대가 되었어요.

1) '완성'이라는 강박, 붓을 놓게 만들다

우리는 어려서부터 '완성'이라는 단어에 익숙합니다. 시험을 완성하고, 프로젝트를 완성하고, 경력을 완성하는 것. 이러한 강박은 삶에도 이어져, 마치 완벽하게 그려진 그림처럼 모든 것이 갖춰진 상태를 추구하게 만들죠. '아직 이룬 게 없는데 뭘 시작해?', '이 나이에 새롭게 시작하면 너무 늦은 거 아닐까?', '내 그림은 아직 너무 초라해' 같은 생각들은 우리를 주저앉게 합니다.

하지만 이러한 '완성'에 대한 강박은 오히려 우리의 붓질을 멈추게 만들고, 새로운 색을 더하는 것을 주저하게 만들어요. 세상은 끊임없이 변하고, 우리 자신 또한 매 순간 성장하고 변화합니다. 어제의 내가 그린 그림과 오늘의 내가 그릴 그림은 다를 수밖에 없죠. 완벽한 완성만을 기다린다면, 우리는 평생 붓을 들지 못하거나, 이미 그려진 그림에 새로운 색을 더할 기회를 놓칠 수 있습니다.

실제로 화가 세잔은 평생 자신의 작품이 완성되지 않았다고 여겼고, 죽기 직전까지도 "나는 아직 아무것도 실현하지 못했다"고 말했습니다. 그럼에도 불구하고 그는 매일 캔버스 앞에 섰고, 그 과정에서 현대 미술의 아버지가 되었습니다. 건축가 안토니 가우디 역시 사그라다 파밀리아 성당을 설계하면서 "나의 고객은 서두르지 않는다"며 완성보다는 지속적인 창조 과정 자체에 의미를 두었고, 그 덕분에 세기를 넘나드는 걸작이 탄생할 수 있었습니다.

2) 나이는 숫자에 불과하다: 새로운 붓질의 시작!

100세 시대는 우리의 삶이 단 몇 개의 챕터로 나뉘지 않음을 명확히 보여 줍니다. 60대에 새로운 학위를 취득하고 제2의 경력을 시작하는 사람, 70대에 세계 여행을 떠나 새로운 문화를 경험하는 사람, 80대에 새로운 기술을 배워 디지털 세상과 소통하는 사람 등. 이제 '시작하는 나이'는 더 이상 의미 있는 장벽이 아닙니다.

오히려 삶의 후반기에 시작하는 붓질은 젊은 시절에는 가질 수 없었던 깊이와 통찰력을 담아낼 수 있습니다. 오랜 시간 축적된 경험과 지혜는 그림에 더욱 풍부한 색감을 더하고, 실패를 통해 얻은 교훈은 그림의 균형과 안정감을 더해주죠. 설령 당신의 캔버스가 아직 스케치 단계이거나, 혹은 이미 여러 번 덧칠되어 복잡하게 얽혀 있을지라도 상관없습니다. 중요한 것은 언제든 다시 붓을 들고 새로운 색을 더할 용기입니다.

실제로 화가 호세 사라마고는 60세에 첫 소설 《수도원의 비망록》을 출간한 후 노벨문학상을 수상했고, 그는 "나이가 들수록 더 자유롭게 글을 쓸 수 있게 되었다"고 말했습니다. 일본의 건축가 나가오 이오는 80세가 넘어서도 새로운 건축 기법을 실험하며 "나이는 창작에 제약이 아니라 오히려 깊이를 더하는 요소"라고 강조했고, 그의 말년 작품들은 젊은 시절보다 더욱 혁신적이고 감동적인 평가를 받았습니다.

3) 미완의 아름다움: 당신의 삶은 예술이다

인생의 그림은 사실 죽는 순간까지도 진정으로 완성되지 않습니다. 우리의 삶은 항상 미완의 상태에 놓여 있어요. 매 순간 새로운 경험이 더해지고, 새로운 깨달음이 그림의 일부가 되기 때문이죠. 그리고 바로 이 '미완성'이 우리의 삶을 더욱 아름답고 역동적으로 만듭니다.

미완의 그림은 아직 그려지지 않은 무한한 가능성을 품고 있습니다. 완벽하게 완성된 그림은 더 이상 변화하거나 성장할 여지가 없어요. 하지만 미완의 그림은 언제든 새로운 붓질을 통해 또 다른 모습으로 진화할 수 있습니다. 이는 우리가 끊임없이 배우고, 성장하며, 자신을 발전시켜 나갈 수 있는 존재임을 의미해요. 실제로 레오나르도 다 빈치는 평생에 걸쳐 수많은 작품을 미완성으로 남겨 두었는데, 그는 "완성된 작품보다 미완성의 작품에서 더 많은 상상력과 가능성을 볼 수 있다"고 말했습니다. 그의 《모나리자》조차 그가 죽을 때까지 계속해서 수정하고 덧칠했던 미완의 작품이었습니다.

지금 당신의 그림이 어떤 모습이든 괜찮습니다. 어딘가 부족하고, 어딘가 어설프고, 어딘가 흐릿하게 느껴질지라도, 그것은 당신이 여전히 삶이라는 붓질을 포기하지 않고 나아가고 있다는 증거입니다. 완성되지 않았기에 더욱 빛나는, 당신만의 독특한 아름다움을 가지고 있다는 의미입니다. 화가 피카소는 91세로 세상을 떠나는 순간까지 새로운 그림을 그리고 있었는데, 그의 마지막 말년 작품들은 가장 자유롭고 실험적인 작품들이었습니다. 또한 첼리스트 파블로 카잘스는 96세까지 연주했으며, "나는 매일 진보하고 있다"고 말하며 죽는 순간까지 자신의 음악을 완성시켜 나갔습니다.

■ **당신의 붓을 들 시간: 지금 시작하세요!**

결국 '인생이란 붓질은 언제 완성되는가'라는 질문의 답은, 어쩌면 완성되지 않는다는 것 자체에 있을지도 모릅니다. 중요한 것은 완성에 대한 강박에 갇혀 붓을 놓는 것이 아니라, 매 순간 기꺼이 붓을 들고 새로운 붓질을 이어가는 용기입니다.

나이와 상관없이 새로운 붓을 잡으세요. 배우고 싶었던 것, 해 보고 싶었던 것, 되고 싶었던 모습을 향해 지금 당장 작은 붓질이라도 시작해 보세요.

실수를 두려워하지 마세요. 잘못된 붓질이라 생각해도 괜찮습니다. 그 위에 새로운 색을 덧칠하거나, 다른 방식으로 표현할 수 있어요. 실수는 그림을 더 풍부하게 만드는 과정일 뿐입니다.

지금 이 순간의 붓질에 집중하세요. 과거의 얼룩에 얽매이거나, 미래의 완벽한 그림만을 상상하며 현재를 놓치지 마세요. 지금 이 순간 당신이 그리는 붓질 하나하나가 모여 당신의 그림을 완성해 나갑니다.

미완의 아름다움을 인정하세요. 당신의 삶은 완벽하게 정돈된 박물관 속 작품이 아닙니다. 살아 숨 쉬고, 변화하며, 끊임없이 성장하는 과정 그 자체가 바로 당신 삶의 가장 위대한 예술입니다.

인생이란 붓질은 죽는 순간까지 계속될 것입니다. 완성이란 붓질의 마지막이 아니라, 삶의 마지막 순간에야 비로소 알 수 있는 미지의 영역입니다. 그러니 지금 이 순간, 당신의 붓을 들고 용기 있게 다음 획을 그으세요.

> "인생은 하나의 거대한 캔버스다.
> 그리고 당신은 그 캔버스에 무엇이든 그릴 수 있다."
> – 대니 케이(Danny Kaye)

05. 내 삶의 마지막 붓질은 무엇으로 채울까?
지금 이 순간을 즐겨라!

평균 수명 100세가 현실이 된 시대는 우리에게 새로운 질문을 던집니다. 단순히 오래 사는 것을 넘어, '내 삶의 최종 막을 무엇으로 장식할 것인가?' 뒤늦게라도 진정한 나를 찾아 나서고, 잊었던 꿈을 다시 펼쳐 보이는 지금, 나는 죽음에 다다르는 그 순간까지 무엇을 이루고, 나 자신에게 어떤 투자를 하며, 어떤 방향으로 나아갈지 깊이 생각해 봅니다. 이 질문 속에는 삶의 마지막까지도 능동적인 자세를 잃지 않고, 의미 있는 여정을 만들고 싶은 나의 간절한 소망이 담겨 있어요.

1) 첫 번째 장식: '미완성'의 아름다움으로 빛날 나의 작품

나는 완벽하게 완성된 삶을 꿈꾸지 않습니다. 오히려 삶의 최종 막은 '미완성'의 아름다움으로 장식되기를 바라요. 끊임없이 배우고, 도전하며, 성장하는 과정 자체가 나의 가장 빛나는 작품이 될 것입니다. 죽음에 이르는 순간까지도, 나는 새로운 지식에 대한 호기심과 미지의 영역에 대한 탐험을 멈추지 않을 겁니다.

어쩌면 나의 최종 막은 화려한 명성이나 거대한 업적보다는, '끝까지 노력했던 흔적'으로 기억될 것입니다. 한 획 한 획 정성껏 그은 그림처럼, 나의 삶의 모든 붓질이 후회 없이 남겨진 그런 그림 말이죠. 비록 그림이 완전히 끝나지 않아도 좋습니다. 다음 세대가 나의 미완성 그림을 보며 자신들의 붓질을 이어갈 영감을 얻는다면, 그것만으로도 충분히 위대한 작품이 될 겁니다. 나는 내 삶의 마지막 순간까지, 성장하는 존재로서의 나 자신을 잃고 싶지 않습니다.

실제로 미켈란젤로는 89세로 세상을 떠나는 순간까지 《론다니니 피에타》를 조각하고 있었는데, 그는 "나는 아직도 배우고 있다"는 유명한 말을 남기며 죽는 순간까지 예술적 완성을 추구했습니다. 과학자 벤저민 프랭클린은 84세로 생을 마감하기 직전까지 새로운 발명과 실험을 계속했으며, "배움을 멈추는 것은 죽음이다"라는 철학을 몸소 실천하며 미국 건국의 아버지이자 위대한 발명가로서 삶을 미완성의 아름다움으로 마무리했습니다.

2) 두 번째 투자: '경험'과 '지혜'로 쌓아 올릴 무형의 자산

　나에게 있어 가장 가치 있는 투자는 더 이상 물질적인 부의 축적이 아닐 겁니다. 내가 진정으로 투자하고 싶은 것은 바로 '경험'과 '지혜'라는 무형의 자산이에요. 은퇴 후 비로소 찾아 나선 나의 꿈을 이루기 위해, 나는 더 많은 경험을 쌓을 것입니다. 새로운 언어를 배우고, 낯선 문화를 접하며, 다양한 사람들과 소통하며 세상을 더 넓게 이해할 겁니다.

　그리고 이 모든 경험 속에서 얻은 깨달음과 통찰을 '지혜'로 숙성시켜 나 자신을 더욱 단단하게 만들 것입니다. 내가 겪었던 실패의 순간들, 성공의 기쁨들, 그리고 그 속에서 배운 교훈들을 다음 세대와 기꺼이 나눌 겁니다. 멘토링이나 강연을 통해 나의 경험이 누군가의 길을 밝히는 작은 등대가 될 수 있다면, 그것만큼 값진 투자는 없을 겁니다. 나의 최종 막은 '지혜를 가진 현자'로서, 다음 세대에 긍정적인 영향을 미친 사람으로 기억되기를 바랍니다.

　실제로 마야 안젤루는 86세로 세상을 떠나기 전까지 젊은 작가들을 위한 멘토링에 헌신했고, 자신의 고통스러운 경험을 지혜로 승화시켜 수많은 이들에게 영감을 주었습니다. 그녀는 "사람들이 당신이 무엇을 했는지, 무엇을 말했는지는 잊을지 모르지만, 당신이 그들에게 어떤 느낌을 주었는지는 절대 잊지 않는다"고 말하며 경험과 지혜의 전수를 인생의 마지막 사명으로 여겼습니다. 철학자 소크라테스 역시 70세에 독배를 마시는 순간까지 제자들과 대화하며 지혜를 나누었고, "나는 내가 아무것도 모른다는 것을 안다"는 겸손한 자세로 평생 배움과 가르침을 실천했습니다.

3) 세 번째 방향: '연결'과 '공감'을 통한 공동체의 완성

인생의 마지막 막을 향해 나아갈수록, 나는 '연결'과 '공감'의 중요성을 더욱 깊이 깨달을 것입니다. 나 혼자만의 행복이 아니라, 내가 속한 공동체와 사회 전체의 안녕이 나의 행복과 직결되어 있음을 알게 될 겁니다. 나는 고독한 섬이 아니라, 수많은 이웃과 연결된 존재로서 삶의 의미를 찾고 싶습니다.

이를 위해 나는 내가 가진 시간과 에너지를 타인과 나누는 데 아낌없이 사용할 것입니다. 소외된 이웃에게 따뜻한 손길을 내밀고, 내가 가진 재능으로 사회에 기여하며, 서로에게 힘이 되는 공동체를 만드는 데 일조할 겁니다. 어쩌면 내가 가장 잘하는 '글쓰기'를 통해 사회의 다양한 목소리를 담아내고, 세상을 더 따뜻하게 만드는 데 기여할 수도 있겠죠.

나의 최종 막은 주변 사람들과 깊이 연결되고, 그들의 아픔에 공감하며, 더 나은 세상을 만들기 위해 작은 노력이라도 기울인 사람으로 기억되기를 바랍니다. 사랑과 나눔이 삶의 마지막을 풍요롭게 하는 가장 아름다운 장식이 될 것입니다.

실제로 무하마드 유누스는 70대가 된 지금도 마이크로크레딧을 통해 전 세계 빈곤층을 돕는 일에 헌신하며, "연결된 세상에서는 모든 사람의 행복이 나의 행복"이라는 철학을 실천하고 있습니다. 김대중 전 대통령은 말년에도 동아시아 평화와 남북 화해를 위해 노력하며, "나 하나의 생명이 아니라 모든 사람이 함께 잘 사는 세상을 만드는 것이 진정한 성공"이라는 신념으로 마지막 순간까지 공동체의 연결과 화합을 위해 힘썼습니다.

■ **결국, 지금 이 순간이 중요하다!**

이러한 고찰을 통해 나는 깨닫습니다. 인생의 최종 막을 무엇으로 장식하고 싶은가에 대한 답은 결국 '지금 이 순간을 어떻게 살아갈 것인가'에 달려 있다는 것을요. 미래의 내가 원하는 모습은 현재 나의 선택과 노력의 결과이기 때문입니다.

나는 더 이상 '나이가 들었으니' 혹은 '이미 늦었으니'라는 생각에 갇히지 않을 것입니다. 오히려 길어진 삶의 시간을 감사하며, 매 순간을 소중히 여길 겁니다. 잊었던 꿈을 향해 용기 있게 한 걸음 내딛고, 나 자신에게 끊임없이 투자하며 배우고 성장할 것입니다. 주변 사람들과 더 깊이 소통하고 공감하며, 나의 작은 노력이 세상을 더 나은 곳으로 만드는 데 기여할 수 있다는 믿음을 잃지 않을 겁니다.

나의 인생 최종 막은 단순히 숨을 거두는 순간이 아니라, 나라는 존재가 온전히 피어나는 마지막 순간이 될 것입니다. 후회 없이, 온 마음을 다해 살아온 삶의 기록. 나의 인생이라는 그림은 죽음에 이르는 그 순간까지도 끊임없이 변화하고, 새로운 색을 더하며, 그렇게 미완의 아름다움으로 빛날 것입니다.

"살아 있는 동안 배워라. 그리고 죽을 때까지 경험하라."
- 랄프 왈도 에머슨

☑ 내 삶을 변화시키기 위한 체크리스트

100세 시대를 맞아 '나'의 진정한 가치를 찾아내고, 삶의 마지막 붓질까지 의미 있게 채워 나가고 싶은 당신을 위한 질문입니다. 앞선 질문들과 겹치지 않으면서, 당신의 삶에 실질적인 변화를 가져올 수 있는 질문들에 초점을 맞췄습니다.

1. 사회적 기대나 타인의 시선에서 벗어나, 지금 이 순간 당신을 진정으로 설레게 하는 '꿈의 조각'은 무엇인가요?

2. 당신이 무엇을 할 때 시간 가는 줄 모르고 몰입하는지, 그리고 그것을 위해 어떤 작은 시도를 해 볼 수 있을까요?

3. 지난 삶에서 실패했던 경험들을 '무의미한 것'이 아닌, '나를 더 깊이 이해하게 된 소중한 깨달음'으로 받아들이고 있나요?

4. 당신의 강점이나 재능을 활용하여 타인이나 사회에 긍정적인 영향

을 미칠 수 있는 구체적인 방법을 생각해 보았나요?

5. 현재의 삶에서 당신의 에너지를 소모시키고 있는 '외부의 소음'은 무엇이며, 그것으로부터 벗어나기 위해 어떤 노력을 할 수 있나요?

6. 물질적인 소유를 넘어, '경험'과 '지혜'라는 무형의 자산을 쌓기 위해 앞으로 어떤 활동에 투자하고 싶은가요?

7. 당신이 속한 공동체나 사회에 '연결'되고 '공감'하기 위해, 당신이 할 수 있는 작은 나눔이나 기여는 무엇이 있을까요?

8. 당신의 삶이 완벽하게 완성된 그림이 아닌, 죽는 순간까지 계속될 '미완성의 아름다운 붓질'이라고 생각하나요?

9. '나이가 들었으니', '늦었으니' 같은 생각 대신, 남은 삶의 시간을 감사하며 새로운 도전을 시작할 용기가 있나요?

10. 인생의 마지막 순간에 당신의 삶이 '후회 없이 온 마음을 다해 살아온 기록'으로 기억되도록, 지금 무엇을 시작하고 싶은가요?

제4부

꼰대가 아닌
선배 경험자가 되자

01. 삶을 바꾸는 마법
거창함이 아닌 '사소함'에서 시작됩니다!

우리는 가끔 이런 생각하잖아요. '이직만 하면 다 바뀔 거야!', '다이어트 성공하면 행복해질 거야!', '이 프로젝트만 끝내면 나도 드디어 자유로워질 거야!' 근데 막상 거대한 목표 앞에 서면 압도당하고, 결국 아무것도 못 하거나 쉽게 포기하게 되죠. 우리는 드라마틱한 변화만이 삶을 바꾼다고 착각하지만, 사실 진정한 변화는 언제나 사소한 것에서부터 시작된답니다. 일상에서 아주 작은 것부터 바꿔 나가는 게 진짜 삶을 바꾸는 열쇠라는 걸 알면, 큰 용기를 얻을 수 있을 겁니다.

1) 작은 물방울이 모여 강물을 이루듯

사람은 본능적으로 한 방을 노리는 경향이 있어요. 로또 당첨, 갑자기 대박, 운명적인 만남으로 모든 게 뒤바뀌는 환상 같은 거요. 하지만 현실 속에서 진짜 변화는 거대한 해일처럼 한순간에 오는 게 아니라, 작은 물방울들이 모여 강물을 이루듯 서서히 찾아옵니다.

아침에 5분 일찍 일어나는 것, 하루 한 페이지라도 책을 읽는 것, 물 한 잔 더 마시는 것, 스마트폰 사용 시간을 10분 줄이는 것. 이런 사소하고 별거 아닌 행동들은 당장 눈에 띄는 변화를 가져오지 않아요. 하지만 이 작은 행동들이 반복되고 쌓이면, 상상할 수 없을 만큼 큰 파급 효과를 만들어냅니다. 5분 일찍 일어나는 게 생산적인 아침 루틴으로 이어지고, 하루 한 페이지 독서가 지식의 폭을 넓히고, 물 한 잔 더 마시는 게 건강 개선에 도움을 주는 식이죠.

이런 작은 변화들은 우리에게 '나도 할 수 있다!'는 성공 경험을 안겨 줘요. 그리고 이 성공 경험이 다시 새로운 도전을 위한 용기와 동기 부여로 이어집니다. 거대한 변화를 꿈꾸지만 시작조차 못 하는 사람보다, 사소한 변화를 꾸준히 실천하는 사람이 결국 더 큰 성과를 이루는 이유가 바로 여기에 있어요.

2) 습관을 바꾸는 작은 트리거

우리 삶은 대부분 습관의 결과라고 해도 과언이 아닙니다. 매일 무심코 하는 행동들이 모여 우리의 현재를 만들고, 미래를 결정하죠.

아침에 일어나자마자 스마트폰 보는 습관, 퇴근 후 무기력하게 TV 앞에 앉는 습관, 고민이 생기면 미루고 회피하는 습관 등. 이런 습관들은 우리의 의식적인 노력을 훨씬 뛰어넘는 강력한 힘을 가지고 있어요.

하지만 이 강력한 습관의 고리도 사소한 변화에서부터 끊어 낼 수 있습니다. 거창한 목표 대신 '매일 푸쉬업 1개'를 시작하거나, '퇴근 후 현관문 앞에서 신발 끈을 고쳐 매는' 습관을 들이는 것처럼요. 처음엔 우스울 정도로 작은 행동이지만, 꾸준히 반복하면 뇌는 그 행동을 새로운 습관으로 인식하게 됩니다. 이렇게 작은 행동들을 통해 긍정적인 습관을 형성하고, 부정적인 습관을 대체해 나가는 것이 진정한 변화의 핵심이에요. 실제로 작가 제리 사인펠드는 매일 글을 쓰는 습관을 기르기 위해 벽에 달력을 걸고 글을 쓴 날에는 빨간 X표를 그었는데, 이 단순한 방법이 30년 넘게 이어져 세계적인 코미디언이 되는 기반이 되었습니다.

이 과정에서 우리는 '의지의 힘'이 아니라 '시스템의 힘'을 빌릴 수 있습니다. 처음엔 의식적인 노력이 필요하지만, 습관으로 자리 잡으면 우리의 무의식이 자동으로 그 행동을 수행하게 되죠. 마치 작은 씨앗이 땅속에서 뿌리를 내리고, 서서히 싹을 틔우며, 결국 거대한 나무로 자라나는 과정과 같습니다. 변화는 의식의 영역에서 시작되지만, 무의식의 영역에서 완성됩니다.

3) '나 하나라도'의 마법: 사소함이 세상을 바꾼다

변화는 비단 개인의 삶에만 국한되지 않습니다. 사소한 행동 하나가 타인에게, 그리고 세상에 긍정적인 파급 효과를 가져오기도 해요. 엘리베이터에서 만난 이웃에게 먼저 미소 짓기, 힘들게 일하는 택배 기사님께 따뜻한 말 한마디 건네기, 다 쓴 플라스틱 용기를 깨끗이 씻어 분리수거함에 넣기. 이런 작은 친절과 배려, 책임감 있는 행동들은 당장 큰 보상으로 돌아오지 않을 수 있습니다.

하지만 이런 작은 행동들은 나 자신을 넘어 타인의 하루를 밝히고, 긍정적인 에너지를 전파하며, 더 나아가 사회 전체의 분위기를 변화시키는 마중물이 됩니다. '나 하나쯤이야'가 아니라 '나 하나라도'라는 마음으로 시작하는 사소한 행동들이 모여 결국 더 따뜻하고 살기 좋은 세상을 만들어요. 작은 돌멩이가 던져져 잔잔한 호수에 큰 파문을 일으키듯, 우리의 사소한 행동들이 세상을 변화시키는 시작점이 될 수 있습니다. 실제로 로자 파크스는 1955년 버스에서 백인에게 자리를 양보하지 않는다는 작은 저항 행동 하나로 미국 민권 운동의 전환점을 만들었고, 환경운동가 그레타 툰베리는 15세에 혼자 학교 앞에서 시작한 작은 시위가 전 세계적인 기후 변화 운동으로 확산되었습니다.

■ **당신의 삶, 지금 어떤 붓질을 하고 있나요?**

우리 삶을 한 폭의 그림에 비유한다면, 거대한 변화를 꿈꾸며 붓을 들지 못하는 건 완성된 대작만을 상상하며 첫 붓질을 망설이는 것과 같아요. 하지만 모든 대작은 수많은 사소한 붓질과 섬세한 터치들이 모여 완성됩니다.

변화는 멀리 있거나 특별한 곳에 있지 않아요. 그것은 지금 당신의 손안에, 오늘 당신이 내릴 작은 결정 속에, 그리고 지금 당장 실천할 수 있는 사소한 행동 속에 숨어 있습니다.

✔ 오늘 아침, 평소보다 5분 일찍 일어나 스트레칭을 해 볼까요?
✔ 점심 식사 후, 늘 앉아만 있던 자리에서 잠시 일어나 산책을 해 볼까요?
✔ 자기 전, 오늘 감사했던 일 세 가지를 떠올리며 일기를 써 볼까요?
✔ 미루고 있던 작은 연락 하나를 지금 바로 해 볼까요?

이런 사소한 변화들이 모여 당신의 습관을 바꾸고, 당신의 하루를 바꾸고, 결국 당신의 삶이라는 대작을 완성해 나갈 것입니다. 변화의 시작은 언제나 사소합니다. 그 사소함 속에 담긴 무한한 힘을 믿고, 오늘 당신의 삶에 첫 붓질을 시작하시기를 바랍니다.

"위대한 일은 작은 일들이 모여 이루어진다."
- 빈센트 반 고흐

02. 사소한 습관은 우리를 변하게 만든다

우리 가끔 이런 드라마 같은 변화를 꿈꾸죠? 한순간의 결심으로 모든 걸 뒤바꾸고, 갑자기 다른 사람이 되는 상상 말이에요. 새해 결심, 작심삼일이라는 말이 괜히 있는 게 아니죠. 헬스장 등록은 했지만 몇 번 가지 못하고, 책은 사 놓고 첫 장도 넘기지 못하는 자신을 보며 우리는 좌절합니다. 하지만 삶을 변화시키는 진정한 힘은 거창한 결심이나 특별한 사건에 있지 않아요. 그것은 바로 매일 꾸준히 반복하는 작은 습관 하나에서 시작됩니다. 습관은 하루아침에 완성되지 않지만, 그 꾸준함이 빚어내는 힘은 우리의 삶을 통째로 바꿀 수 있는 기적을 만들어 냅니다.

1) 습관은 마법이 아니라 '반복의 힘'

우리가 자주 저지르는 실수는 습관을 '마법'처럼 생각한다는 겁니다. 오늘부터 헬스장에 가면 내일 당장 근육이 생기고, 오늘부터 책을 읽으면 내일 당장 지식이 쌓일 거라고 기대하죠. 하지만 습관에는 마법이 없습니다. 오직 반복의 힘만이 존재할 뿐이에요.

뇌과학적으로 보면, 습관은 뇌의 특정 회로를 강화하는 과정입니다. 특정 행동을 반복할수록 그 행동과 관련된 신경 경로가 더욱 튼튼해지고, 결국 무의식적으로 그 행동을 수행하게 돼요. 처음에는 '의식적인 노력'이 필요하지만, 반복을 통해 습관으로 굳어지면 에너지를 거의 소모하지 않고도 자동으로 실행됩니다. 예를 들어, 운전을 처음 배울 때는 모든 동작에 의식을 집중해야 하지만, 숙련되면 아무 생각 없이도 운전을 할 수 있는 것과 같아요.

이렇게 습관은 하루아침에 벼락처럼 찾아오는 게 아니라, 매일매일 쌓아 올리는 작은 벽돌과 같습니다. 하나의 벽돌을 쌓는 데는 오랜 시간이 걸리지 않지만, 수많은 벽돌이 모여 튼튼한 집을 짓듯이, 작은 습관들이 모여 견고한 삶을 구축하는 것이죠. 중요한 건 거창한 시작이 아니라, 단 한 개의 벽돌이라도 매일 꾸준히 쌓아 올리는 인내심입니다. 실제로 작가 스티븐 킹은 30년 넘게 매일 최소 2,000단어씩 쓰는 습관을 유지하며 60여 권의 소설을 출간했고, 이 작은 일일 목표가 그를 세계적인 베스트셀러 작가로 만들었습니다.

2) '작은 승리'가 큰 변화를 만든다

'습관은 하루아침에 완성되지 않는다'는 진리는 우리에게 조급함을 버리라고 말합니다. 대신 '작은 승리'를 반복하는 것에 집중하라고 조언하죠. 예를 들어, 매일 책 100페이지 읽기라는 거창한 목표 대신, '매일 딱 5분만 책 읽기'라는 작은 목표를 세워 보세요. 5분은 부담스럽지 않아 쉽게 실천할 수 있습니다. 그리고 매일 5분을 실천하는 순간, 당신은 작은 '성공'을 경험하게 됩니다.

이러한 작은 성공은 우리에게 강력한 긍정적 피드백을 줍니다. '나는 해냈다', '나는 꾸준히 할 수 있는 사람이다'라는 믿음이 쌓이면서, 자존감과 자신감이 높아지죠. 이 자신감은 다시 다음 목표를 설정하고, 더 큰 도전을 감행할 용기를 줍니다. 5분 독서가 10분으로, 10분이 30분으로 늘어나는 건 시간문제일 뿐이에요. 테니스 선수 세레나 윌리엄스도 어린 시절부터 매일 조금씩 연습하는 작은 습관들을 통해 세계 1위에 올랐고, "매일의 작은 승리가 결국 큰 챔피언십으로 이어진다"고 말했습니다.

즉, 작은 습관은 단순히 행동을 바꾸는 것을 넘어, 우리의 사고방식과 자기 인식까지 변화시킵니다. '나는 의지가 약해', '나는 원래 이런 사람이야'라는 부정적인 자기 암시를 '나는 무엇이든 해낼 수 있어', '나는 성장하는 사람이야'라는 긍정적인 자기 확신으로 바꿔 주는 것입니다. 이처럼 작은 승리의 반복은 거대한 변화를 위한 강력한 동력이 됩니다.

3) 최소한의 노력, 최대한의 꾸준함

습관 형성에 있어 가장 중요한 두 가지 원칙은 '최소한의 노력(Minimum Viable Effort)'과 '최대의 일관성(Maximum Consistency)'입니다. 처음부터 너무 많은 노력을 요구하는 습관은 실패하기 쉬워요. 오히려 '이 정도는 나도 할 수 있지'라고 느껴질 만큼 작은 행동으로 시작하는 것이 중요합니다.

예를 들어, 운동 습관을 만들고 싶다면, 처음부터 매일 1시간 헬스장 가기 목표를 세우기보다, '매일 팔 굽혀 펴기 1개' 혹은 '집 주변 한 바퀴 걷기'부터 시작하는 겁니다. 너무 쉬워서 실패할 수가 없는 목표를 설정하는 것이 핵심이에요. 그리고 이 작은 행동을 매일매일 빠짐없이 일관성 있게 실천하는 데 집중하세요.

일단 습관이 궤도에 오르면, 스스로 더 많은 것을 하고 싶다는 내적 동기가 생겨납니다. '오늘 팔 굽혀 펴기 1개만 할까? 어차피 시작했는데 5개 정도는 더 할 수 있겠네?' 이런 식으로 습관은 자연스럽게 확장됩니다. 이것이 바로 꾸준함이 빚어내는 마법이자, 우리가 삶을 긍정적인 방향으로 이끌어갈 수 있는 가장 효과적인 전략입니다. 기업가 제프 베이조스도 아마존 초기에 매일 고객 서비스 개선이라는 작은 습관에 집중했고, "매일 1%씩 나아지면 1년 후엔 37배 성장한다"는 철학으로 아마존을 세계 최대 기업 중 하나로 만들었습니다.

■ 작은 습관이 만드는 삶의 대작

 궁극적으로 꾸준하고 작은 습관 하나는 우리의 삶을 송두리째 바꿀 수 있는 나침반이 됩니다.

- 건강 습관: 매일 물 한 잔 더 마시기, 계단 이용하기, 짧게라도 스트레칭하기 등 작은 건강 습관은 장기적으로 놀라운 신체적 변화를 가져옵니다.
- 성장 습관: 매일 5분 독서하기, 새로운 단어 하나 배우기, 관심 분야 영상 10분 시청하기 등 작은 학습 습관은 지식과 능력을 꾸준히 확장시킵니다.
- 관계 습관: 매일 사랑하는 사람에게 진심 담긴 문자 보내기, 감사의 말 전하기, 작은 도움 주기 등 작은 관계 습관은 주변 사람

들과의 유대를 강화합니다.
- 정신 건강 습관: 매일 아침 감사한 일 세 가지 생각하기, 짧게 명상하기, 긍정적인 자기 암시하기 등 작은 정신 건강 습관은 마음의 평화와 행복감을 증진시킵니다.

이 모든 습관들은 하루아침에 완성되지 않습니다. 눈에 띄는 변화를 느끼기까지는 인내의 시간이 필요할 겁니다. 하지만 꾸준함은 그 어떤 재능이나 운보다도 강력한 힘을 가집니다. 씨앗이 오랜 시간 땅속에서 인고의 시간을 거쳐 싹을 틔우고 거목으로 자라나듯, 당신의 작은 습관은 묵묵히 당신의 삶을 변화시키고 결국 위대한 당신의 모습으로 완성시킬 것입니다.

"우리가 반복적으로 행하는 것이 곧 우리 자신이다.
그러므로 탁월함은 행동이 아니라 습관에서 나온다."
- 아리스토텔레스

03. '지긋지긋한 버릇'과 이별하고, 새로운 나를 만나는 법!

버릇의 방향을 바꾸는 방법

우리 삶은 마치 흙으로 빚은 도자기 같아요. 수많은 경험과 선택의 손길이 더해져 각자의 고유한 형태를 띠게 되죠. 그런데 어떤 도자기는 아무리 멋진 무늬를 새기고 고운 색을 입혀도 어딘가 틀어져 있거나 금이 가 있습니다. 우리 삶도 마찬가지입니다. 끊임없이 노력하고 발전하려 애쓰지만, 어느 순간 우리의 발목을 잡고 주저앉히는 것들이 있습니다. 바로 고치고 싶어도 잘 고쳐지지 않는, 지긋지긋한 '지독한 버릇'들이죠.

미루는 습관, 과소비하는 버릇, 부정적인 생각에 갇히는 태도, 과식하는 습관, 감정적으로 반응하는 버릇… 우리는 이 '못된 습관'들이 우리의 삶을 갉아먹는다는 것을 알면서도 쉽사리 벗어나지 못합니다. 거울 속 나 자신을 보며 '이건 내가 아니야', '이렇게 살고 싶지 않아' 하고 절규하지만, 결국 다시 그 버릇의 굴레에 갇히곤 하죠. 하지만 기억하세요. 당신을 묶고 있는 그 지독한 버릇들은 당신의 전부가 아닙니다. 지금 이 순간, 당신은 그 버릇과 이별을 선언하고 또 다른 나를 개척할 수 있는 용기와 희망을 가지고 있습니다.

1) 버릇, 그 보이지 않는 사슬의 정체

우리가 가진 '버릇'은 단순히 반복적인 행동을 넘어섭니다. 그것은 우리의 사고방식, 감정 반응, 심지어 정체성까지 깊숙이 파고들어 보이지 않는 사슬처럼 우리를 묶어 둬요. 예를 들어, 무언가 미루는 버릇은 단순히 일을 늦게 처리하는 것을 넘어, 스스로를 '게으른 사람'으로 인식하게 만들고, 자신감을 떨어뜨려 새로운 도전을 주저하게 만듭니다. 과소비 버릇은 경제적 어려움뿐 아니라 '나는 자제력이 없는 사람'이라는 자기 비하로 이어지기도 하죠.

이러한 버릇들은 대개 오랜 시간 동안 형성되어 왔습니다. 스트레스에 대한 반응, 과거의 학습 경험, 주변 환경의 영향 등 복합적인 요인들이 작용하여 굳어진 겁니다. 뇌는 효율성을 추구하기 때문에, 한 번 형성된 습관 경로는 쉽사리 바뀌지 않으려 합니다. 마치 익숙한 길로만 가려는 우리 몸의 관성처럼, 뇌 또한 익숙한 생각과 행동 패턴을 고집하려 하죠. 이것이 우리가 지독한 버릇에서 벗어나기 어려운 이유입니다.

하지만 중요한 것은 이 버릇들이 당신이라는 존재의 핵심이 아니라는 사실입니다. 그것은 당신이 오랜 시간 동안 반복하며 학습된 '행동 패턴'일 뿐이에요. 당신은 그 버릇과 동일시될 필요가 없습니다. 당신은 그 사슬을 끊어 낼 힘을 가지고 있습니다. 습관은 개인차가 있지만 심리학적 근거로 볼 때 보통 70일~90일 정도면 바람직한 변화를 경험할 수 있을 것입니다.

2) 첫 단계: 인정하고 용서하기

지독한 버릇과의 이별은 고통스럽습니다. 하지만 그 시작은 의외로 간단해요. 바로 '인정'입니다. '나는 이런 버릇을 가지고 있다'는 사실을 솔직하게 인정하는 것에서부터 변화는 시작됩니다. '나는 원래 이래', '어쩔 수 없어'라는 자기 합리화를 멈추고, 문제의 실체를 직시하는 용기가 필요합니다.

그다음은 '용서'입니다. 지금까지 그 버릇 때문에 힘들었던 자신을, 혹은 그 버릇을 고치지 못했던 자신을 용서하는 것입니다. 자책과 비난은 변화를 위한 에너지를 고갈시킬 뿐이에요. '괜찮아, 지금까지 힘들었지? 하지만 이제부터는 달라질 수 있어'라고 스스로에게 따뜻한 위로의 말을 건네보세요. 실제로 배우 로버트 다우니 주니어는 수년간 약물 중독에 시달렸지만, 자신의 문제를 인정하고 용서하는 과정을 거쳐 아이언맨으로 화려하게 복귀할 수 있었습니다.

이러한 인정과 용서를 통해 우리는 비로소 버릇의 굴레에서 벗어나 새로운 시작을 선언할 수 있게 됩니다. 과거의 '나'와 단절하고, 미래의 '나'를 향해 나아갈 준비를 하는 것이죠. 이 이별 선언은 마치 오래된 껍질을 벗고 새로운 모습으로 거듭나는 나비처럼, 당신의 잠재력을 활짝 열어 줄 것입니다.

3) 또 다른 나를 개척하는 실천법

지독한 버릇과의 이별은 단순히 나쁜 것을 끊어 내는 것을 넘어, 또 다른 나를 개척하는 긍정적인 과정입니다.

나쁜 버릇을 단순히 없애려고만 하면 실패하기 쉽습니다. 뇌는 익숙한 패턴을 선호하기 때문에, 비어 있는 공백을 다시 예전의 버릇으로 채우려 할 겁니다. 따라서 중요한 것은 '대체 행동'을 찾아 그 공백을 긍정적인 것으로 채우는 것입니다.

퇴근 후 무의미하게 TV 보는 버릇: TV를 켜는 대신, 산책을 나가거나, 짧게라도 책을 읽거나, 좋아하는 음악을 듣는 등 다른 활동으로 대체하기.

스트레스받을 때 과식하는 버릇: 스트레스받을 때 먹는 대신, 따뜻한 차를 마시거나, 명상 앱을 이용하거나, 친한 친구와 전화 통화를 하는 등 건강한 방법으로 감정을 다스리기.

스마트폰 중독 버릇: 스마트폰 대신 종이책을 들거나, 간단한 그림을 그리거나, 퍼즐을 맞추는 등 다른 활동으로 손과 뇌를 자극하기.

기존의 버릇이 일어나는 특정 신호(큐)를 파악하고, 그 신호가 발생했을 때 새로운 대체 행동을 무의식적으로 수행하도록 반복 연습하는 것이 중요합니다.

지독한 버릇과의 이별은 마라톤과 같습니다. 넘어지기도 하고, 지치기도 하고, 때로는 다시 예전으로 돌아갈 수도 있습니다. 이때 가장 경계해야 할 것은 '자책'과 '포기'입니다. 한 번 실수했다고 해서 모든 것을 망쳤다고 생각하지 마세요.

다시 예전 버릇으로 돌아갔더라도, 스스로를 비난하기보다 '괜찮아, 그럴 수도 있지. 다시 시작하면 돼'라고 다독여 주세요. 그리고 무엇이 나를 다시 그 버릇으로 이끌었는지 차분히 분석하고, 다음에는 어떻게 다르게 행동할지 계획을 세우는 것이 중요합니다.

완벽함을 추구하기보다, 꾸준함을 추구해야 합니다. 넘어졌을 때 다시 일어나는 힘, 그것이 바로 진정한 의지입니다. 자신에게 관대하되, 목표를 향한 의지를 잃지 않는 유연함이야말로 지독한 버릇과의 싸움에서 승리하고 또 다른 나를 개척할 수 있는 비결입니다. 가수 에미넴은 수년간 약물 중독으로 고생했지만, 여러 번의 재발을 겪으면서도 포기하지 않고 결국 중독에서 벗어나 다시 음악으로 돌아올 수 있었고, 이 과정에서 얻은 교훈을 음악에 담아 많은 이들에게 희망을 주었습니다.

■ **당신은 그 버릇보다 강하다!**

지독한 버릇과 이별하는 것은 쉬운 일이 아닙니다. 하지만 그 과정은 단순히 나쁜 것을 끊어 내는 것을 넘어, 진정한 당신을 찾아가는 위대한 여정이 될 것입니다. 그 여정의 끝에는 더욱 단단해지고, 자유로우며, 무엇이든 해낼 수 있는 또 다른 당신이 기다리고 있습니다.

당신은 당신의 버릇이 아닙니다. 당신은 그 버릇을 넘어설 수 있는 무한한 잠재력을 가진 존재입니다. 지금 이 순간, 당신의 삶이라는 캔버스 위에 새로운 붓질을 시작할 수 있습니다. 작은 변화 하나하나가 모여 당신의 삶을 더욱 아름답고 풍요롭게 만들어 낼 것입니다.

기억하세요. 당신의 삶은 당신이 만드는 작품입니다. 지독한 버릇이라는 얼룩을 지우고, 새로운 색을 더하며, 당신만의 독특하고 빛나는 그림을 완성해 나가세요. 당신은 할 수 있습니다. 당신의 내면에는 그 어떤 버릇보다 강력한 의지와 희망이 웅크리고 있습니다.

> "습관은 처음에는 거미줄처럼 가늘지만,
> 점차 밧줄처럼 굵어진다."
> – 새뮤얼 존슨

04. 혼자가 아닌 '함께' 그려 나가요!
당신은 혼자가 아니에요!

우리는 모두 자기 눈으로 세상을 바라봅니다. 그 중심엔 늘 '나'라는 존재가 있죠. 내 생각, 내 감정, 내 경험이 곧 나를 정의한다고 믿지요. 하지만 사실은 훨씬 더 복잡하고 다층적입니다. '나'라는 그림은 비단 내 붓으로만 그려지는 게 아니라, 타인의 시선이라는 물감이 알게 모르게 섞여 완성돼요. 그리고 이 복잡한 세상 속에서 우리가 앞으로 나아가기 위해서는 나 자신의 의지뿐 아니라, 누군가가 주는 용기와 희망, 때로는 뼈아픈 좌절 역시 필수적인 재료가 된답니다.

1) 거울 속 '나', 순수한 내 모습일까?

우리가 거울을 볼 때, 그 안에 '나 자신'이 보이죠. 근데 그 '나'는 순수한 나만의 모습일까요? 아니요. 그 모습 속에는 이미 부모님이 기대했던 아이, 친구들에게 보여 주고 싶었던 멋진 친구, 사회가 요구하는 성공적인 직장인, 미디어가 주입하는 이상적인 인간의 모습이 알게 모르게 스며들어 있어요. 우리는 태어나면서부터 타인의 시선이라는 거울을 통해 자신을 인식하고, 그 시선 속에서 정체성을 형성해 나갑니다. 현재 거울에 비친 내 모습은 외부 세계의 사건과 상황이 내면 세계를 인식하는 데 방해를 받은 내 모습인지도….

어떤 칭찬은 우리에게 날개를 달아 주고, 어떤 비난은 깊은 상처를 남기죠. 누군가의 인정은 자신감을 불어넣고, 누군가의 무시는 불안감을 증폭시킵니다. 우리의 옷차림, 말투, 행동 하나하나가 타인의 평가 대상이 되고, 우리는 그 평가에 따라 스스로를 수정하거나 방어해요. 이러한 타인의 시선은 때로는 우리를 성장하게 하는 자극제가 되지만, 때로는 우리를 옥죄는 보이지 않는 감옥이 되기도 합니다. '남들이 나를 어떻게 생각할까?'라는 질문은 우리 삶에 큰 영향을 미치며, 심지어 우리의 꿈과 방향성마저 왜곡시킬 때도 있어요.

결국 '나'라는 존재는 혼자 떨어진 섬이 아니라, 수많은 관계의 망 속에서 끊임없이 상호 작용하며 재구성되는 유기체와 같습니다. 나는 나 자신을 바라보는 시선과 함께, 나를 바라보는 또 다른 수많은 시선들의 교차점에서 비로소 그 형태를 드러냅니다.

2) 힘든 순간, '너라면 할 수 있어!'

복잡하고 때로는 냉혹한 세상 속에서 우리가 앞으로 나아가기 위해서는 강력한 동력이 필요합니다. 이 동력은 종종 누군가가 건네는 용기와 희망에서 비롯됩니다. 스스로 아무리 노력하고 다짐해도 쉽지 않은 순간, 포기하고 싶은 유혹에 흔들릴 때, 우리는 외부의 따뜻한 시선과 격려가 절실해져요.

어린 시절 부모님의 '잘한다'는 칭찬 한마디가 아이에게 무한한 자신감을 심어 주듯, 힘든 순간 친구의 '괜찮아, 다시 시작하면 돼'라는 위로 한마디가 다시 일어설 힘을 줍니다. 은사님의 '너는 특별한 재능이 있어'라는 격려가 잊었던 꿈을 다시 꾸게 하고, 선배의 '나도 그랬어, 하지만 결국 해냈지'라는 이야기가 막막한 현실을 헤쳐 나갈 용기를 줍니다. 이들은 나의 잠재력을 알아봐 주고, 나의 노력을 인정하며, 내가 보지 못하는 나의 강점을 발견해 줍니다. 실제로 영국의 물리학자 스티븐 호킹은 21세에 루게릭병 진단을 받고 2년 시한부 선고를 받았지만, 아내 제인의 "당신은 할 수 있어"라는 격려와 지지 덕분에 포기하지 않고 연구를 계속할 수 있었습니다.

이러한 타인의 용기와 희망은 단순한 감정적 지지를 넘어섭니다. 그것은 우리가 스스로에게 갇혀, 보지 못했던 새로운 가능성의 문을 열어 주는 역할을 합니다. '아, 나를 이렇게 봐주는 사람도 있구나', '나에게도 이런 면이 있었구나' 하는 깨달음을 통해 우리는 자신에 대한 새로운 관점을 얻고, 다시금 앞으로 나아갈 원동력을 얻습니다. 그들이 던져 주는 한 줄기 빛은 어둠 속을 헤매던 우리에게 방향을 제시하는 등대가 됩니다.

3) 아파도 괜찮아! '좌절'이 주는 선물

하지만 삶은 늘 햇볕만 비추는 것이 아니죠. 때로는 거센 비바람과 폭풍우를 만나기도 합니다. 그리고 이 폭풍우 속에서 우리는 좌절이라는 쓰디쓴 경험을 하게 됩니다. 누군가의 비난, 무시, 배신, 혹은 실패의 쓴맛은 우리에게 깊은 상처와 실망감을 안겨줍니다. '나는 왜 이럴까?', '나는 이것밖에 안 되는 사람인가?'라는 자괴감에 빠지기도 하죠.

이러한 좌절의 순간은 고통스럽습니다. 하지만 역설적으로, 이 좌절 역시 우리가 앞으로 나아가기 위한 필수적인 재료가 됩니다. 타인의 비판은 나의 부족한 점을 돌아보게 하고, 실패는 겸손을 가르치며, 배신은 관계의 본질을 성찰하게 합니다. 뼈아픈 좌절 속에서 우리는 자신이 누구인지, 무엇을 중요하게 여기는지, 어떤 가치를 추구해야 하는지 더욱 명확하게 깨닫게 됩니다.

좌절은 우리를 한계에 부딪히게 하지만, 그 한계를 넘어서는 순간 우리는 더 단단하고 지혜로운 사람으로 거듭납니다. 마치 망치로 두들겨 단련된 쇠가 더욱 강해지듯, 좌절을 통해 얻은 교훈은 우리를 성장시키는 강력한 밑거름이 됩니다. 이 과정에서 우리는 자신을 재정의하고, 불필요한 것들을 버리며, 진정으로 나아가야 할 방향을 설정하게 됩니다. 고통스럽지만 없어서는 안 될 성장통인 셈입니다. 실제로 미국의 기업가 사라 블레이클리는 팩스기 판매원으로 일하며 2년간 거절만 당하다가 팬티호스 아이디어로 Spanx를 창업했는데, 그녀는 "아버지가 어릴 때부터 실패를 축하해 주셔서 좌절을 두려워하지 않게 되었다"고 말하며 좌절이 성공의 밑거름이 되었다고 고백했습니다.

4) 결국 '나'는 다양한 시선의 합작품!

결국 '나'라는 존재는 어느 한쪽의 시선만으로 완성될 수 없습니다. 내가 나를 바라보는 시선, 타인이 나를 바라보는 시선, 그리고 그 시선들이 충돌하고 융합하며 만들어 내는 혼돈과 깨달음의 과정 속에서 우리는 진정한 나를 찾아갑니다.

진정한 성장은 이러한 다층적인 시선들을 모두 수용하고 통합하는 과정에서 일어납니다.

- 자신의 내면을 깊이 성찰하는 것: 나의 진짜 욕망, 가치관, 강점과 약점을 이해하는 것
- 타인의 긍정적인 시선을 받아들이는 것: 나도 모르는 나의 잠재력을 발견하고 용기를 얻는 것
- 타인의 부정적인 시선(비판, 좌절)을 성장의 계기로 삼는 것: 아픔을 통해 자신을 돌아보고, 부족한 점을 개선하며 더 단단해지는 것

이 모든 과정들이 씨실과 날실처럼 엮여 우리의 삶이라는 아름다운 직물을 완성해 나갑니다. 단 하나의 색깔로는 결코 풍부한 그림을 그릴 수 없듯이, 단 하나의 시선만으로는 진정한 '나'를 완성할 수 없습니다.

■ 당신의 삶, 어떤 시선들로 채울 건가요?

우리는 복잡한 세상 속에서 살아가고, 그 속에서 계속해서 성장하고 변화합니다. 이제 '나'를 바라보는 다양한 시선들을 어떻게 활용할 것인가는 오롯이 당신의 몫입니다.

✔ 자신의 눈으로 자신을 똑바로 보되, 겸손함을 잃지 마세요.
✔ 타인의 칭찬과 격려를 감사히 받아들이고, 그것을 앞으로 나아갈 동력으로 삼으세요.
✔ 좌절과 비판을 피하지 마세요. 그것이 당신을 더 강하게 만들고, 진정한 길로 이끌어 줄 수 있습니다.
✔ 모든 시선들을 통해 얻은 깨달음을 통합하여, 당신만의 독창적이고 풍요로운 삶을 설계하세요.

당신의 삶은 당신만의 이야기가 아닙니다. 그것은 세상과의 상호작용 속에서 끊임없이 재창조되는 역동적인 서사입니다. 모든 시선들을 포용하고, 그 속에서 당신만의 빛을 발견하세요. 용기와 희망, 그리고 때로는 좌절이라는 거름을 통해 당신은 더욱 단단하고 아름다운 존재로 피어날 것입니다. 당신의 삶은 여전히 무한한 가능성으로 빛나고 있습니다.

> "살아가는 한 배울 것이 있다.
> 그리고 배우는 동안은 살 수 있다."
> – 세네카

05. 진짜 '나'의 길을 찾는 법!
내 안의 나침반을 따르세요

우리 삶은 때때로 미로 같아요. 수많은 선택의 갈림길에서 어디로 가야 할지 헤매기도 하죠. 밖에서는 온갖 목소리가 들려옵니다. '이렇게 해야 성공한다!', '저것이 올바른 길이야!', '남들은 다 저렇게 살아!'. 우리는 이 시끄러운 외부 소음 속에서 길을 찾으려 애쓰지만, 결국 진짜 나아가야 할 방향은 외부가 아닌, 내 안의 가장 깊은 곳에서 울려 퍼지는 '나 스스로의 깨달음'에 있다는 걸 깨닫게 됩니다. 오직 '나'만이 자신의 길을 밝힐 등불을 켜고, 앞으로 나아갈 수 있는 진정한 힘을 얻을 수 있어요.

1) 남의 지도가 아닌, 내 안의 나침반 찾기

우리는 어릴 때부터 부모님, 선생님, 친구들, 그리고 사회가 제시하는 다양한 '지도'를 보며 살아왔습니다. 좋은 성적, 명문대, 안정적인 직장, 결혼, 내 집 마련 등. 이 지도들은 때로는 길을 잃지 않도록 도와주는 유용한 지침서가 되기도 해요. 하지만 이 지도는 보편적인 길을 보여 줄 뿐, 나 개개인의 고유한 특성과 욕망, 그리고 진정한 행복이 무엇인지는 담고 있지 않습니다.

　남들이 좋다고 하는 길을 따라가다 문득 멈춰 섰을 때, 우리는 종종 허무함과 공허함을 느낍니다. 목표는 달성했지만 만족스럽지 않고, 성공했지만 행복하지 않은 역설적인 상황에 놓이기도 하죠. 이는 내가 타인의 지도를 따라갔을 뿐, 내 안의 나침반이 가리키는 방향을 외면했기 때문입니다. 실제로 버나드 마커스는 하드웨어 회사에서 50대에 해고당한 후 나이에 절망했지만, 오히려 이를 계기로 자신만의 비전인 '고객이 직접 찾아갈 수 있는 대형 홈센터'라는 아이디어를 실현해 홈디포를 창업하여 세계 최대 홈센터 체인으로 키워 냈습니다.

　진정으로 나아가기 위해서는 외부의 지도가 아니라, 나 스스로의 깨달음으로 작동하는 내 안의 나침반을 찾아야 합니다. 내가 무엇을 할 때 시간 가는 줄 모르는지, 어떤 가치를 중요하게 여기는지, 어떤 어려움 속에서도 포기하지 않고 싶을 만큼 간절한 꿈이 있는지. 이러한 질문들에 대한 답은 오직 내 안에서만 찾을 수 있어요. 타인이 아무리 좋은 길이라고 말해도, 그것이 내 나침반이 가리키는 방향과 다르다면 결국 우리는 길을 잃거나 후회하게 될 것입니다.

2) 깨달음: 갑자기 오는 것이 아니다

어떤 사람들은 번개처럼 찾아오는 '깨달음'을 이야기합니다. 하지만 대부분의 경우, 깨달음은 외부의 우연한 계기 뒤에 숨겨진 지속적인 성찰과 질문의 결과입니다. 고통스러운 실패 속에서, 깊은 상실감 속에서, 혹은 지독한 외로움 속에서 우리는 비로소 멈춰 서서 자신을 돌아보게 됩니다. 왜 이런 일이 일어났을까? 나는 무엇을 잘못했을까? 나는 무엇을 원하는가?

이러한 질문들은 우리의 내면을 파고들어 깊은 성찰로 이끕니다. 명상, 일기 쓰기, 독서, 혹은 혼자만의 조용한 시간 속에서 우리는 내면의 소음에 귀 기울이게 돼요. 그리고 그 과정에서 그동안 외면했던 나의 진정한 욕망, 억눌려 있던 감정, 혹은 미처 알지 못했던 나의 강점과 약점을 발견하게 됩니다.

이러한 깨달음은 마치 어둠 속에서 오랫동안 숨겨져 있던 보물을 발견하는 것과 같습니다. 그 보물은 거창한 것이 아닐 수도 있어요. 어릴 적 잊었던 그림 그리기 취미, 남을 돕는 데서 오는 기쁨, 복잡한 문제를 해결하는 데서 느끼는 희열 등, 지극히 사소하고 개인적인 것일 수 있습니다. 하지만 그 깨달음이야말로 내 삶의 방향을 결정하는 가장 강력한 기준점이 됩니다.

3) 외부의 소음을 '나의 언어'로 해독하기

물론 이 세상은 혼자 살아가는 곳이 아닙니다. 우리는 타인과의 관계 속에서 배우고 성장해요. 타인의 조언, 칭찬, 심지어 비판과 좌절 역시 우리에게 중요한 메시지를 전달합니다. 하지만 이러한 외부의 메시지를 무비판적으로 수용해서는 안 돼요. 중요한 것은 타인의 말을 듣되, 그것을 나 자신의 언어로 '해독'하는 능력입니다.

타인의 칭찬이 나를 우쭐하게 만들지 않도록, 나의 강점을 다시 한 번 확인하는 기회로 삼아야 합니다. 타인의 비판이 나를 좌절시키기보다, 나의 부족한 점을 개선하고 성장할 수 있는 밑거름으로 삼아야 해요. 이는 마치 외국어를 배우는 것과 같습니다. 아무리 유창하게 말해도 내가 그 언어를 이해하지 못하면 아무 소용이 없듯이, 타인의 어떤 말도 내 안에서 '해독'되고 나의 깨달음과 연결되지 않으면 그저 소음으로 끝날 뿐입니다.

오직 나만이 타인의 메시지를 나의 삶에 어떻게 적용할지, 어떤 부분을 받아들이고 어떤 부분을 걸러 낼지 결정할 수 있어요. 결정의 주체는 항상 나 자신이어야 합니다. 타인의 말에 휘둘리지 않고, 내면의 소리에 충실하며, 외부의 모든 정보를 나를 위한 깨달음으로 전환시키는 지혜가 필요합니다.

4) 내 안의 나침반, 용기를 주다

나 스스로의 깨달음은 단순한 '앎'에서 그치지 않습니다. 그것은 우리에게 행동할 용기를 부여해요. 내가 진정으로 무엇을 원하는지 알게 되면, 그동안 주저했던 길을 걸어갈 용기가 생깁니다. 남들의 시선이 두려워 외면했던 꿈을 향해 발걸음을 옮기고, 안정적이지만 만족스럽지 않던 현실에서 벗어나 새로운 도전을 감행하게 되죠.

이 용기는 외부에서 주어지는 것이 아닙니다. 내 안에서 솟아나는 확신에서 비롯돼요. '내가 나를 아는데, 더 이상 무엇이 두려운가?'라는 질문이 모든 불안감을 잠재웁니다. 물론 그 길이 순탄하지만은 않을 것입니다. 예상치 못한 어려움에 부딪히고, 때로는 다시 좌절할 수도 있어요. 하지만 깨달음으로 얻은 나침반은 어떤 폭풍우 속에서도 나아가야 할 방향을 잃지 않게 해 줄 것입니다. 영국의 작가 J.K. 롤링은 이혼과 실직으로 궁핍한 상황에서도 자신의 내면에서 솟아나는 이야기에 대한 확신을 잃지 않았고, 수많은 출판사의 거절에도 굴복하지 않아 결국《해리 포터》시리즈로 전 세계에 상상력과 용기의 마법을 전했습니다.

내 안의 나침반을 따르는 용기. 그것이 바로 내가 가야 할 길을 스스로 개척하고, 후회 없는 삶을 살아갈 수 있는 유일한 방법입니다.

남들이 아무리 좋은 길이라고 해도, 그것이 내 길이 아니라면 나는 그 길을 선택하지 않을 겁니다. 오직 내가 깨달은, 나만의 길을 걷는 것. 이것이 나의 삶을 진정으로 의미 있고 충만하게 만드는 길입니다.

■ **당신의 삶이라는 배의 선장이 되세요**

우리는 모두 자신의 삶이라는 배의 선장입니다. 외부의 거친 파도와 바람 속에서 흔들릴 때, 우리는 어디로 가야 할지 헤맬 수 있어요. 하지만 이 모든 혼란 속에서도 당신의 배를 올바른 방향으로 이끌어줄 나침반은 바로 당신의 마음속에 있습니다.

아직 그 나침반을 찾지 못했거나, 그 소리가 희미하게 들린다고 해도 절망하지 마세요. 당신이 지금 어떤 나이든, 어떤 상황이든 상관없습니다. 중요한 것은 지금부터라도 내 안의 소리에 귀 기울이는 것입니다.

고독 속에서 자신과 대화하는 시간을 가지세요.
불안과 두려움 너머에 숨겨진 진정한 욕망을 탐색하세요.
타인의 말과 행동을 무조건 수용하기보다, 당신의 기준으로 '해독'하고 재해석하세요.
작은 성공과 실패 속에서 자신만의 교훈을 찾아내세요.

오직 '나'만이 자신의 삶을 진정으로 이해하고, 자신의 길을 밝힐 등불을 켤 수 있습니다. 그 깨달음의 불빛이 당신의 길을 비추는 순간, 당신은 더 이상 헤매지 않고 앞으로 나아갈 수 있는 용기와 힘을 얻게 될 것입니다.

"가장 중요한 여행은 자기 자신을 찾아가는 여행이다."
- 대니 케이(Danny Kaye)

■ 선배 경험자로서
지속 가능한 삶을 꾸려 나가기 위한 체크리스트

1. 변화의 속도가 빨라지는 시대에, 당신의 가치관이나 핵심 신념을 흔들리지 않게 지탱해 주는 '내면의 기준'은 무엇인가요?

2. 새로운 것을 배우거나 시도할 때, '최소한의 노력으로 최대한의 꾸준함'을 유지하기 위한 당신만의 구체적인 전략은 무엇인가요?

3. 당신을 묶고 있는 '지긋지긋한 버릇'이 있다면, 그것을 대체할 수 있는 '긍정적이고 실천 가능한 새로운 행동'은 무엇인가요?

4. 과거의 실패나 좌절을 '나는 무엇을 배웠는가?'라는 질문으로 전환하여, 당신의 미래를 위한 '성장 자산'으로 활용하고 있나요?

5. 타인의 시선이나 사회적 기대에 흔들리지 않고, 당신이 진정으로 중요하게 여기는 '삶의 질'을 위한 당신만의 정의는 무엇인가요?

6. 당신의 경험과 지혜를 다음 세대와 나누고 싶다면, 어떤 방식으로 그들에게 '긍정적인 영향'을 미칠 수 있을까요?

7. 경제적 안정을 넘어, 정신적, 사회적, 환경적 지속가능성을 위해 당신의 현재 생활 방식에서 어떤 '작은 변화'를 시도할 수 있을까요?

8. 당신의 삶이라는 '미완성 그림'에 새로운 색을 더하기 위해, 아직 시도해 보지 않았지만 마음속에 품고 있는 '새로운 도전'은 무엇인가요?

9. 예상치 못한 변화나 위기가 닥쳤을 때, 당신이 믿고 의지할 수 있는 '가장 가까운 사람들과의 관계'를 얼마나 튼튼하게 관리하고 있나요?

10. 죽음을 삶의 마지막 붓질로 받아들이고, 그 마지막 순간까지 '나답게' 살기 위해 지금 당장 버려야 할 '불필요한 것'은 무엇인가요?

제5부

⟨인터뷰⟩
당신은 지금?

01. 100세 시대, 꿈을 이루어 가는 사람들의 버킷 리스트 여정

나이를 잊고 꿈을 향해 나아가는
중장년층과 노년층의 특별한 도전 이야기

■ **인터뷰 1: 서○순 씨(67세) - 세계 7대륙 여행 꿈을 이루다**

평생 가정주부로 살았던 서○순 씨는 남편이 세상을 떠난 후 홀로 세계 여행에 나섰다. 현재까지 5개 대륙을 방문했다.

Q: 67세에 혼자 세계여행을 시작하게 된 계기가 있나요?

"남편이 살아 있을 때 '은퇴하면 함께 세계여행을 해 보자'고 약속했어요. 그런데 남편이 먼저 떠나고 나니 그 약속이 더욱 소중하게 느껴졌죠. 처음엔 '이 나이에 혼자 여행이 가능할까' 걱정했지만, 안 하면 평생 후회할 것 같아서 용기를 냈어요."

Q: 첫 해외여행은 어디였나요?

"유럽부터 시작했어요. 영어도 서툴고 스마트폰 사용도 어려워서 정말 힘들었죠. 파리에서 길을 잃어서 3시간 동안 헤맨 적도 있어요. 하지만 현지 젊은이들이 도와줘서 무사히 호텔로 돌아갈 수 있었어요. 그때 '사람의 친절함은 국경이 없구나' 느꼈죠."

Q: 가장 기억에 남는 여행지는?

"아프리카 사파리 투어가 가장 인상 깊었어요. 70세 가까운 나이에 사자와 코끼리를 실제로 보다니! 젊은 시절엔 상상도 못했던 경험이에요. 그때 '나이가 들어도 새로운 경험을 할 수 있구나' 깨달았어요."

Q: 주변 반응은 어땠나요?

"자녀들은 처음엔 많이 걱정했어요. '엄마 나이에 왜 그런 위험한 일을 하냐'고요. 하지만 제가 여행하면서 찍은 사진들을 보고 오히려 응원해 주고 있어요. 이웃들도 '부럽다', '용기가 대단하다'고 말해 주세요."

Q: 남은 2개 대륙은 언제 가실 예정인가요?

"내년에 남극, 후년에 오세아니아를 갈 계획이에요. 70세가 되기 전에 7대륙을 모두 밟는 게 목표입니다. 건강이 허락하는 한 계속 여행하고 싶어요."

■ **인터뷰 2: 김○수 씨(58세) - 마라톤으로 새로운 인생을 달리다**

30년간 사무직으로 일했던 김○수 씨는 건강 검진에서 당뇨 진단을 받은 후 운동을 시작, 이제는 풀코스 마라톤을 완주하는 러너가 되었다.

Q: 마라톤을 시작하게 된 계기는?

"3년 전 건강검진에서 당뇨와 고혈압 진단을 받았어요. 의사가 '운동하지 않으면 10년 후 큰일 난다'고 하더라고요. 처음엔 동네 산책부터 시작했는데, 점점 거리를 늘려 가다 보니 달리기에 재미를 느끼게 됐어요."

Q: 첫 마라톤 완주는 언제였나요?

"작년 봄이었어요. 42.195km를 완주했을 때의 그 감동은 정말 말로 표현할 수 없어요. 결승선을 통과하는 순간 눈물이 났어요. '내가 해냈구나' 하는 성취감이 엄청났죠. 그때 나이가 57세였는데, 20대 젊은이들과 함께 뛰고 있는 제 모습이 신기했어요."

Q: 훈련 과정에서 어려움은 없었나요?

"처음엔 1km도 제대로 못 뛰었어요. 무릎도 아프고, 숨도 차고. 주변에서 '나이도 나이인데 무리하지 마라'는 소리도 들었죠. 하지만 서서히 거리를 늘려 가니까 몸이 적응하더라고요. 지금은 주 3회, 총 60km 정도 뛰고 있어요."

Q: 건강상 변화는 어떠신가요?

"당뇨 수치가 정상으로 돌아왔고, 혈압도 안정됐어요. 체중도 15kg 빠졌고요. 무엇보다 정신적으로 자신감이 생겼어요. '불가능해 보이는 일도 꾸준히 하면 이룰 수 있구나' 깨달았죠."

Q: 앞으로의 목표는?

"울트라 마라톤에 도전해 보고 싶어요. 100km 대회에 참가하는 게 다음 목표입니다. 60세까지는 계속 뛸 계획이에요. 마라톤을 통해 제2의 인생을 살고 있다고 생각해요."

■ 인터뷰 3: 이○숙 씨(72세) - 대학 강단에 서다

고졸 학력이었던 이○숙 씨는 60세에 방송통신대학에 입학, 12년 만에 박사학위를 취득하고 현재 시민대학에서 강의를 하고 있다.

Q: 60세에 대학 진학을 결심한 이유는?

"평생 배움에 대한 갈증이 있었어요. 젊을 때는 집안 사정으로 고등학교만 겨우 마쳤거든요. 아이들 키우느라 바쁘게 살다가 손자까지 대학을 보내고 나니 '이제 내 꿈을 이뤄 볼까' 생각했어요."

Q: 공부하면서 어려운 점은 없었나요?

"처음엔 정말 힘들었어요. 젊은 학생들 사이에서 수업을 듣는 것도 부담스럽고, 컴퓨터 사용법도 모르겠고. 영어는 기초부터 다시 배워야 했죠. 하지만 교수님들과 동기들이 많이 도와줘서 포기하지 않을 수 있었어요."

Q: 박사 과정까지 마치신 소감은?

"박사 학위 받던 날이 제 인생에서 가장 자랑스러운 날이었어요. 72세에 '박사님'이라는 호칭을 듣게 될 줄은 꿈에도 몰랐어요. 평생 교육받을 기회가 없었던 한을 풀었다고 할까요."

Q: 현재 강의는 어떤 내용인가요?

"인생 경험을 바탕으로 한 '삶의 지혜' 강의를 해요. 중장년층을 대상으로 하는데, 제 경험담을 들려주면서 '배움에는 나이가 없다'는 메시지를 전하고 있어요. 수강생들이 '용기를 얻었다'고 할 때 정말 보람을 느껴요."

Q: 평생학습을 꿈꾸는 분들에게 한 말씀 부탁드려요.

"늦었다고 생각할 때가 가장 빠른 때입니다. 나이는 정말 숫자에 불과해요. 하고 싶은 공부가 있으면 주저하지 말고 시작하세요. 저도 할 수 있었으니까 다른 분들도 충분히 가능해요."

■ 인터뷰 4: 박○진 씨(65세) - 산악 사진작가의 꿈을 이루다

퇴직 후 취미로 시작한 등산이 이제는 전국 명산을 다니며 사진을 찍는 전문 작가의 길로 이어졌다.

Q: 사진에 관심을 갖게 된 계기는?

"퇴직하고 건강을 위해 등산을 시작했는데, 산에서 보는 풍경이 너무 아름다워서 기록으로 남기고 싶었어요. 처음엔 휴대폰으로 찍다가 점점 본격적인 카메라에 관심을 갖게 됐죠."

Q: 사진 기술은 어떻게 익히셨나요?

"문화센터 사진 강의부터 시작했어요. 65세에 새로운 기술을 배우는 게 쉽지 않았지만, 젊은 강사님이 친절하게 가르쳐 주셨어요. 그 후로는 유명 작가들의 워크숍에도 참여하고, 온라인 강의도 들으면서 실력을 늘려 갔어요."

Q: 가장 기억에 남는 촬영 경험은?

"지리산에서 일출을 찍기 위해 새벽 2시에 출발한 적이 있어요. 4시간을 걸어 올라가서 찍은 일출 사진이 나중에 사진전에서 대상을 받았어요. 그때 '내가 정말 사진작가가 된 것 같다' 느꼈죠."

Q: 현재는 어떤 활동을 하고 계신가요?

"매달 전국 명산을 돌아다니며 사진을 찍고 있어요. 개인 사진전도 열고, 사진집도 발간했어요. 최근에는 산악 사진 강의도 시작했어요. 저처럼 중장년층에서 사진을 시작하려는 분들이 많거든요."

Q: 앞으로의 계획은?

"100대 명산을 모두 촬영하는 게 목표입니다. 현재 78곳을 다녀왔으니 22곳이 남았네요. 건강이 허락하는 한 계속 산을 다니면서 우리나라의 아름다운 자연을 카메라에 담고 싶어요."

■ 인터뷰 5: 최○희 씨(69세) - 봉사활동으로 제2의 인생을 살다

30년간 중학교 교사로 일했던 최○희 씨는 퇴직 후 다양한 봉사활동을 통해 더욱 의미 있는 삶을 살고 있다.

Q: 퇴직 후 봉사활동을 선택한 이유는?

"교직 생활 30년 동안 학생들을 가르치면서 '가르침의 보람'을 많이 느꼈어요. 퇴직하고 나서도 그런 보람을 계속 느끼고 싶었죠. 그래서 자연스럽게 봉사활동을 시작하게 됐어요."

Q: 어떤 봉사활동을 하고 계신가요?

"주로 세 가지 활동을 해요. 다문화 가정 아이들 한글 교육, 독거노인 말벗 서비스, 그리고 지역아동센터에서 학습 지도를 하고 있어요. 일주일에 4~5일은 봉사활동으로 바빠요."

Q: 가장 보람을 느끼는 순간은?

"다문화 가정 아이가 한글을 익혀서 학교 성적이 올랐다고 고마워할 때, 독거 할머니가 '선생님 덕분에 외롭지 않다'고 말씀하실 때… 이런 순간들이 정말 소중해요. 교직에 있을 때와는 또 다른 보람이에요."

Q: 봉사활동을 통해 달라진 점이 있나요?

"퇴직 후 우울감을 느낄 뻔했는데, 봉사활동 덕분에 매일 활기차게 살고 있어요. 또 다양한 사람들을 만나면서 세상에 대한 시야가 더 넓어진 것 같아요. 무엇보다 '아직도 누군가에게 도움이 될 수 있구나' 하는 존재감을 느껴요."

Q: 건강 관리는 어떻게 하세요?

"봉사활동 자체가 건강 관리입니다. 매일 일정이 있으니까 규칙적으로 생활하게 되고, 사람들과 만나서 대화하니까 정신적으로도 건강해져요. 의료진들도 '활동적인 노인이 더 건강하다'고 하잖아요."

Q: 앞으로도 계속 봉사활동을 하실 건가요?

"건강이 허락하는 한 계속할 겁니다. 나이가 들어도 누군가에게 도움이 될 수 있다는 게 얼마나 소중한 일인지 몰라요. 이런 활동을 통해 진정한 '성공적인 노년'을 보내고 있다고 생각해요."

■ 인터뷰 6: 장○호 씨(63세) - 늦깎이 화가가 되다

회사원으로 일했던 장○호 씨는 퇴직 후 늘 꿈꿔 오던 그림 그리기를 시작, 현재는 개인전까지 여는 화가가 되었다.

Q: 언제부터 그림에 관심이 있으셨나요?

"어릴 때부터 그림 그리는 걸 좋아했어요. 하지만 집안 사정으로 미술을 전공할 수는 없었죠. 회사 다니면서도 틈틈이 스케치북에 끄적거리긴 했지만, 본격적으로 시작한 건 퇴직하고 나서입니다."

Q: 체계적으로 그림을 배우기 시작한 과정은?

"문화센터 유화 강의부터 시작했어요. 60대 초반에 붓을 잡으니까 손이 떨리더라고요. (웃음) 하지만 선생님이 '기초부터 차근차근 배우면 된다'고 격려해 주셔서 포기하지 않았어요."

Q: 첫 개인전은 언제 열었나요?

"그림을 배운 지 3년 만에 개인전을 열었어요. 작품 20점을 전시했는데, 가족들과 친구들이 와서 축하해 줬어요. '아마추어 수준이지만 꿈을 이뤘다'는 생각에 너무 감격스러웠어요."

Q: 주로 어떤 그림을 그리시나요?

"풍경화를 주로 그려요. 특히 고향 시골 풍경을 많이 그리죠. 어릴 때 기억을 떠올리며 그리다 보면 시간 가는 줄도 몰라요. 요즘은 인물화에도 도전하고 있어요."

Q: 그림을 그리면서 가장 큰 변화는?

"세상을 보는 눈이 달라졌어요. 예전엔 그냥 지나쳤던 풍경들이 이제는 모두 그림의 소재로 보여요. 또 집중력도 좋아졌고, 스트레스도 많이 줄었어요. 붓을 들고 있을 때가 가장 행복해요."

Q: 늦은 나이에 예술을 시작하는 분들에게 조언한다면?

"잘 그리려고 욕심내지 마세요. 즐기는 게 가장 중요해요. 나이가 들어서 시작하는 예술은 남들에게 보여 주기 위한 게 아니라 자신의 만족을 위한 거거든요. 꿈은 언제 시작해도 늦지 않아요."

■ **나이는 꿈을 포기할 이유가 될 수 없다**

이들의 이야기를 통해 알 수 있는 것은 나이가 들어도 새로운 꿈을 꿀 수 있고, 그 꿈을 실현할 수 있다는 점입니다. 중요한 것은 '하고 싶다'는 마음과 '시작하겠다'는 의지입니다.

100세 시대를 맞이한 지금, 중장년기와 노년기는 더 이상 쇠퇴의 시기가 아닙니다. 오히려 경제적 부담에서 벗어나 진정 자신이 원하는 일에 몰입할 수 있는 황금기가 될 수 있습니다.

건강만 허락한다면 언제든 새로운 도전을 시작할 수 있습니다. 세계여행, 운동, 학업, 예술, 봉사활동… 어떤 분야든 열정만 있다면 가능하죠.

버킷 리스트는 꿈의 목록이 아니라 실현 가능한 계획입니다. 오늘부터 당신만의 버킷 리스트를 작성해 보는 것은 어떨까요? 나이는 단순한 숫자일 뿐, 꿈을 포기할 이유가 될 수는 없다는 것을 다시 한 번 깨닫습니다.

"꿈꾸는 것을 멈추는 순간 늙는 것이다.
나이가 들어도 꿈을 꾸는 사람은 젊다."
- 인터뷰 참가자들의 공통된 믿음

02. 100세 시대, 새로운 네트워크로 사회를 바꾸는 사람들

연결과 소통을 통해 새로운 가능성을 발견한 중장년층과 노년층의 이야기

■ **인터뷰 1: 강○경 씨(55세) - 온라인 커뮤니티에서 찾은 글쓰기의 꿈**

20년간 사무직으로 일했던 강○경 씨는 우연히 가입한 온라인 글쓰기 모임에서 작가의 꿈을 발견했다.

Q: 온라인 글쓰기 커뮤니티에 어떻게 참여하게 되셨나요?

"코로나 시기에 집에 있는 시간이 늘어나면서 인터넷을 많이 하게 됐어요. 우연히 '중년의 글쓰기'라는 온라인 카페를 발견했는데, 거기서 활동하는 분들의 글을 읽어 보니 정말 감동적이더라고요. 용기를 내서 가입했죠."

Q: 처음 글을 올릴 때는 어떠셨나요?

"떨렸어요. 50대 중반에 글을 쓴다는 게 쑥스럽기도 했고요. 하지만 커뮤니티 분들이 정말 따뜻하게 격려해 주셨어요. '문장력이 좋다', '감정 표현이 섬세하다'는 댓글을 받고 자신감이 생겼죠."

Q: 온라인 활동이 오프라인으로도 이어졌나요?

"네, 정기 모임에 참석하기 시작했어요. 온라인에서만 알던 분들을 실제로 만나니까 더욱 친해졌고, 함께 글쓰기 워크숍도 다녔어요. 지금은 월 1회 오프라인 모임이 제 삶의 큰 즐거움이에요."

Q: 현재는 어떤 활동을 하고 계신가요?

"온라인 커뮤니티에서 신입 회원들 멘토 역할을 하고 있어요. 저처럼 글쓰기를 망설이는 분들에게 용기를 주려고 노력해요. 또 지역 도서관에서 중년 대상 글쓰기 강좌도 진행하고 있어요."

Q: 소셜 네트워크가 인생에 어떤 변화를 가져다줬나요?

"완전히 새로운 세상이 열렸어요. 혼자서는 절대 발견하지 못했을 재능과 꿈을 찾았거든요. 온라인에서 만난 분들이 이제는 평생 친구가 됐고, 함께 성장하는 동반자입니다."

■ 인터뷰 2: 박○수 씨(62세) - 페이스북 그룹에서 시작된 사회적 기업

퇴직 후 우울감에 빠져 있던 박○수 씨는 SNS 환경 보호 그룹 활동을 통해 새로운 인생 목표를 찾았다.

Q: 처음 환경 보호 관련 페이스북 그룹에 참여한 계기는?

"퇴직하고 나서 허무감이 컸어요. 그러던 중 손자가 환경 문제에 관심이 많다는 걸 알게 됐죠. 손자와 대화하고 싶어서 환경 관련 페이스북 그룹에 가입했는데, 거기서 같은 고민을 하는 동년배들을 많이 만났어요."

Q: 온라인 활동에서 오프라인 실천으로 이어진 과정은?

"처음엔 댓글 달고 좋아요 누르는 정도였는데, 점점 직접 환경 보호 활동을 해 보고 싶어졌어요. 그룹에서 '플라스틱 프리 챌린지'를 제안했는데 반응이 좋아서 정기 모임까지 만들어졌죠."

Q: 현재 운영하는 사회적 기업은 어떻게 시작됐나요?

"온라인에서 만난 동료들과 함께 '친환경 생활용품 제작 및 판매' 사업을 시작했어요. 수익보다는 환경 보호가 목적이지만, 의외로 많은 분들이 관심을 보여 주시네요. 온라인 네트워크가 없었다면 불가능했을 일이에요."

Q: SNS 활동을 통해 어떤 변화를 경험하셨나요?

"세상이 넓어졌어요. 전국의 환경 활동가들과 연결되니까 정보도 많이 얻고, 힘도 받아요. 무엇보다 '나 혼자가 아니구나' 하는 소속감이 생겼죠. 퇴직 후 우울감이 완전히 사라졌어요."

Q: 같은 고민을 하는 중장년층에게 조언한다면?

"주저하지 말고 온라인 커뮤니티에 참여해 보세요. 나이 때문에 겁먹을 필요 없어요. 온라인에서는 나이보다 열정과 진정성이 더 중요하거든요. 새로운 인생의 목표를 찾을 수 있을 겁니다."

■ 인터뷰 3: 이○자 씨(68세) - 유튜브로 소통하는 할머니 인플루언서

손자가 가르쳐 준 유튜브를 통해 요리 채널을 운영하며 젊은 세대와 소통하고 있는 이○자 씨의 이야기.

Q: 유튜브를 시작하게 된 계기가 있나요?

"대학생 손자가 '할머니 요리가 너무 맛있으니까 유튜브에 올려보면 어떨까'라고 제안했어요. 처음엔 '68세 할머니가 무슨 유튜브'라고 생각했는데, 손자가 끈질기게 설득해서 시작하게 됐어요."

Q: 촬영과 편집은 어떻게 하세요?

"처음에는 손자가 도와줬는데, 이제는 혼자서도 촬영하고 간단한 편집까지 해요. 70세 가까운 나이에 새로운 기술을 배우는 게 쉽지 않았지만, 젊은 구독자들이 응원해 주니까 할 수 있었어요."

Q: 구독자들과는 어떻게 소통하시나요?

"댓글 하나하나 다 읽어 보고 답글도 달아요. '할머니 덕분에 요리에 자신감 생겼어요', '할머니 같은 분이 우리 할머니였으면 좋겠어요' 이런 댓글을 받으면 정말 기뻐요. 젊은 친구들과 대화하니까 저도 젊어진 느낌이에요."

Q: 유튜브 활동을 통해 달라진 점은?

"세상을 보는 시각이 완전히 바뀌었어요. 예전에는 젊은 세대를 이해하기 어려웠는데, 지금은 그들의 고민과 관심사를 알게 됐어요. 또 전국의 시청자들과 소통하니까 세상이 훨씬 넓어진 느낌이에요."

Q: 온라인 활동이 일상에 미치는 영향은?

"매일이 신나요. 새로운 요리를 연구하고, 어떻게 하면 더 재미있게 촬영할 수 있을까 고민하고. 구독자들이 '다음 영상 언제 올라와요?'라고 물어보면 책임감도 느끼고요. 인생이 훨씬 활기차졌어요."

Q: 디지털 소통에 어려움을 느끼는 동년배들에게 조언한다면?

"나이는 핑계입니다. 처음에는 어색하고 어렵지만, 시작하면 금세 익숙해져요. 젊은 세대와 소통할 수 있는 좋은 기회이기도 하고요. 용기 내서 도전해 보세요!"

■ 인터뷰 4: 조○민 씨(59세)
- 링크드인(Linked-in)으로 찾은 제2의 커리어

대기업에서 퇴직한 조○민 씨는 링크드인을 통해 네트워킹하며 컨설턴트로 새로운 커리어를 시작했다.

Q: 링크드인을 시작하게 된 계기는?

"퇴직을 앞두고 앞으로 뭘 할지 고민이 많았어요. 젊은 후배가 '링크드인에서 네트워킹해 보시면 어떨까요'라고 제안했죠. 처음엔 '나이 많은 사람이 무슨 소셜 네트워킹'이라고 생각했는데, 시도해 보니 새로운 세계였어요."

Q: 온라인 네트워킹 활동은 어떻게 하셨나요?

"먼저 30년간의 경력을 정리해서 프로필을 만들었어요. 그리고 같은 업계 사람들과 연결하기 시작했죠. 업계 동향에 대한 글도 올리고, 다른 분들의 포스트에 댓글도 달면서 점점 네트워크가 넓어졌어요."

Q: 실제로 일자리나 기회가 연결됐나요?

"네, 링크드인을 통해 지금 하고 있는 컨설팅 일을 찾았어요. 중소기업 CEO가 제 글을 보고 연락을 주셨거든요. 오프라인 만남으로 이어져서 정기 자문 계약까지 맺었어요."

Q: 온라인과 오프라인 네트워킹의 차이점은?

"온라인은 지역 제약이 없어서 전국의 전문가들과 연결될 수 있어요. 또 자신의 전문성을 글로 표현할 수 있어서 더 체계적으로 어필할 수 있죠. 오프라인 모임의 한계를 많이 보완해 주는 것 같아요."

Q: 중장년층의 온라인 네트워킹에 대해 어떻게 생각하세요?

"필수라고 생각해요. 특히 퇴직을 앞둔 분들은 미리 온라인 네트워킹을 시작하는 게 좋을 것 같아요. 나이가 많다고 주눅들 필요 없어요. 오히려 경험과 전문성은 우리가 더 풍부하잖아요."

■ 인터뷰 5: 김○정 씨(64세) - 인스타그램으로 시작된 수제품 사업

취미로 만들던 수제품을 인스타그램에 올리기 시작한 김○정 씨, 이제는 온라인 수제품 쇼핑몰을 운영하고 있다.

Q: 인스타그램을 시작한 계기는?

"딸이 '엄마가 만든 걸 인스타그램에 올려 보라'고 했어요. 처음엔 가족들에게만 보여 줄 생각이었는데, 점점 많은 분들이 관심을 보여 주시더라고요. '어디서 살 수 있냐'는 문의도 들어오고요."

Q: 온라인 판매까지 이어진 과정은?

"인스타그램 팔로워가 늘어나면서 주문 문의가 많아졌어요. 처음엔 지인들만 상대했는데, 입소문을 타면서 전국에서 주문이 들어오더라고요. 그래서 정식으로 온라인 쇼핑몰을 만들게 됐어요."

Q: 60대에 온라인 사업을 하는 게 어렵지 않았나요?

"정말 어려웠어요. 인스타그램 사용법부터 온라인 결제 시스템까지 모든 게 낯설었거든요. 하지만 젊은 고객들이 친절하게 가르쳐주고, 딸도 많이 도와줘서 차근차근 배워 나갔어요."

Q: SNS 마케팅은 어떻게 하세요?

"매일 새로운 작품 사진을 올리고, 제작 과정도 공유해요. 고객들이 댓글로 피드백을 주시면 그걸 반영해서 더 좋은 제품을 만들려고 노력해요. 쌍방향 소통이 가능한 게 SNS의 큰 장점인 것 같아요."

Q: 온라인 사업을 통해 어떤 변화를 경험하셨나요?

"세상과 더 많이 연결된 느낌이에요. 전국의 고객들과 소통하면서 다양한 취향과 트렌드도 알게 되고요. 무엇보다 제가 만든 걸 좋아해 주는 사람들이 이렇게 많다는 게 신기하고 감사해요."

■ 인터뷰 6: 신○호 씨(71세) - 온라인 동창회에서 찾은 새로운 인연

코로나로 오프라인 만남이 어려워진 상황에서 온라인 동창회를 조직한 신○호 씨, 이를 통해 새로운 사회활동을 시작했다.

Q: 온라인 동창회를 만들게 된 계기는?

"코로나 때문에 2년 넘게 동창들을 못 만났어요. 나이가 많으니까 건강도 걱정되고, 연락도 뜸해지더라고요. 그래서 카카오톡 단체방을 만들어서 온라인으로라도 소통하자고 제안했죠."

Q: 온라인 모임은 어떻게 진행하세요?

"매주 화요일 저녁에 화상통화로 만나요. 처음에는 10명 정도였는데 지금은 50명까지 늘었어요. 각자 근황도 나누고, 건강 정보도 공유하고, 때로는 함께 온라인 게임도 해요."

Q: 70대 동창들의 온라인 적응은 어땠나요?

"처음엔 다들 어려워했어요. '우리 나이에 무슨 화상통화'라고 하시더라고요. 하지만 한 번 해 보니까 '이렇게 편한 방법이 있었구나' 하시면서 적극적으로 참여하세요."

Q: 온라인 활동이 다른 분야로도 확장됐나요?

"네, 동창회에서 시작해서 이제는 지역 노인회 온라인 활동도 맡고 있어요. 다른 단체들에서도 온라인 모임 진행을 요청해 오세요. 70대에 '디지털 어르신'이 된 셈이죠."

Q: 온라인 소통의 장점은 무엇인가요?

"거리나 날씨에 상관없이 만날 수 있어요. 몸이 불편한 친구들도 집에서 편하게 참여할 수 있고요. 또 기록이 남아서 나중에 다시 볼 수 있는 것도 좋아요."

Q: 디지털 소통을 망설이는 동년배들에게 조언한다면?

"나이는 핑계지요. 저도 71세에 시작했는데 금세 익숙해졌어요. 중요한 건 사람과의 연결이에요. 방법이 바뀌었을 뿐 본질은 똑같아요. 용기 내서 시작해 보세요!"

■ 연결이 만드는 새로운 가능성

이들의 이야기에서 공통으로 발견되는 것은 사회적 네트워크가 단순한 소통 도구를 넘어 새로운 꿈과 기회를 발견하는 플랫폼 역할을 한다는 점입니다.

온라인 네트워크의 힘은 다음과 같습니다.

- 지역과 나이의 제약을 넘어선 연결
- 공통 관심사를 가진 사람들과의 만남
- 새로운 정보와 기회에 대한 접근
- 개인의 재능과 경험을 공유할 수 있는 플랫폼
- 지속적인 학습과 성장의 기회

100세 시대를 맞이한 중장년층과 노년층에게 사회적 네트워크는 선택이 아닌 필수가 되었습니다. 디지털 기술에 대한 두려움을 극복하고 온라인 세상으로 한 걸음 내딛는 순간, 예상치 못한 새로운 인생이 펼쳐질 수 있습니다.

나이가 들어도 배우고 도전하며 성장할 수 있다는 것, 그리고 그 과정에서 만나는 사람들이 인생의 새로운 동반자가 될 수 있다는 것을 이들의 이야기가 잘 보여 주고 있어요.

연결의 시대, 나이는 장벽이 아닌 자산입니다. 풍부한 경험과 지혜를 가진 중장년층과 노년층이 적극적으로 사회적 네트워크에 참여할 때, 우리 사회는 더욱 풍요로워질 수 있을 것이라고 믿습니다.

"네트워크는 나이를 묻지 않는다.

중요한 것은 연결하려는 의지와 소통하려는 마음이다."
– 인터뷰 참가자들의 공통된 깨달음

03. 100세 시대, 인생 180도 바꾼 도전자들의 이야기

"늦었다고 생각할 때가 가장 빠른 때였습니다"
중장년·노년기 인생 대전환 실현자들과의 심층 인터뷰

■ 인터뷰 1: 김○수 씨(52세) - 회계사에서 농부로

20년간 대형 회계법인에서 일했던 김○수 씨는 50세가 되던 해, 과감히 도시를 떠나 제주도에서 유기농 농장을 시작했다.

Q: 안정적인 직장을 포기하고 농업에 뛰어든 계기가 있나요?

"어느 날 새벽 2시까지 야근을 하고 집에 돌아가는데, 문득 '내가 언제까지 이렇게 살아야 하나' 하는 생각이 들었어요. 아이들도 다 컸고, 집도 마련했으니 이제는 정말 하고 싶은 일을 해 보자고 마음 먹었죠. 어릴 때부터 농사짓는 할아버지를 보며 자란 기억이 있어서 농업에 관심이 있었거든요."

Q: 주변 반응은 어땠나요?

"아내는 처음엔 깜짝 놀랐지만, 제가 너무 힘들어하는 걸 알고 있어서 결국 지지해 줬어요. 동료들은 '미쳤다'고 했죠. (웃음) 하지만 지금은 오히려 부러워해요. 매일 새벽 5시에 일어나서 밭일을 하는데, 예전보다 훨씬 건강해졌거든요."

Q: 가장 어려웠던 점은 무엇인가요?

"처음 2년은 정말 힘들었어요. 농사 기술도 모르겠고, 수입도 불안정하고. 특히 첫해에는 태풍으로 거의 모든 작물을 잃었을 때는 '정말 잘못된 선택을 한 건 아닐까' 생각도 들었어요. 하지만 지역 농민들이 많이 도와주셨고, 점점 요령을 터득하게 됐죠."

Q: 현재는 어떠신가요?

"지금은 안정적으로 운영되고 있어요. 온라인으로도 판매하고, 농장 체험 프로그램도 운영해요. 무엇보다 매일매일이 의미 있고 보람차요. 도시에서 스트레스받으며 살던 때와는 완전히 다른 삶이에요."

■ **인터뷰 2: 박○정 씨(48세) - 주부에서 카페 사장으로**

25년간 전업주부로 살았던 박○정 씨는 막내가 고등학교에 입학하면서 동네에 작은 카페를 열었다.

Q: 오랜 주부 생활 후 창업을 결심한 이유는?

"아이들이 어릴 때는 육아와 살림에 매진했는데, 막내가 커 가면서

'이제 나만의 시간을 가져도 되지 않을까' 생각했어요. 평소 커피를 좋아했고, 집에 오는 이웃들이 제가 내린 커피를 칭찬해 줘서 용기를 냈죠."

Q: 준비 과정은 어땠나요?

"1년 정도 바리스타 학원에 다니면서 기술을 배웠어요. 남편이 처음엔 '취미로만 하면 안 되냐'고 했는데, 제가 워낙 열심히 하는 모습을 보고 지지해 주더라고요. 창업 자금은 그동안 모아 둔 적금과 남편 도움으로 마련했어요."

Q: 운영하면서 가장 보람된 순간은?

"단골손님들이 '여기 커피가 최고야', '사장님 덕분에 하루가 행복해요' 이런 말씀해 주실 때지요. 특히 혼자 사는 어르신들이 매일 오셔서 담소를 나누는 모습을 보면, 제가 작은 공동체 공간을 만들어 가고 있다는 생각이 들어 뿌듯해요."

Q: 앞으로의 계획은?

"욕심내지 않고 지금처럼 동네 사람들에게 사랑받는 카페로 계속 운영하고 싶어요. 나중에는 베이킹 클래스도 열어 볼 생각이에요. 인생의 후반부에 이렇게 활기찬 일상을 보낼 수 있어서 정말 감사해요."

■ 인터뷰 3: 이○호 씨(59세) - 은행원에서 목공예가로

35년간 은행에서 근무했던 이○호 씨는 정년퇴직 후 목공예 공방을 열어 제2의 인생을 시작했다.

Q: 목공예를 선택한 특별한 이유가 있나요?

"은행 일이 모두 숫자와 서류 업무였다면, 목공예는 내 손으로 직접 뭔가를 만들어 내는 일이거든요. 완전히 정반대의 일이죠. 젊을 때부터 손재주가 있다고 소문이 났었는데, 퇴직하고 나서야 본격적으로 시작하게 됐어요."

Q: 처음 배울 때 어려움은 없었나요?

"50대 후반에 새로운 기술을 배우는 게 쉽지 않았어요. 젊은 사람들 사이에서 수업을 들으니 민망하기도 했고요. 하지만 선생님과 동기들이 격려해 줘서 포기하지 않고 계속할 수 있었어요. 나이가 들어서도 배울 수 있다는 걸 깨달았죠."

Q: 현재 공방 운영은 어떠신가요?

"주문 제작도 하고, 목공예 체험 교실도 운영해요. 수익은 은행원 시절보다 적지만, 만족도는 훨씬 높아요. 내가 만든 가구를 받아간 고객이 나중에 '너무 잘 쓰고 있다'고 연락 주실 때는 정말 뿌듯해요."

Q: 중장년층 도전자들에게 한 말씀 부탁드려요.

"나이는 정말 숫자에 불과해요. 하고 싶은 일이 있으면 주저하지 말고 시작하세요. 처음엔 어색하고 힘들 수 있지만, 시간이 지나면 분명 보람을 느낄 수 있을 겁니다. 인생은 한 번뿐이니까 후회하지 말고 도전해 보라고 말씀드리고 싶어요."

■ 인터뷰 4: 최○영 씨(54세) - 간호사에서 요가 강사로

30년간 대학병원에서 간호사로 일했던 최○영 씨는 건강 문제를 계기로 요가를 시작, 이제는 요가 스튜디오를 운영하고 있다.

Q: 간호사에서 요가 강사로의 전향, 어떤 계기가 있었나요?

"간호사 일이 워낙 고되다 보니 몸이 많이 상했어요. 허리디스크, 무릎 관절염까지 생겨서 정말 힘들었죠. 물리치료를 받으러 갔다가 요가를 추천받았는데, 해 보니 몸이 좋아지더라고요. 그때부터 본격적으로 배우기 시작했어요."

Q: 강사 자격을 취득하는 과정은?

"요가를 배운 지 3년 정도 됐을 때 강사 과정에 도전했어요. 몸은 많이 좋아졌지만 나이가 50대 초반이라 새로운 일을 시작하기엔 늦었다는 생각도 들었거든요. 하지만 그동안의 의료진 경험이 요가 지

도에도 도움이 많이 됐어요."

Q: 간호사 시절과 비교하면 어떠신가요?

"간호사 때는 항상 긴장 상태였고, 생명을 다루는 일이라 스트레스가 극심했어요. 지금은 사람들이 건강해지고 행복해하는 모습을 보면서 저도 함께 치유받는 느낌이에요. 수입은 줄어들었지만 삶의 질은 훨씬 높아졌어요."

Q: 50대 이후 새로운 도전을 생각하는 분들에게 조언한다면?

"건강이 가장 중요해요. 몸과 마음이 건강해야 새로운 도전도 할 수 있거든요. 그리고 나이를 핑계로 포기하지 마세요. 오히려 이 나이에는 인생 경험이 풍부해서 더 깊이 있는 일을 할 수 있어요."

■ 인터뷰 5: 정○민 씨(46세) - IT 개발자에서 빵집 사장으로

15년간 IT 회사에서 소프트웨어 개발자로 일했던 정○민 씨는 번아웃 증후군을 겪은 후 제빵사의 길을 선택했다.

Q: IT에서 제빵업으로의 전향, 많은 사람들이 놀랄 것 같은데요.

"개발자 일을 하면서 항상 모니터만 바라보고 있었어요. 밤낮없이 코딩하고, 버그 수정하고… 어느 순간 완전히 지쳐 버렸죠. 그때 우연히 동네 빵집에서 갓 구운 빵 냄새를 맡고 '아, 이런 일도 있구나' 생각했어요."

Q: 제빵 기술은 어떻게 익히셨나요?

"퇴사하고 6개월 동안 제빵학원에 다녔어요. 처음엔 밀가루 반죽하는 것도 서툴렀는데, 점점 빵이 완성되어 가는 과정이 신기하고 재미있더라고요. IT 일할 때와는 완전히 다른 종류의 창작 활동이었어요."

Q: 가족들의 반응은 어땠나요?

"아내가 처음엔 많이 걱정했어요. 안정적인 IT 직장을 떠나는 것도 그렇고, 제빵업이 쉬운 일이 아니라는 걸 알고 있었거든요. 하지만 제가 정말 행복해하는 모습을 보고 응원해 주고 있어요."

Q: 현재 빵집 운영은 어떠신가요?

"매일 새벽 4시에 일어나서 빵을 굽기 시작해요. 힘들지만 손님들이 '맛있다'고 할 때의 그 뿌듯함은 코딩할 때와는 차원이 달라요. 특히 아이들이 학교 가기 전에 들러서 빵을 사 가는 모습을 보면 정말 보람차요."

Q: 앞으로의 목표는?

"욕심내지 않고 동네 사람들이 매일 찾는 빵집으로 자리잡고 싶어요. 나중에는 제빵 클래스도 열어서 저처럼 새로운 도전을 하고 싶은 분들에게 도움을 드리고 싶습니다."

■ 100세 시대, 새로운 도전의 의미

이들의 이야기에는 몇 가지 공통점이 있어요. 첫째, 모두 안정적인 기존의 삶을 과감히 벗어났다는 점입니다. 둘째, 새로운 도전 과정에서 어려움이 있었지만 포기하지 않았다는 점이죠. 셋째, 경제적 수익보다는 삶의 만족도와 보람을 더 중요하게 여긴다는 점입니다.

100세 시대를 맞이한 지금, 중장년기는 더 이상 인생의 마무리 단계가 아닙니다. 오히려 그동안의 경험과 지혜를 바탕으로 진정 자신이 원하는 삶을 시작할 수 있는 새로운 출발점인 셈입니다.

나이는 숫자에 불과하다는 것을 깨닫습니다. 중요한 것은 도전하려는 의지와 용기죠. 이들의 이야기가 새로운 꿈을 꾸는 모든 중장년층에게 작은 영감이 되기를 바랍니다.

"인생은 한 번뿐이다. 후회하지 말고 도전하라."
- 인터뷰 참가자들의 공통된 메시지

04. 100세 시대, 건강 관리로 꿈을 찾아가는 사람들

몸과 마음의 건강을 통해
새로운 가능성을 발견한 중장년층과 노년층의 이야기

■ 인터뷰 1: 배○훈 씨(61세) - 당뇨 극복 후 찾은 건강 코치의 꿈

10년간 당뇨로 고생했던 배○훈 씨는 체계적인 운동과 식단 관리를 통해 건강을 되찾았고, 이제는 동년배들의 건강 코치로 활동하고 있다.

Q: 건강 관리를 본격적으로 시작하게 된 계기는?

"3년 전 당뇨 합병증으로 응급실에 실려 간 적이 있어요. 의사가 '이대로 가면 5년 후가 장담할 수 없다'고 하더라고요. 그때 정말 죽음의 공포를 느꼈죠. 그 순간 '살기 위해서라도 변해야겠다' 결심했어요."

Q: 어떤 방식으로 건강 관리를 시작하셨나요?

"먼저 당뇨 교육을 받고, 영양사와 상담해서 식단을 완전히 바꿨어요. 그리고 매일 1시간씩 걷기 운동을 시작했죠. 처음엔 500m도 제

대로 못 걸었는데, 3개월 후에는 5km도 거뜬했어요."

Q: 건강이 좋아지면서 어떤 변화가 있었나요?

"몸이 좋아지니까 자신감이 생겼어요. 그러면서 '내가 겪은 경험을 다른 사람들과 나누면 어떨까' 생각하게 됐죠. 지역 보건소에서 당뇨 교육 프로그램에 참여하기 시작했고, 지금은 동료 환자들의 멘토 역할을 하고 있어요."

Q: 현재는 어떤 활동을 하고 계신가요?

"월 2회 '중년 남성 건강 모임'을 이끌고 있어요. 운동도 함께 하고, 건강한 식단도 공유하고, 서로 격려하면서 건강 관리를 계속하고 있죠. 제 경험이 다른 분들에게 도움이 된다는 게 정말 보람 있어요."

Q: 건강 관리를 통해 발견한 새로운 꿈은?

"건강 관리 전문가가 되고 싶어요. 나이 때문에 늦었다고 생각할 수도 있지만, 오히려 제가 겪은 경험이 더 큰 자산이라고 생각해요. 같은 고통을 겪는 중년들에게 희망을 주고 싶어요."

■ **인터뷰 2: 이○숙 씨(57세) - 우울증 극복 후 상담사가 된 이야기**

갱년기 우울증으로 힘든 시기를 보냈던 이○숙 씨는 전문적인 정신건강 관리를 통해 회복했고, 이제는 같은 어려움을 겪는 여성들을 돕고 있다.

Q: 정신건강 문제를 겪게 된 계기는?

"50대 초반 갱년기가 시작되면서 심한 우울감에 빠졌어요. 매일 의미없이 하루가 지나가고, 아무것도 하기 싫고… 가족들도 '원래 성격이 바뀐 것 같다'고 걱정할 정도였어요."

Q: 전문적인 도움을 받기까지의 과정은?

"처음엔 '나이 들면 누구나 겪는 일'이라고 참았어요. 하지만 증상이 심해져서 일상생활이 불가능해지더라고요. 딸이 '엄마, 병원에 가보자'고 설득해서 정신건강의학과를 찾았죠."

Q: 치료 과정에서 가장 도움이 된 것은?

"약물 치료와 함께 상담 치료를 받았는데, 상담사 선생님과의 대화가 정말 큰 힘이 됐어요. 제 감정을 있는 그대로 표현할 수 있는 공간이 있다는 게 얼마나 소중한지 깨달았죠."

Q: 회복 과정에서 새로운 목표를 발견하게 된 계기는?

"상담을 받으면서 '나도 누군가에게 이런 도움을 줄 수 있지 않을까' 생각했어요. 제가 겪은 고통을 헛되지 않게 만들고 싶었죠. 그래서 심리상담사 자격증 공부를 시작했어요."

Q: 57세에 새로운 공부를 시작하는 게 어렵지 않았나요?

"물론 어려웠어요. 기억력도 예전 같지 않고, 젊은 수강생들 사이에서 공부하는 것도 부담스러웠고요. 하지만 제 경험이 이론과 만나니까 더 깊이 이해할 수 있었어요."

Q: 현재는 어떤 활동을 하고 계신가요?

"지역 여성센터에서 갱년기 여성들을 위한 상담과 소그룹 프로그램을 진행하고 있어요. 제 이야기를 나누면 '저만 그런 게 아니었구나' 하시면서 안도하시는 분들이 많아요."

■ 인터뷰 3: 최○수 씨(69세) - 뇌졸중 재활 후 찾은 새로운 삶의 의미

5년 전 뇌졸중으로 쓰러진 최○수 씨는 꾸준한 재활 치료를 통해 회복했고, 현재는 뇌졸중 환자들의 재활을 돕는 자원봉사를 하고 있다.

Q: 뇌졸중 후 재활 과정은 어떠셨나요?

"처음 3개월은 정말 절망적이었어요. 말도 제대로 못 하고, 한쪽 팔다리도 마비됐고… '이제 끝났구나' 생각했죠. 하지만 재활의학과 선생님이 '꾸준히 하면 반드시 좋아진다'고 격려해 주셨어요."

Q: 재활 치료는 어떻게 진행됐나요?

"물리치료, 작업치료, 언어치료를 병행했어요. 하루 3~4시간씩 치료받고, 집에서도 운동을 계속했죠. 가족들의 도움 없이는 불가능했을 겁니다. 특히 아내가 정말 많이 도와줬어요."

Q: 회복 과정에서 정신적으로 어려운 점은 없었나요?

"우울감이 심했어요. '남에게 짐만 되는구나' 자책하기도 했고요. 그런데 같은 병실에 있던 환자분이 '포기하면 진짜 끝이다. 희망을 가져야 한다'고 말씀해 주셨어요. 그분 덕분에 마음을 다잡을 수 있었죠."

Q: 현재 상태는 어떠신가요?

"95% 이상 회복됐어요. 일상생활에는 전혀 지장이 없고, 등산도 할 수 있어요. 의료진들도 '기적같은 회복'이라고 하더라고요. 포기하지 않고 꾸준히 재활한 결과인 것 같아요."

Q: 자원봉사를 시작하게 된 계기는?

"제가 회복되고 나서 '이 경험을 다른 환자들과 나누고 싶다' 생각했어요. 병원에서 새로 입원한 뇌졸중 환자들을 만나 제 경험담을 들려주고 있어요. '희망을 잃지 마세요'라고 격려해 드리고요."

Q: 이 경험을 통해 인생관이 바뀐 점이 있나요?

"건강의 소중함을 뼈저리게 깨달았어요. 그리고 남을 도울 수 있다는 것 자체가 얼마나 큰 축복인지도 알게 됐죠. 아픈 사람들에게 희망을 주는 게 제 남은 인생의 목표가 됐어요."

■ 인터뷰 4: 한○희 씨(65세) - 명상과 요가로 찾은 내면의 평화

스트레스성 불면증과 불안장애로 고생했던 한○희 씨는 명상과 요가를 통해 정신건강을 회복했고, 이제는 명상 지도사로 활동하고 있다.

Q: 정신건강 문제를 겪게 된 원인은?

"남편이 갑자기 세상을 떠나고, 아이들은 다 독립하고… 혼자 남겨진 상황에서 극심한 불안감과 우울감에 빠졌어요. 밤에 잠도 못 자고, 심장이 두근거리고, 공황 발작까지 왔어요."

Q: 명상을 시작하게 된 계기는?

"병원에서 약물 치료를 받았지만 근본적인 해결책이 아닌 것 같았어요. 그러던 중 지인이 명상을 추천해 줬죠. 반신반의하면서 시작했는데, 마음이 조금씩 편해지더라고요."

Q: 명상과 요가가 어떤 도움이 됐나요?

"처음엔 10분도 가만히 앉아 있기 어려웠는데, 점차 집중할 수 있는 시간이 늘어났어요. 호흡에 집중하고, 몸의 감각을 느끼면서 마음의 평화를 찾아갔죠. 요가는 몸의 유연성뿐만 아니라 정신적 안정에도 큰 도움이 됐어요."

Q: 정신건강이 회복되면서 어떤 변화가 있었나요?

"불안감이 많이 줄어들고, 밤에도 깊게 잠들 수 있게 됐어요. 무엇보다 혼자 있는 시간이 두렵지 않게 됐죠. 오히려 나 자신과 마주하는 소중한 시간으로 여기게 됐어요."

Q: 명상 지도사가 되기까지의 과정은?

"2년간 꾸준히 명상을 하면서 자격증 과정을 밟았어요. 제가 겪은 고통과 회복 경험이 이론과 만나니까 더 깊이 이해할 수 있었어요. 나이가 많다고 주저했는데, 오히려 인생 경험이 큰 자산이 되더라고요."

Q: 현재는 어떤 활동을 하고 계신가요?

"문화센터에서 중장년층 대상 명상 클래스를 진행하고 있어요. 저처럼 힘든 시기를 보내는 분들이 많거든요. '마음의 평화는 누구나 찾을 수 있다'는 메시지를 전하고 있어요."

■ 인터뷰 5: 김○철 씨(58세) - 금연 성공 후 건강 전도사가 되다

40년간 하루 두 갑씩 담배를 피우던 김○철 씨는 폐암 진단을 계기로 금연에 성공했고, 현재는 금연 상담사로 활동하고 있다.

Q: 40년간의 흡연 습관을 끊게 된 계기는?

"작년에 폐암 초기 진단을 받았어요. 다행히 수술로 완치됐지만, 그때 정말 죽음을 각오했죠. 의사가 '담배를 끊지 않으면 재발 위험이 높다'고 해서 그 자리에서 금연을 결심했어요."

Q: 40년간의 습관을 끊는 게 쉽지 않았을 텐데요.

"정말 지옥 같았어요. 금단 증상도 심했고, 스트레스받을 때마다 담배 생각이 나고… 하지만 생명이 걸린 문제라고 생각하니까 포기할 수 없었어요. 니코틴 패치도 사용하고, 금연 클리닉 도움도 받았죠."

Q: 금연에 성공한 후 달라진 점은?

"우선 몸이 확실히 좋아졌어요. 기침도 멈췄고, 계단을 올라도 숨이 안 차고요. 무엇보다 '내가 해냈구나' 하는 성취감이 엄청났어요. 불가능해 보이는 일도 의지만 있으면 할 수 있다는 자신감이 생겼죠."

Q: 금연 상담사가 되기까지의 과정은?

"금연에 성공하고 나서 '내 경험을 다른 사람들과 나누고 싶다' 생각했어요. 보건소에서 금연 상담사 교육을 받고 자격증을 취득했죠. 제가 겪은 고통과 극복 과정이 다른 분들에게 도움이 될 것 같았어요."

Q: 상담 활동에서 가장 보람을 느끼는 순간은?

"제가 상담한 분이 금연에 성공했다고 연락 주실 때지요. '선생님 덕분에 할 수 있었다'고 하시면 정말 뿌듯해요. 특히 저처럼 오랫동안 흡연한 분들이 성공하면 더욱 기뻐요."

Q: 건강 관리에 어려움을 겪는 중장년층에게 조언한다면?

"늦었다고 생각하지 마세요. 저도 58세에 40년 습관을 바꿨거든요. 건강은 무엇과도 바꿀 수 없어요. 작은 변화부터 시작하면 분명 할 수 있어요."

■ **인터뷰 6: 박○자 씨(72세) - 치매 예방 활동으로 찾은 새로운 열정**

경도인지장애 진단을 받은 박○자 씨는 적극적인 뇌건강 관리를 통해 인지 기능을 유지하고 있으며, 현재는 치매 예방 교육에 참여하고 있다.

Q: 경도인지장애 진단을 받았을 때 심정은?

"정말 큰 충격이었어요. '이제 치매로 가는 건가' 하는 두려움이 컸죠. 하지만 의사가 '지금부터 관리하면 진행을 늦출 수 있다'고 해서 희망을 놓지 않았어요."

Q: 뇌건강 관리는 어떻게 하고 계신가요?

"매일 30분씩 독서하고, 일기도 써요. 새로운 단어 외우기, 계산 연습도 하고요. 또 주 3회 치매 예방 체조도 하고 있어요. 뇌를 계속 사용해야 한다는 게 핵심이더라고요."

Q: 사회적 활동도 중요하다고 들었는데요.

"맞아요. 혼자 있으면 인지 기능이 더 빨리 떨어진다고 해서 적극적으로 사람들과 만나려고 해요. 노인복지관 프로그램에도 참여하고, 동네 할머니들과 정기 모임도 가져요."

Q: 치매 예방 교육에는 어떻게 참여하게 됐나요?

"제가 경도인지장애를 겪으면서 배운 것들을 다른 분들과 나누고 싶었어요. 보건소에서 '동료 상담원' 활동을 모집한다고 해서 지원했죠. 같은 고민을 하는 분들에게 경험담을 들려드리고 있어요."

Q: 현재 인지 기능 상태는 어떠신가요?

"다행히 더 이상 악화되지 않고 있어요. 오히려 적극적으로 관리하면서 일부 기능은 좋아진 것 같아요. 기억력 검사에서도 정상 범위를 유지하고 있어요."

Q: 뇌건강에 관심 있는 동년배들에게 조언한다면?

"미리미리 예방하는 게 중요해요. 독서, 운동, 사회활동… 이 세 가지만 꾸준히 해도 큰 도움이 돼요. 나이 든다고 포기하지 말고 계속 도전하세요. 뇌는 사용할수록 좋아져요."

■ **건강이 꿈의 출발점이다**

이들의 이야기에서 발견할 수 있는 공통점은 건강 회복이 단순히 몸의 치유에 그치지 않고, 새로운 인생 목표와 꿈을 발견하는 계기가 되었다는 점이죠.

몸의 건강과 마음의 건강은 서로 연결되어 있어요. 육체적 건강이 좋아지면 정신적 자신감이 생기고, 정신적 안정을 찾으면 몸의 회복력도 높아집니다.

100세 시대 건강 관리의 핵심:

- 예방보다 중요한 것은 없다

- 문제가 생겼을 때 적극적으로 대처하기
- 전문가의 도움을 받는 것을 부끄러워하지 않기
- 꾸준함이 가장 중요한 약
- 경험을 나누며 함께 성장하기

중장년기와 노년기의 건강 문제는 더 이상 개인의 문제가 아닙니다. 건강을 회복한 사람들이 같은 어려움을 겪는 이들을 돕는 선순환 구조가 만들어지고 있습니다.

건강한 몸과 마음은 새로운 꿈을 꿀 수 있는 기반입니다. 나이가 들어도 관리하면 충분히 건강할 수 있고, 건강하면 무엇이든 할 수 있다는 것을 이들의 이야기가 증명하고 있죠.

건강 관리는 선택이 아닌 필수라는 것을 기억해야 합니다. 그리고 그 과정에서 새로운 자신을 발견하고, 남을 도울 수 있는 능력까지 얻을 수 있다는 것이 100세 시대가 주는 축복이라는 것을 이제 우리는 알고 있습니다.

"건강은 모든 꿈의 시작이다.
몸과 마음이 건강해야 새로운 도전도,

새로운 꿈도 가능하다."
- 인터뷰 참가자들의 공통된 신념

05. 100세 시대, 인생 최종장을 화려하게 장식하는 사람들

나이를 초월해 자신만의 방식으로
인생을 완성해 가는 중장년층과 노년층의 특별한 이야기

■ 인터뷰 1: 장○석 씨(78세) - 늦깎이 발명가로 세상을 바꾸다

평생 기계 수리공으로 일했던 장○석 씨는 75세에 첫 특허를 받았고, 현재까지 3개의 발명품을 출시하며 제2의 전성기를 맞고 있다.

Q: 75세에 발명가가 되신 계기는?

"평생 기계를 만지면서 '이렇게 하면 더 좋을 텐데' 하는 아이디어들이 많았어요. 은퇴하고 나서 시간이 생기니까 '한번 만들어 볼까' 하는 마음이 들었죠. 첫 작품이 노인들이 쓰기 편한 지팡이였는데, 가족들이 '특허를 받아 보라'고 권해서 도전했어요."

Q: 78세의 나이에도 계속 발명 활동을 하시는 이유는?

"머리를 쓰고 손으로 뭔가를 만드는 일이 너무 재미있어요. 나이가 들어도 새로운 걸 만들어 낼 수 있다는 게 신기하고 자랑스러워요. 무엇보다 제가 만든 물건이 다른 사람들에게 도움이 된다는 게 보람

있죠."

Q: 발명 과정에서 어려운 점은?

"기술적인 부분보다는 특허 출원이나 제품화 과정이 복잡하더라고요. 하지만 젊은 변리사가 친절하게 도와주고, 정부에서 고령자를 위한 지원 프로그램도 있어서 할 수 있었어요."

Q: 가장 자랑스러운 발명품은?

"관절염 환자용 문고리지요. 제 아내가 관절염으로 고생하는 걸 보고 만들었는데, 이제 전국 병원에서 사용하고 있어요. 많은 환자분들이 '덕분에 생활이 편해졌다'고 해 주실 때 정말 뿌듯해요."

Q: 앞으로의 계획은?

"80세까지는 계속 발명하고 싶어요. 지금 치매 예방용 두뇌 운동 기구를 개발하고 있어요. 나이 들어서도 창조적인 일을 할 수 있다는 걸 보여 주고 싶어요."

■ **인터뷰 2: 최○자 씨(74세) - 전 세계를 무대로 하는 패션 모델**

퇴직 후 우연한 기회에 시니어 모델로 데뷔한 최○자 씨는 현재 국내외 패션쇼와 광고 촬영을 오가며 제2의 전성기를 누리고 있다.

Q: 74세에 모델 활동을 시작하게 된 계기는?

"손녀가 패션을 전공하는데, 학교 과제로 시니어 모델이 필요하다고 하더라고요. '할머니가 해 달라'고 해서 반신반의하며 했는데, 교수님이 '재능이 있다'며 에이전시를 소개해 주셨어요."

Q: 처음 런웨이에 섰을 때 기분은?

"떨렸지만 동시에 굉장히 짜릿했어요. 관객들의 박수를 받으며 워킹하는데 '내가 정말 모델이 된 건가' 싶었죠. 74세에 이런 경험을 하게 될 줄은 꿈에도 몰랐어요."

Q: 나이 때문에 어려운 점은 없나요?

"체력적으로는 조금 힘들어요. 하지만 젊은 모델들보다 경험과 여유가 있어서 카메라 앞에서 자연스럽다고 하더라고요. 또 제 나이에서 나오는 독특한 아우라가 있다고 평가받아요."

Q: 해외 활동도 하신다고 들었는데요.

"네, 작년에 파리와 밀라노에서 촬영했어요. 전 세계적으로 시니어 모델에 대한 관심이 높아지고 있거든요. '나이 들어도 아름다울 수 있다'는 메시지를 전하는 일이라고 생각해요."

Q: 모델 활동을 통해 달라진 점은?

"자신감이 하늘을 찌를 정도로 생겼어요. 옷 입는 것부터 걸음걸이, 표정까지 모든 게 달라졌죠. 무엇보다 '나이는 정말 숫자에 불과하다'는 걸 몸소 느끼고 있어요."

Q: 동년배들에게 전하고 싶은 메시지가 있다면?

"나이 들었다고 움츠러들지 마세요. 지금도 충분히 아름답고, 무엇이든 할 수 있어요. 저도 74세에 새로운 인생을 시작했거든요. 도전하는 것에 나이는 상관없어요."

■ 인터뷰 3: 김○민 씨(82세) - 평생학습으로 박사가 된 팔순 노인

초등학교만 졸업한 김○민 씨는 60세부터 공부를 시작해 22년 만에 박사 학위를 취득하고, 현재는 평생교육 전문가로 활동하고 있다.

Q: 60세에 공부를 시작하게 된 계기는?

"어릴 때 가난해서 제대로 공부를 못 했어요. 평생 그 한이 남아 있었죠. 자식들 다 키우고 은퇴하고 나니 '이제 내 꿈을 이뤄 볼까' 하는 생각이 들었어요."

Q: 82세까지 22년간 공부하신 원동력은?

"배움의 즐거움이요. 새로운 지식을 알아갈 때마다 세상이 넓어지는 느낌이었어요. 힘들 때도 많았지만 '포기하면 평생 후회할 것 같다' 해서 계속했죠."

Q: 박사논문 주제는 무엇이었나요?

"'고령자 평생학습이 삶의 질에 미치는 영향'이었어요. 제 경험을 바탕으로 한 연구였죠. 저처럼 늦게 공부를 시작한 분들을 인터뷰하고 분석했어요."

Q: 동년배 학생들과 함께 공부하는 건 어떠셨나요?

"처음엔 어색했어요. 70대, 80대가 대학 강의실에 앉아 있으니까. 하지만 교수님들과 젊은 학생들이 존경하는 눈빛으로 봐주더라고요. '정말 대단하시다'고 격려해 주셨어요."

Q: 현재는 어떤 활동을 하고 계신가요?

"평생교육원에서 고령자 교육 프로그램을 기획하고 있어요. 또 제 경험담을 담은 책도 썼고, 전국 강연도 다니고 있어요. '배움에는 나이가 없다'는 메시지를 전하고 있죠."

Q: 평생학습을 망설이는 분들에게 조언한다면?

"시작이 반이에요. '늦었다'는 생각부터 버리세요. 저도 82세에 박사가 됐는데, 불가능한 일이 어디 있겠어요? 하루하루 조금씩이라도 배우다 보면 언젠가는 목표에 도달할 수 있어요."

■ 인터뷰 4: 박○덕 씨(76세) - 전국을 돌며 공연하는 시니어 댄서

젊을 때 춤을 좋아했지만 여건상 포기했던 박○덕 씨는 70세에 댄스를 다시 시작해 현재는 시니어 댄스팀 리더로 활동하고 있다.

Q: 70세에 댄스를 다시 시작하게 된 계기는?
"젊을 때 춤추는 걸 좋아했는데 결혼하고 아이 키우느라 포기했어요. 70세 생일날 딸이 '엄마가 정말 좋아했던 게 뭐였지' 물어보더라고요. '춤'이라고 했더니 댄스 학원을 등록해 줬어요."

Q: 처음 댄스 학원에 갔을 때는 어떠셨나요?
"민망했죠. 젊은 사람들 사이에서 76세 할머니가 춤을 춘다고 하니까. 하지만 선생님이 '나이는 상관없어요. 몸이 기억하고 있을 거예요'라고 격려해 주셨어요."

Q: 시니어 댄스팀은 어떻게 만들어졌나요?
"댄스 학원에서 만난 동년배분들과 의기투합했어요. '우리도 공연을 해 보자'고 해서 팀을 만들었죠. 처음엔 6명이었는데 지금은 20명까지 늘어났어요."

Q: 공연 활동은 어떻게 하고 계신가요?

"전국 경로당과 복지관을 돌면서 공연해요. 동년배 관객들이 박수쳐 주시면 정말 기뻐요. '저희도 저렇게 활기차게 살고 싶다'고 하시면 보람을 느끼죠."

Q: 76세에 춤을 추는 소감은?

"몸은 예전 같지 않지만 마음은 20대예요. 음악이 나오면 절로 몸이 움직여져요. 춤출 때만큼은 나이를 잊게 돼요. 정말 행복해요."

Q: 꿈을 포기했던 분들에게 전하고 싶은 말씀은?

"늦었다고 생각하지 마세요. 저도 70세에 다시 시작했는데 이렇게 즐겁게 활동하고 있어요. 마음만 젊으면 몸도 따라와요. 하고 싶은 일이 있으면 주저하지 말고 시작하세요."

■ 인터뷰 5: 이○구 씨(85세) - 손자와 함께하는 유튜브 크리에이터

85세의 이○구 씨는 대학생 손자와 함께 '할아버지의 인생 이야기'라는 주제로 유튜브 채널을 운영하며 젊은 세대와 소통하고 있다.

Q: 85세에 유튜브를 시작하게 된 계기는?

"손자가 '할아버지의 일제강점기와 전쟁 경험담을 영상으로 남기자'고 제안했어요. 처음엔 '누가 보겠냐'고 했는데, 손자가 '역사적 가치가 있다'고 설득하더라고요."

Q: 젊은 시청자들의 반응은 어떤가요?

"놀라워요. '할아버지 이야기를 들으니 역사 공부가 재미있어졌다', '우리 할아버지에게도 이런 이야기를 들어 보고 싶다' 이런 댓글들을 보면 뭉클해져요."

Q: 손자와 함께 작업하는 건 어떠신가요?

"처음엔 세대 차이 때문에 어색했는데, 지금은 최고의 파트너예요. 손자가 기술적인 부분을 담당하고, 저는 콘텐츠를 제공하죠. 서로 배우는 게 많아요."

Q: 가장 인기 있었던 영상은?

"6.25 전쟁 때 이야기였어요. 조회수가 100만을 넘었거든요. 젊은 사람들이 '몰랐던 역사를 알게 됐다', '할아버지 덕분에 감사한 마음을 갖게 됐다'고 하더라고요."

Q: 85세 유튜버로서 특별한 점이 있다면?

"아마 제가 최고령 유튜버 중 한 명일 거예요. 나이가 많다는 게 오히려 장점이에요. 젊은 세대가 경험하지 못한 이야기들을 들려줄 수 있거든요."

Q: 앞으로의 계획은?

"건강이 허락하는 한 계속 하고 싶어요. 지금 일제강점기 이야기를 시리즈로 만들고 있거든요. 제 경험이 후세에 교훈이 됐으면 좋겠어요."

■ 인터뷰 6: 서○자 씨(79세) - 국제 자원봉사로 세계를 품다

퇴직 후 해외 자원봉사를 시작한 서○자 씨는 지금까지 15개국을 다니며 봉사활동을 하고 있다.

Q: 79세에도 해외 자원봉사를 계속하시는 이유는?

"아직 건강하고 할 수 있는 일이 있는 한 계속하고 싶어요. 도움이 필요한 곳에 가서 제가 할 수 있는 일을 하는 것만큼 보람된 일이 없어요."

Q: 가장 기억에 남는 봉사 활동은?

"아프리카에서 우물을 판 일이에요. 마을 사람들이 깨끗한 물을 마

시고 눈물을 흘리는 모습을 보면서 '정말 의미 있는 일을 했구나' 느꼈어요."

Q: 언어나 문화적 장벽은 없나요?

"물론 어려움이 있죠. 하지만 진심은 말이 없어도 통해요. 손짓 발짓으로도 충분히 소통할 수 있어요. 오히려 그런 순수한 소통이 더 따뜻하게 느껴져요."

Q: 가족들의 반응은?

"처음엔 걱정 많이 했어요. 하지만 제가 건강하고 행복하게 활동하는 모습을 보고 이제는 응원해 줘요. 오히려 자랑스러워해요."

Q: 인생의 마지막을 어떻게 보내고 싶으신가요?

"죽는 날까지 누군가에게 도움이 되는 삶을 살고 싶어요. 나이가 들어도 세상에 기여할 수 있다는 걸 보여 주고 싶고요. 그게 제 인생의 마지막 목표예요."

■ **나이는 끝이 아닌 새로운 시작이다**

이들의 이야기는 나이가 인생의 한계를 정하는 것이 아니라는 점을 명확히 보여 줍니다. 오히려 나이와 경험이 새로운 가능성의 자산이 될 수 있다는 것을 증명합니다.

인생 최종장을 화려하게 장식하는 비결:

- **나이에 대한 고정관념을 버리기**
- **평생 가져온 꿈을 포기하지 않기**
- **새로운 도전을 두려워하지 않기**
- **경험과 지혜를 다음 세대와 나누기**
- **건강이 허락하는 한 끝까지 활동하기**

100세 시대를 맞이한 지금, 70대, 80대는 더 이상 인생의 마무리 단계가 아닙니다. 오히려 자유롭게 자신의 꿈을 실현할 수 있는 황금기가 될 수 있습니다.

이들이 보여 주는 것은 단순한 성공담이 아니에요. 나이 듦의 새로운 패러다임을 제시한 것이죠. 늙어 간다는 것이 쇠퇴가 아니라 완성으로 가는 과정이며, 인생의 마지막이 가장 아름다울 수 있다는 희망의 메시지입니다.

진정한 성공적 노화란 단순히 건강하게 오래 사는 것이 아니라, 마지막 순간까지 자신만의 방식으로 세상에 기여하며 의미 있는 삶을 사는 것입니다.

 이들의 이야기가 모든 중장년층과 노년층에게 "아직 늦지 않았다"는 용기와 "나도 할 수 있다"는 자신감을 주기를 바랍니다.

> "인생의 마지막 장(章)이 가장 아름다울 수 있다.
> 나이는 끝이 아니라 새로운 시작이며,
> 경험과 지혜는 최고의 자산이다."
> – 인터뷰 참가자들의 공통된 철학

제6부

변화로
인생을 바꾼 사람들

01. 소년공에서 대통령까지

1) 멈추지 않는 도전의 기록

대한민국의 현대사는 격동과 도전의 연속이었습니다. 그리고 그 역사의 한가운데에서 자신의 삶 자체가 거대한 도전의 서사였던 인물이 있습니다. 바로 이재명 대통령입니다. 그의 삶은 '소년공'이라는 척박한 출발점에서 시작해 대한민국 최고 지도자의 자리에 오르기까지, 불굴의 의지와 멈추지 않는 도전을 통해 스스로의 지평을 넓혀 온 여정입니다. 이 이야기는 한 개인의 성공을 넘어, 우리 사회가 지향해야 할 가치와 희망을 제시합니다.

이재명 대통령의 어린 시절은 가난이라는 현실과 맞닿아 있었습니다. 1964년 경상북도 안동의 작은 산골 마을에서 태어난 그는 초등학교를 졸업하기도 전에 성남으로 이주해야 했습니다. 넉넉지 못한 형편에 중학교 진학을 포기하고, 1977년부터 성남의 공장들을 전전하며 소년공으로 일해야 했습니다. 프레스에 손목이 끼이는 사고를 당하고, 그 과정에서 제대로 된 치료조차 받지 못해 아직도 왼팔에는 장애가 남아 있습니다. 그는 이 시기를 "내 인생의 가장 암울했던 시기"로 기억합니다.

그러나 육체적 고통과 열악한 환경 속에서도 그는 결코 좌절하지 않았습니다. 검정고시로 중학교와 고등학교 과정을 마치고, 중앙대학교 법학과에 진학하는 기적을 만들어 냈습니다. 주경야독하며 학업을 이어 갔고, 사법고시에 합격해 변호사가 되는 또 하나의 기적을 이뤄 냈습니다. 소년공 이재명에게 '공부'와 '배움'은 단순히 개인의 성공을 위한 수단이 아니라, 절망적인 현실을 벗어나 더 나은 삶을 향한 유일한 돌파구이자 멈출 수 없는 도전의 과정이었습니다.

사법연수원을 졸업한 이재명은 엘리트 법조인의 길을 걷는 대신, 어려운 이웃과 사회적 약자를 대변하는 인권 변호사의 삶을 선택했습니다. 성남에서 시민운동에 적극적으로 참여하며 노동자들의 권익 보호와 민주화 운동에 헌신했습니다. 그는 자신의 어린 시절 경험을 바탕으로 불의와 부당함에 더욱 민감하게 반응했고, 약자들의 목소리가 되어 주었습니다.

그의 도전은 여기서 멈추지 않았습니다. 단순한 변호 활동을 넘어, 성남시립의료원 설립 운동, 파크뷰 특혜 분양 사건 폭로 등 지역 사회의 고질적인 문제들을 해결하기 위한 시민 운동에 앞장섰습니다. 이 과정에서 그는 거대 권력과 부패 세력에 맞서 싸워야 했고, 수많은 위협과 고난에 직면했습니다. 심지어 구속되거나 백색 테러를 당하기도 했습니다. 그러나 그는 두려워하지 않았습니다. 불의에 맞서는 용기, 그리고 더 나은 사회를 만들고자 하는 열망이 그를 계속해서 움직이게 했습니다. 이는 단순히 한 개인의 의지가 아니라, 민주주의 사회에서 시민이 가져야 할 책임감을 몸소 보여 준 도전이었습니다.

2006년, 이재명은 시민 운동의 경험을 바탕으로 지방자치단체 선거에 도전합니다. 그의 첫 정치 도전은 쉽지 않았습니다. 여러 차례 낙선하는 좌절을 겪었지만, 그는 포기하지 않았습니다. 오히려 실패를 통해 현실 정치를 배우고, 시민들과 더욱 깊이 소통하는 계기로 삼았습니다. 그리고 마침내 2010년, 성남시장에 당선되며 행정가로서의 새로운 도전을 시작했습니다.

성남시장 재임 기간 동안 이재명은 파격적인 정책들을 추진하며 주목받았습니다. 모라토리엄(지불 유예) 선언을 통해 시 재정 위기를 극복하고, 시민 복지 정책을 확대했습니다. 청년 배당, 무상 교복, 산후조리원 지원 등 당시로서는 혁신적인 정책들을 과감하게 도입하며 '복지 도시 성남'을 구현하려 노력했습니다. 이 과정에서 중앙

정부와 대립하고, 기득권 세력의 거센 저항에 부딪히기도 했습니다. 하지만 그는 시민들의 지지를 바탕으로 뚝심 있게 정책을 추진해 나갔습니다. 그의 행정은 단순히 정해진 규칙을 따르는 것이 아니라, 불가능해 보이는 문제에 도전하고 새로운 해법을 찾아내는 과정이었습니다.

성남시장으로서의 성공적인 행보를 발판 삼아, 이재명은 2017년과 2022년 두 차례에 걸쳐 대한민국 대통령 선거에 도전했습니다. 한미(寒微)한 가정에서 태어나 소년공으로 시작했던 한 인물이 대한민국의 최고 지도자가 되겠다는 도전은 많은 이들에게 꿈과 희망을 주기에 충분했습니다.

그의 대선 도전은 늘 거친 파도와 같았습니다. 치열한 당내 경선과 본선에서의 첨예한 대결 속에서 그는 수많은 비판과 의혹에 시달려야 했습니다. 그러나 그는 자신의 정책 비전과 국정 운영 능력을 끊임없이 제시하며 국민들에게 다가갔습니다. '기본소득', '전국민 고용보험' 등 사회 전반의 불평등을 해소하고 새로운 성장 동력을 만들겠다는 그의 담대한 구상은 많은 이들의 공감을 얻었습니다.

그리고 마침내 2025년, 이재명은 대한민국 제21대 대통령으로 당선되었습니다. 그의 당선은 '흙수저' 출신이 최고 권력의 정점에 오를 수 있음을 보여 준 역사적인 사건이자, 불굴의 의지와 멈추지 않는 도전이 결국 빛을 발한다는 것을 증명한 순간이었습니다.

2) 멈추지 않는 도전의 의미

이재명 대통령의 삶은 '도전'이라는 단어 그 자체입니다. 어린 시절의 가난, 육체적 고통, 사회적 불의, 정치적 좌절까지, 그의 삶은 끊임없는 시련의 연속이었습니다. 그러나 그는 단 한 번도 도전을 멈추지 않았습니다. 오히려 시련을 통해 배우고, 좌절을 통해 강해지며, 마침내 자신의 꿈을 현실로 만들어 냈습니다.

그의 이야기는 단순히 한 개인의 입지전적(立志傳的)인 성공을 넘어섭니다. 대한민국이라는 사회가 여전히 기회와 가능성을 가진 곳이며, 어떠한 역경 속에서도 꿈을 포기하지 않는다면 결국 목표에 도달할 수 있다는 희망의 메시지를 던져 줍니다. 소년공이 대통령이 되기까지의 여정은 우리 모두에게 "당신도 할 수 있다"는 강력한 외침이자, 멈추지 않는 도전의 가치를 일깨우는 살아 있는 증거가 될 것입니다.

02. 내성적인 재봉사에서 민권운동의 어머니로

1) 로자 파크스가 만들어 낸 또 다른 세상

　로자 파크스, 그녀는 1955년 12월 1일 앨라배마주 몽고메리의 버스에서 백인에게 자리를 양보하라는 요구를 거부한 한 번의 용기 있는 행동으로 미국 민권운동의 역사를 바꾼 인물입니다. 하지만 많은 사람들이 이를 우연한 사건으로 오해하곤 합니다. 그녀의 진정한 위대함은 그 순간적인 용기에만 있는 것이 아닙니다. 평범한 재봉사에서 계획적이고 전략적인 사회운동가로 변화해 나간 과정, 그리고 개인적 고통을 감수하면서도 정의를 위해 싸워 나간 그녀의 변화 여정에 있습니다. '조용한 재봉사'에서 '민권운동의 어머니'가 되기까지, 로자 파크스가 보여 준 점진적 각성과 변화는 우리에게 개인의 용기가 어떻게 사회 전체를 변화시킬 수 있는지, 그리고 진정한 리더십이 무엇인지에 대한 깊은 통찰을 제공합니다.

　로자 파크스는 1913년 앨라배마주의 작은 농촌 마을에서 태어났습니다. 어린 시절부터 그녀는 인종차별의 현실을 직접 경험해야 했습니다. 흑인 아이들은 백인 아이들과 다른 학교에 다녀야 했고, 심지어 그 학교조차 제대로 된 시설을 갖추지 못한 경우가 많았습니다. 하지만 그녀의 할머니와 어머니는 교육의 중요성을 강조하며 그녀에게 자존감과 인간의 존엄성에 대해 가르쳤습니다.

"할머니는 항상 말씀하셨어요. '네가 누구든 상관없이, 너는 하나님 앞에서 소중한 존재다'라고요." 로자는 훗날 이렇게 회상했습니다. 이러한 가정교육은 그녀가 나중에 불의에 맞서는 용기를 기르는 데 중요한 밑거름이 되었습니다. 여기서 우리는 첫 번째 교훈을 얻습니다. '어린 시절의 올바른 가치관 교육이 평생에 걸친 신념의 토대가 된다'는 것입니다.

1932년, 19세의 로자는 레이먼드 파크스와 결혼했습니다. 남편 레이먼드는 이미 NAACP(전국유색인종지위향상협회) 활동을 하고 있는 사회운동가였습니다. 처음에는 정치에 관심이 없었던 로자였지만, 남편의 영향으로 점차 민권운동에 눈을 뜨기 시작했습니다.

1943년, 로자는 NAACP 몽고메리 지부에 가입했습니다. 처음에는 단순히 회원으로 참여했지만, 곧 그녀의 성실함과 조직력이 인정받아 지부 서기로 선출되었습니다. 이 역할을 통해 그녀는 인종차별

사건들을 기록하고 조사하는 일을 맡게 되었습니다.

"매일 접하는 불의한 사건들을 기록하면서, 나는 점점 더 화가 났어요. 하지만 동시에 이런 일들을 바꿔야 한다는 사명감도 느꼈습니다." 이 시기의 경험은 로자를 단순한 피해자에서 적극적인 변화의 주체로 변화시켰습니다. 두 번째 교훈은 '불의를 직면하고 기록하는 과정에서 진정한 각성이 일어난다'는 것입니다.

1955년, 로자는 테네시주 몬티글에 있는 하이랜더 포크 스쿨에서 열린 인종 통합과 시민권에 관한 워크숍에 참석했습니다. 이곳에서 그녀는 비폭력 저항 전략과 조직적인 사회운동 방법론을 배웠습니다. 더 중요한 것은 백인과 흑인이 함께 식사하고 토론하는 경험을 통해 인종 통합의 가능성을 직접 체험한 것이었습니다.

"그곳에서 나는 처음으로 진정한 평등이 무엇인지 느꼈어요. 이것이 우리가 싸워서 얻어야 할 미래라는 확신이 들었습니다." 이 경험은 로자에게 단순한 항의를 넘어선 체계적인 변화 전략의 필요성을 깨닫게 해 주었습니다.

세 번째 교훈은 '체계적인 학습과 훈련이 효과적인 사회운동의 기반이 된다'는 것입니다.

1955년 12월 1일, 하루 종일 재봉일을 마치고 집으로 돌아가던 로자는 몽고메리 시내버스에서 백인 승객에게 자리를 양보하라는 운전사의 요구를 거절했습니다. 많은 사람들이 이를 우발적인 행동으로 생각하지만, 실제로는 그녀의 오랜 준비와 깊은 신념이 만들어 낸 결과였습니다.

"나는 피곤해서 거부한 것이 아니었어요. 나는 굴복하는 것에 피곤했던 거예요." 로자의 이 말은 그녀의 행동이 단순한 개인적 반발이 아니라 체계적인 사회 불의에 대한 의식적 저항이었음을 보여 줍니다.

그녀의 체포 소식이 전해지자 몽고메리의 흑인 공동체는 즉시 버스 보이콧 운동을 시작했습니다. 26세의 젊은 목사 마틴 루터 킹 주니어가 이 운동의 지도자로 나섰고, 381일간 지속된 보이콧은 결국 버스 내 인종차별 철폐라는 승리로 이어졌습니다.

하지만 로자와 그녀의 가족이 치른 대가는 막대했습니다. 그녀는 직장을 잃었고, 남편도 스트레스로 건강을 해쳤습니다. 끊임없는 협박과 위협에 시달렸고, 결국 1957년 디트로이트로 이주해야 했습니다. 네 번째 교훈은 '진정한 변화를 위해서는 개인적 희생을 감수할 용기가 필요하다'는 것입니다.

디트로이트로 이주한 후에도 로자의 사회운동은 계속되었습니다. 그녀는 존 코니어스 하원의원의 보좌관으로 일하면서 정치 과정을 통한 변화 노력에 참여했습니다. 1987년에는 남편과 함께 로자 앤 레이먼드 파크스 자기계발연구소를 설립하여 젊은이들의 리더십 개발에 힘썼습니다.

"나는 젊은이들이 자신들의 권리를 알고, 그것을 평화롭게 요구하는 방법을 배우기를 원했어요." 그녀는 단순히 과거의 영웅으로 머물지 않고 다음 세대를 위한 교육자로 변화했습니다.

1999년 클린턴 대통령으로부터 의회 골드 메달을 받는 등 수많은 영예를 안았지만, 그녀는 여전히 겸손한 자세를 잃지 않았습니다. "나는 단지 올바른 일을 했을 뿐입니다. 모든 사람이 그렇게 할 수 있어요."라고 말하며 자신의 행동이 특별한 것이 아니라 모든 시민이 가져야 할 기본적 태도라고 강조했습니다.

다섯 번째 교훈은 '진정한 리더는 자신의 성취를 넘어 다음 세대를 키우는 데 헌신한다'는 것입니다.

2) 로자 파크스에게서 배우는 진정한 변화의 리더십

로자 파크스의 삶은 평범한 개인도 역사를 바꿀 수 있다는 희망을 보여 줍니다. 그녀의 변화는 하루아침에 이루어진 것이 아니라, 오랜 시간에 걸친 학습과 성찰, 그리고 점진적인 각성의 결과였습니다.

그녀는 개인적 용기와 체계적 준비를 결합하여 효과적인 사회 변화를 이끌어 냈습니다. 더 중요한 것은 일시적 영웅이 되는 것에 만족하지 않고 평생에 걸쳐 변화의 동력을 유지했다는 점입니다.

로자 파크스의 이야기는 우리에게 진정한 변화란 외부에서 주어지는 것이 아니라 개인의 내면에서 시작되어 사회 전체로 확산되는 것임을 깨닫게 합니다. 그녀의 용기 있는 선택과 지속적인 헌신은 앞으로도 오랫동안 정의로운 사회를 꿈꾸는 모든 사람들에게 변화의 가능성과 희망을 전해 줄 것입니다. 그녀의 유산은 단순한 역사적 사건을 넘어, 개인이 사회를 변화시킬 수 있다는 영원한 진리로 기억될 것입니다.

03. 실패한 만화가에서 세계적인 애니메이션 거장으로

1) 미야자키 하야오의 성공 뒤 숨겨진 이야기

미야자키 하야오, 그는 현재 세계에서 가장 존경받는 애니메이션 감독 중 한 명입니다. 《센과 치히로의 행방불명》으로 아카데미상을 수상하고, 《이웃집 토토로》와 《마녀 배달부 키키》 등으로 전 세계 어린이들의 마음을 사로잡은 그의 작품들은 단순한 오락을 넘어 깊은 철학과 메시지를 담고 있죠. 하지만 그의 진정한 위대함은 화려한 수상 경력에 있는 것이 아닙니다. 젊은 시절 실패와 좌절을 겪으며 자신만의 독창적인 세계관을 완성해 나간 과정, 그리고 상업적 성공보다 예술적 신념을 지켜 낸 그의 변화 여정에 있습니다. '실패한 만화가'에서 '세계적 거장'이 되기까지, 미야자키 하야오가 보여 준 끈질긴 열정과 변화는 우리에게 진정한 예술가 정신과 자신만의 길을 걸어가는 용기에 대한 깊은 통찰을 제공합니다.

미야자키 하야오는 1941년 도쿄에서 태어났습니다. 어린 시절부터 그림 그리기를 좋아했던 그는 대학에서 정치경제학을 전공했지만, 마음속 깊은 곳에서는 항상 창작에 대한 열망을 품고 있었습니다. 1963년 대학 졸업 후, 그는 도에이 동화(현 도에이 애니메이션)에 입사하며 애니메이션 업계에 첫발을 내디뎠습니다.

하지만 현실은 녹록지 않았습니다. 신입 사원이었던 미야자키는 주로 중간 프레임을 그리는 단순 작업에 매달려야 했고, 자신의 창의적인 아이디어를 펼칠 기회는 거의 없었습니다. 더욱이 그가 꿈꿨던 만화가의 길은 번번이 좌절되었습니다. 여러 출판사에 투고한 만화들은 계속해서 거절당했고, "재능이 없다"는 혹독한 평가를 받기도 했습니다.

"그때는 정말 절망적이었습니다. 내가 과연 이 길에 맞는 사람인가 하는 의구심이 들었어요." 미야자키는 훗날 이 시기를 회상하며 말했습니다. 여기서 우리는 첫 번째 교훈을 얻습니다. '초기의 실패와 거절은 진정한 재능을 발견하는 과정의 일부일 수 있다'는 것입니다.

전환점은 1968년 《태양의 왕자 호르스의 대모험》 제작에 참여하면서 찾아왔습니다. 이 작품에서 그는 처음으로 자신의 창의적 아이디어를 본격적으로 펼칠 수 있는 기회를 얻었습니다. 동료였던 다카하타 이사오 감독과의 만남도 그에게 큰 영향을 미쳤습니다. 다카하

타는 미야자키의 재능을 알아보고 격려해 준 첫 번째 멘토였습니다.

"다카하타 씨는 나에게 애니메이션이 단순한 오락이 아니라 깊은 메시지를 전달할 수 있는 예술이라는 것을 가르쳐 주었습니다." 미야자키는 이 만남을 통해 자신이 추구해야 할 방향을 명확하게 깨달았습니다. 단순히 상업적으로 성공하는 애니메이션이 아니라, 관객들의 마음에 깊이 남는 작품을 만들고 싶다는 신념이 생긴 것입니다.

두 번째 교훈은 '진정한 멘토와의 만남이 자신의 잠재력을 발견하는 계기가 된다'는 것입니다. 좋은 스승은 단순히 기술을 가르치는 것을 넘어 제자의 내면에 있는 진정한 가능성을 일깨워줍니다.

1970년대를 거치며 미야자키는 여러 애니메이션 제작사를 옮겨 다니며 경험을 쌓았습니다. 《알프스 소녀 하이디》, 《미래소년 코난》 등의 작품에 참여하면서 그만의 독특한 스타일을 서서히 완성해 나갔습니다. 특히 자연과 인간의 관계, 환경 보호에 대한 메시지, 강인한 여성 캐릭터 등 후에 그의 트레이드마크가 될 요소들이 이 시기에 형성되었습니다.

하지만 미야자키가 진정으로 자신만의 색깔을 드러낸 것은 1984년 《바람계곡의 나우시카》를 통해서였습니다. 이 작품은 그가 직접

원작 만화를 그리고 감독까지 맡은 첫 번째 장편 애니메이션이었습니다. 환경 파괴에 대한 경고와 생명에 대한 존중을 담은 이 작품은 일본 애니메이션 역사에 새로운 이정표를 세웠습니다.

"나우시카를 만들면서 비로소 내가 진정으로 하고 싶었던 이야기를 할 수 있게 되었습니다. 그동안의 모든 경험이 이 작품을 위한 준비 과정이었다고 생각해요." 미야자키의 이 말은 긴 시간의 준비와 실패가 결국 진정한 성공으로 이어질 수 있음을 보여 줍니다.

세 번째 교훈은 '자신만의 독창적인 세계관을 완성하기 위해서는 오랜 시간의 인내와 준비가 필요하다'는 것입니다.

1985년, 미야자키는 다카하타 이사오, 스즈키 도시오와 함께 스튜디오 지브리를 설립했습니다. 이는 그에게 완전한 창작의 자유를 보장해 주는 새로운 출발이었습니다. 지브리에서 제작한《천공의 성 라퓨타》,《이웃집 토토로》,《마녀 배달부 키키》등은 연이어 대성공을 거두며 미야자키를 세계적인 거장의 반열에 올려놓았습니다.

특히《이웃집 토토로》는 상업적으로는 초기에 큰 성공을 거두지 못했지만, 시간이 지나면서 일본 문화의 아이콘이 되었습니다. 미야자키는 "토토로는 내가 만든 캐릭터 중에서 가장 순수한 존재입니다. 아이들의 상상력과 자연에 대한 경이로움을 표현하고 싶었어요"라고 말했습니다.

그의 작품들이 가진 특별함은 단순히 기술적 완성도에만 있지 않았습니다. 각 작품마다 담긴 깊은 철학과 메시지, 그리고 모든 연령대가 공감할 수 있는 보편적 가치들이 그의 작품을 특별하게 만들었습니다. 네 번째 교훈은 '상업적 성공을 넘어 진정한 가치를 추구하는 작품이 시대를 초월한 사랑을 받는다'는 것입니다.

2001년 《센과 치히로의 행방불명》으로 아카데미 장편 애니메이션 상을 수상하며 미야자키는 명실상부한 세계적 거장이 되었습니다. 하지만 그는 명성에 안주하지 않았습니다. 오히려 더욱 깊이 있는 작품을 만들기 위해 노력했고, 2013년 《바람이 분다》를 마지막으로 은퇴를 선언했습니다.

그러나 2017년, 76세의 나이에 그는 은퇴를 번복하고 새로운 작품 제작에 착수했습니다. "아직 하고 싶은 이야기가 남아 있다"는 것이 그의 이유였습니다. 이는 진정한 예술가는 나이나 성취에 관계없이 끊임없이 창작 의욕을 불태운다는 것을 보여 주는 사례입니다.

다섯 번째 교훈은 '진정한 열정은 나이나 성취를 초월하여 계속 타오른다'는 것입니다.

2) 미야자키 하야오에게서 배우는 진정한 예술가 정신

　미야자키 하야오의 삶은 실패를 두려워하지 않고 자신만의 길을 걸어가는 용기가 얼마나 소중한지를 보여 줍니다. 초기의 거절과 좌절은 그를 포기하게 만들지 못했고, 오히려 더욱 단단한 예술가로 성장시키는 밑거름이 되었습니다.

　그의 작품들이 전 세계인들에게 사랑받는 이유는 화려한 기술이나 상업적 계산이 아니라, 진정성 있는 메시지와 인간에 대한 깊은 사랑 때문입니다. 미야자키는 성공한 후에도 초심을 잃지 않고 계속해서 더 나은 작품을 만들기 위해 노력하는 모습을 보여 주었습니다.

　그의 변화 여정은 우리에게 진정한 성공이란 외부의 인정이나 상업적 성취가 아니라, 자신이 추구하는 가치를 포기하지 않고 끝까지 실현해 내는 것임을 깨닫게 합니다. 미야자키 하야오의 이야기는 앞으로도 오랫동안 꿈을 포기하지 않는 모든 사람들에게 영감을 주는 변화의 전설로 기억될 것입니다.

04. 방황하던 청년에서 영성의 대가로

1) 리처드 알퍼트의 변화

 리처드 알퍼트, 하버드 대학교의 촉망받는 심리학 교수였던 그는 1960년대 물질만능주의 사회에서 성공의 사다리를 올라가고 있던 전형적인 엘리트였습니다. 하지만 그의 삶은 한 번의 운명적인 만남으로 180도 바뀌게 됩니다. 인도에서 구루를 만난 후 '람 다스(Ram Dass)'라는 새로운 이름으로 거듭난 그의 이야기는 물질적 성공에 매몰된 현대인들에게 진정한 깨달음과 내면의 평화가 무엇인지를 보여 주는 감동적인 변화의 서사입니다. 서구의 학문적 성취에서 동양의 영성으로, 개인적 야망에서 인류애로, 그의 변화는 우리에게 삶의 진정한 목적과 행복의 본질에 대한 깊은 통찰을 제공합니다.

 리처드 알퍼트는 1931년 부유한 유대인 가정에서 태어나 하버드 대학교에서 심리학을 전공하며 학문적 성과를 쌓아 가고 있었습니다. 그는 당시 심리학계의 떠오르는 스타였고, 사회적으로도 인정받는 교수의 지위에 있었습니다. 하지만 그는 내심 깊은 공허감과 삶의 무의미함을 느끼고 있었습니다. 성공적인 커리어와 사회적 지위에도 불구하고 그의 마음속에는 "이게 전부인가?"라는 의문이 끊임없이 자리 잡고 있었죠.

1967년, 그는 동료 교수였던 팀 리어리와 함께 의식 확장에 관한 실험을 하다가 하버드 대학교에서 해고당하는 사건을 겪습니다. 이는 그에게 큰 충격이었지만, 동시에 기존의 삶에서 벗어날 수 있는 계기가 되었습니다. 여기서 우리는 첫 번째 교훈을 얻습니다. '위기는 때로 새로운 길로 인도하는 은혜로운 전환점이 될 수 있다'는 것입니다.

1967년, 36세의 리처드 알퍼트는 인생의 방향을 찾기 위해 인도로 떠났습니다. 그곳에서 그는 니임 카롤리 바바라는 구루를 만나게 됩니다. 이 만남은 그의 인생을 완전히 바꾸어 놓았습니다. 구루는 그에게 "람 다스(Ram Dass)"라는 새로운 이름을 주었는데, 이는 "신의 종"이라는 뜻이었습니다.

알퍼트는 구루와의 만남에서 진정한 스승의 모습을 발견했습니다. 구루는 그에게 어떤 대가도 요구하지 않았고, 오직 사랑과 지혜만을 나누었습니다. "그분은 나에게 조건 없는 사랑이 무엇인지 보여 주었습니다. 서구에서 배운 모든 심리학 이론보다 더 깊은 진리를 깨닫게 해 주었죠." 알퍼트는 이렇게 회상했습니다.

인도에서의 경험을 통해 그는 서구적 사고방식의 한계를 깨달았습니다. 분석적이고 경쟁적인 서구 문화에서 벗어나 직관적이고 통합적인 동양의 지혜를 받아들이게 된 것입니다. 두 번째 교훈은 '진정한 스승을 만나 겸손하게 배우는 자세가 근본적인 변화를 가져온다'는 것입니다.

인도에서 돌아온 람 다스는 1971년 《Be Here Now》라는 책을 출간했습니다. 이 책은 서구 사회에 동양의 영성을 소개하는 데 큰 역할을 했으며, 수백만 부가 팔리며 베스트셀러가 되었습니다. 그는 이 책을 통해 현재 순간에 집중하는 것의 중요성, 명상의 가치, 그리고 영적 성장의 필요성을 역설했습니다.

람 다스는 단순히 책을 쓰는 것에 그치지 않고, 전국을 돌아다니며 강연을 했습니다. 그의 강연에는 수많은 사람들이 몰려들었고, 특히 1960년대 반문화 운동에 참여했던 젊은이들에게 큰 영향을 미쳤습니다. 그는 복잡하고 어려운 영적 개념들을 일상 언어로 쉽게 풀어내는 재능이 있었습니다.

"우리는 모두 하나의 존재입니다. 분리됨은 환상이고, 사랑만이 진실입니다." 그의 메시지는 단순하지만 깊이 있었고, 많은 사람들의 마음에 울림을 주었습니다. 세 번째 교훈은 '자신이 깨달은 진리를 다른 사람들과 나누는 것이 진정한 영적 성장의 완성'이라는 것입니다.

1997년, 람 다스는 심각한 뇌졸중을 겪었습니다. 한때 웅변가였던 그는 말하기 어려워졌고, 몸의 한쪽이 마비되었습니다. 많은 사람들이 이를 비극으로 여겼지만, 람 다스 자신은 이를 새로운 스승으로 받아들였습니다. 그는 이 경험을 "뇌졸중 선생님"이라고 부르며, 고통과 한계 속에서도 배움을 찾았습니다.

"뇌졸중은 나에게 더 깊은 겸손함과 현재 순간의 소중함을 가르쳐주었습니다. 건강할 때는 미래에 대한 계획에만 몰두했는데, 이제는 지금 이 순간이 얼마나 완벽한지 알게 되었어요." 그는 자신의 고통을 통해서도 다른 사람들에게 희망과 지혜를 전달했습니다.

그는 뇌졸중 이후에도 계속해서 책을 쓰고 강연을 했습니다. 《Still Here》라는 책에서 그는 노화와 죽음, 고통에 대한 깊은 성찰을 나누었습니다. 네 번째 교훈은 '고난조차도 영적 성장의 기회로 받아들이는 지혜'입니다.

람 다스의 영향력은 개인적 차원을 넘어 사회 전체에 미쳤습니다. 그는 서구 사회에 명상과 영성의 개념을 대중화하는 데 큰 역할을 했습니다. 오늘날 우리가 쉽게 접할 수 있는 명상 센터, 요가 스튜디오, 영성 관련 서적들의 확산에는 그의 공헌이 컸습니다.

또한 그는 죽음에 대한 새로운 관점을 제시했습니다. 서구 사회에서 금기시되던 죽음에 대해 공개적으로 이야기하며, 죽음을 삶의 자연스러운 과정으로 받아들이도록 도왔습니다. 그의 임종 관련 작업은 호스피스 운동의 발전에도 기여했습니다.

다섯 번째 교훈은 '개인의 변화가 사회 전체의 의식 변화를 이끌어 낼 수 있다'는 것입니다. 한 사람의 깨달음이 수많은 사람들의 삶에 긍정적 영향을 미칠 수 있음을 그의 삶이 보여 줍니다.

2) 리처드 알퍼트에게서 배우는 진정한 변화

리처드 알퍼트에서 람 다스로의 변화는 단순한 이름의 변경이 아니었습니다. 그것은 전체적인 삶의 패러다임 전환이었습니다. 성취 중심에서 존재 중심으로, 경쟁에서 협력으로, 분석에서 직감으로, 개인적 성공에서 집단적 행복으로의 변화였습니다.

그의 이야기는 우리에게 진정한 성공이 무엇인지, 행복이 어디에서 오는지에 대한 근본적인 질문을 던집니다. 하버드 교수라는 사회적 지위보다 구루의 제자가 되는 길을 선택한 그의 용기는, 때로는 기존의 길을 과감히 버리는 것이 진정한 성장으로 이어질 수 있음을 보여 줍니다.

람 다스의 삶은 나이가 들어서도, 심지어 질병을 겪으면서도 계속해서 성장하고 변화할 수 있다는 희망을 줍니다. 그의 유산은 앞으로도 오랫동안 영성을 추구하는 사람들에게 길잡이가 될 것입니다. 그의 변화는 우리 모두에게 진정한 자아를 찾아가는 여정이 언제나 가능하다는 것을 일깨워 줍니다.

05. 박완서, 마흔 이후의 삶과 글에서 찾은 빛

1) 박수근의 그림으로 펜을 잡은 문학의 거장

한국 현대문학사에 길이 남을 거장, 박완서 작가는 여느 작가들과는 사뭇 다른 길을 걸었습니다. 일찍이 등단하여 문학적 재능을 꽃피운 것이 아니라, 마흔이라는 늦은 나이에 펜을 잡고 비로소 자신의 문학 세계를 펼쳐 보였습니다. 더욱이 그녀의 첫 문학적 영감은 다름 아닌 화가 박수근의 그림에서 시작되었습니다. 이 독특한 시작과 그녀가 써 내려간 글들, 그리고 그로 인해 변화된 삶은 우리에게 깊은 울림과 함께 삶의 중요한 교훈을 선사합니다.

1931년 황해도 개풍에서 태어난 박완서는 한국 전쟁이라는 비극을 온몸으로 겪어 내야 했습니다. 전쟁으로 오빠와 남편을 잃는 아픔, 피난 생활의 고통, 그리고 어린 자녀들을 홀로 키워야 하는 현실의 무게는 그녀의 삶을 짓눌렀습니다. 한때 서울대학교 문리과대학에 재학하며 문학에 대한 꿈을 키웠지만, 전쟁은 그녀에게서 모든 것을 앗아갔고, 꿈은 오랫동안 현실의 장막 뒤에 가려져 있었습니다.

그녀의 나이 마흔, 삶의 고단함 속에서 그녀는 우연히 미도파 백화점 갤러리에서 박수근 화가의 그림을 접하게 됩니다. 텁텁하고 거친 마티에르(질감)로 그려진 서민들의 모습, 특히 빨래터의 아낙네들과 나무와 아이들의 모습은 박완서의 마음을 강하게 흔들었습니다. 박수근의 그림 속에는 그녀가 겪었던 전쟁의 상흔, 가난하지만 끈질기게 삶을 이어가는 사람들의 모습, 그리고 그 안에 담긴 따뜻한 인간미가 고스란히 담겨 있었습니다.

그 순간, 박완서는 박수근의 그림이 단순한 그림이 아니라, 자신이 오랫동안 묻어두었던 이야기들을 풀어낼 수 있는 문학적 언어임을 직감했습니다. 박수근이 붓으로 고통과 삶의 아름다움을 그려 냈듯, 자신은 펜으로 그 이야기들을 써야 한다는 강렬한 충동을 느꼈습니다. 이 경험은 그녀에게 잊고 살았던 문학적 열정을 다시 불태웠고, 마침내 1970년, 마흔 살의 나이에 장편소설 《나목》으로 등단하게 됩니다. 여기서 우리는 첫 번째 교훈을 얻습니다. '인생의 때를 기다리는 지혜와 늦은 시작에 대한 용기'입니다. 꿈을 포기하지 않고 인내하며, 어느 순간 찾아오는 영감의 불씨를 붙잡을 줄 아는 자세가 중요하다는 것을 보여 줍니다.

박완서 작가의 등단작인《나목》은 박수근 화가의 삶과 예술을 배경으로, 전쟁의 상흔과 무력한 지식인의 모습을 날카롭게 그려 낸 작품입니다. 이후 그녀는 자신의 삶, 특히 한국 전쟁이 남긴 상처와 여성으로서의 삶의 무게를 정면으로 다루는 작품들을 쏟아 냈습니다.

　《엄마의 말뚝》연작은 한국 전쟁이 한 가족에게 미친 비극적인 영향을 개인의 시점에서 심도 있게 파고들었고,《그 많던 싱아는 누가 다 먹었을까》와《그 산이 정말 거기 있었을까》는 그녀의 성장기와 전쟁 경험을 솔직하고 담담하게 풀어낸 자전적 소설입니다. 또한,《살아 있는 날의 시작》,《휘청거리는 오후》등에서는 급변하는 사회 속에서 여성들이 겪는 갈등과 번뇌를 섬세하게 묘사했습니다.

　그녀의 글은 결코 화려하거나 기교적이지 않았습니다. 오히려 담담하고 솔직한 문체로 삶의 고통과 모순, 그리고 그 속에서 피어나는 인간적인 면모들을 있는 그대로 그려 냈습니다. 그녀는 개인의 고통을 사회적 문제와 연결시키고, 평범한 일상 속에서 발견하는 비범한 진실들을 독자들에게 보여 주었습니다. 여기서 우리는 두 번째 교훈을 얻습니다. '자신의 가장 깊은 상처와 진실을 정면으로 마주하고, 이를 예술로 승화시키는 용기'입니다. 고통스러운 경험을 회피하기보다, 그것을 성찰하고 글쓰기라는 행위를 통해 치유와 성장의 발판으로 삼은 그녀의 모습은 많은 이들에게 위로와 영감을 주었습니다.

2) 글쓰기로 변화된 삶: 치유와 사회적 역할의 확장

박완서 작가에게 글쓰기는 단순히 소설을 쓰는 행위를 넘어, 자신의 삶을 치유하고 재해석하는 과정이었습니다. 그녀는 글을 통해 전쟁으로 잃어버린 가족에 대한 애도와 죄책감을 털어냈고, 가난과 고통 속에서도 끈질기게 살아남았던 자신의 삶의 의미를 되찾았습니다. 글쓰기는 그녀에게 내면의 응어리를 풀고, 상처를 어루만지는 강력한 도구였습니다.

또한, 그녀의 글은 개인적인 치유를 넘어 사회적으로도 중요한 역할을 했습니다. 전쟁을 겪은 세대에게는 공감과 위로를, 전쟁을 겪지 않은 젊은 세대에게는 역사적 진실과 인간적인 아픔을 생생하게 전달했습니다. 그녀는 문학을 통해 잊혀져 가는 역사적 사건들을 기록하고, 그 속에서 피어나는 인간적인 문제들을 끈질기게 탐구했습니다. 여성으로서의 삶을 솔직하게 그려 내며 여성 독자들에게 큰 공감을 얻었고, 사회 비판적인 시각을 통해 부조리한 현실을 고발하는 목소리가 되기도 했습니다.

말년에는 자연과 생명에 대한 깊은 사유를 담은 에세이들을 통해 삶의 본질적인 아름다움과 소중함을 이야기했습니다. 이는 그녀의 삶이 고통과 아픔에서 시작되었지만, 궁극적으로는 따뜻한 시선과 지혜로운 통찰로 마무리되었음을 보여 줍니다. 여기서 우리는 세 번째 교훈을 얻습니다. '예술과 창작을 통한 삶의 치유, 그리고 개인의 경험이 사회적 목소리로 확장될 수 있음'입니다. 그녀는 글쓰기를 통해 자신을 넘어 타인을 이해하고, 더 나아가 사회에 긍정적인 영향을 미칠 수 있음을 증명했습니다.

박완서 작가의 삶과 문학은 우리에게 시사하는 바가 큽니다.

마흔이라는 나이에도 자신의 꿈을 포기하지 않고 도전하여 마침내 거장의 반열에 오른 그녀의 삶은, 어떤 일이든 시작하기에 늦은 때란 없음을 강력하게 시사합니다. 중요한 것은 나이가 아니라, 내면의 열정과 용기입니다.

그녀는 자신의 가장 아픈 상처와 개인적인 경험을 숨기지 않고 글쓰기의 재료로 삼았습니다. 이는 고통을 회피하기보다 직면하고, 그것을 창조적인 에너지로 변환할 때 비로소 진정한 치유와 성장이 가능함을 보여 줍니다.

박완서의 문학은 평범한 사람들의 삶 속에서 비범한 진실을 발견하는 힘을 가지고 있습니다. 우리의 일상 속에 숨겨진 의미와 아름다움을 찾아내고, 그것을 예술적 언어로 표현하는 섬세한 시선을 배울 수 있습니다.

 자신의 이야기를 통해 수많은 독자들과 공감대를 형성하고, 사회적 목소리를 낸 그녀의 문학은 예술이 개인적인 만족을 넘어 사회적 소통과 연대의 중요한 매개가 될 수 있음을 보여 줍니다.

 박완서 작가는 박수근의 그림에서 문학적 영감을 얻었지만, 결국 자신의 삶과 글을 통해 그 누구도 대신할 수 없는 독자적인 문학 세계를 구축했습니다. 그녀의 삶은 우리에게 단순히 작가의 성공담이 아닌, 인간이 어떻게 삶의 고난 속에서 빛을 찾고, 그 빛을 타인과 나누며, 궁극적으로 자신의 존재 가치를 완성해 나가는지를 보여 주는 감동적인 서사로 기억될 것입니다.

06. 70세에 시작한 새로운 인생

"나이는 숫자에 불과하다"는 말이 있습니다. 하지만 실제로 그 말을 몸소 실천하며 증명해 보인 분이 있습니다. 바로 박막례 할머니입니다. 70세가 넘은 나이에 유튜버로 데뷔하여 전 세계적인 화제를 모은 그분의 이야기는 중장년층에게 새로운 가능성과 희망을 제시해 주었습니다.

1) 평범한 할머니에서 글로벌 스타로

1930년생인 박막례 할머니는 오랫동안 평범한 할머니의 삶을 살았습니다. 젊은 시절부터 가정을 돌보며 살아오신 전형적인 우리나라 여성의 모습이었습니다. 그런 할머니가 70대 후반이 되어서야 처음으로 카메라 앞에 서게 되었습니다.

2017년, 할머니의 손자인 김유라 씨가 "할머니와 함께 유튜브를 해 보자"고 제안했을 때, 할머니는 처음에는 당황스러워했습니다. 유튜브가 무엇인지도 잘 모르셨고, 카메라 앞에서 말하는 것도 어색했습니다. 하지만 손자의 설득과 격려에 힘입어 용기를 내어 도전해 보기로 결심했습니다.

처음 촬영을 시작하셨을 때 할머니는 많은 어려움을 겪었습니다. 카메라를 보고 자연스럽게 말하는 것이 쉽지 않았고, 젊은 세대들이 주로 보는 유튜브에서 70대 할머니가 무엇을 할 수 있을지에 대한 의구심도 있었습니다.

하지만 할머니는 이런 두려움을 극복하고 자신만의 매력을 발휘하기 시작하셨습니다. 솔직하고 거침없는 말투, 인생의 연륜에서 우러나오는 지혜로운 조언, 그리고 새로운 것에 대한 호기심과 도전 정신이 시청자들의 마음을 사로잡았습니다.

박막례 할머니의 유튜브 채널은 빠르게 성장했습니다. 할머니만의 독특한 캐릭터와 진솔한 모습이 국내 시청자들뿐만 아니라 해외 시청자들에게도 큰 사랑을 받았습니다. 구독자 수는 수십만 명을 넘어섰고, 영상들은 수백만 조회수를 기록했습니다.

특히 할머니가 새로운 음식을 시도하거나, 젊은 세대의 문화를 경험하는 모습들이 많은 사람들에게 웃음과 감동을 주었습니다. 할머니의 솔직한 반응과 재치 있는 말들은 세대를 뛰어넘어 공감을 불러일으켰습니다.

박막례 할머니의 성공은 단순히 개인적인 성취를 넘어섰습니다. 할머니는 70대가 되어서도 새로운 기술을 배우고, 젊은 세대와 소통하며, 창조적인 일을 할 수 있다는 것을 몸소 보여 줬습니다.

할머니는 인터뷰에서 "나이가 들었다고 해서 새로운 걸 못 할 이유는 없다"며 "오히려 나이가 들수록 더 자유롭게 할 수 있는 것 같다"고 말했습니다. 이러한 할머니의 철학은 많은 중장년층에게 용기와 영감을 주었습니다.

할머니의 활동은 단순히 유튜브에 그치지 않았습니다. 각종 매체의 인터뷰에 응하고, 광고에도 출연하시며, 젊은 세대들과의 적극적인 소통을 이어갔습니다. 할머니는 자신의 경험과 지혜를 젊은 세대들과 나누면서도, 동시에 그들로부터 새로운 것들을 배워 가는 모습을 보여 줬습니다.

이러한 할머니의 모습은 기존의 수동적이고 소극적인 노년의 이미지를 완전히 바꾸어 놓았습니다. 할머니는 나이가 들어도 충분히 활기차고 창조적인 삶을 살 수 있다는 것을 증명해 보였습니다.

　박막례 할머니의 가장 큰 업적 중 하나는 세대 간의 소통을 이끌어 낸 것입니다. 할머니의 영상을 통해 젊은 세대들은 어르신들의 지혜와 경험을 새롭게 바라보게 되었고, 동시에 중장년층과 노년층은 젊은 세대의 문화와 기술에 더욱 친숙해질 수 있었습니다.

　할머니는 "젊은 사람들과 이야기하면서 세상이 이렇게 빨리 변하는구나 하는 걸 느낀다"며 "나도 따라가려고 노력하고 있다"고 했습니다. 이러한 할머니의 열린 마음과 학습 의지는 많은 사람들에게 깊은 인상을 남겼습니다.

　박막례 할머니의 이야기에서 우리가 얻을 수 있는 가장 큰 깨달음은 나이가 새로운 도전의 장벽이 될 수 없다는 것입니다. 할머니는 70대 후반이라는 나이에도 완전히 새로운 분야에 도전하여 성공을 거뒀습니다.

　더욱 중요한 것은 할머니가 성공을 통해 보여 주신 겸손함과 진정성입니다. 할머니는 자신의 인기를 자랑하기보다는 "많은 사람들이 좋아해 주어서 고맙다"며 늘 감사하는 마음을 표현했습니다. 또한 자신의 경험을 통해 다른 어르신들도 용기를 낼 수 있기를 바란다고 했습니다.

박막례 할머니의 이야기는 중장년층과 노년층뿐만 아니라 모든 세대에게 소중한 교훈을 줍니다.

첫째, 나이는 도전의 장벽이 아니라는 것입니다. 할머니는 70대 후반에 완전히 새로운 분야에 도전하여 성공했습니다. 이는 우리가 가지고 있던 나이에 대한 편견을 완전히 뒤바꾸는 사례입니다.

둘째, 열린 마음과 학습 의지의 중요성입니다. 할머니는 새로운 기술과 문화에 대해 거부감을 갖지 않고 적극적으로 배우려 했습니다. 이러한 자세가 할머니의 성공을 가능하게 했습니다.

셋째, 진정성과 자연스러움의 힘입니다. 할머니는 인위적으로 젊은 척하거나 다른 사람을 따라 하려 하지 않았습니다. 자신만의 고유한 매력과 진솔한 모습으로 사람들의 마음을 사로잡았습니다.

넷째, 세대 간 소통의 가능성입니다. 할머니의 사례는 서로 다른 세대가 충분히 소통하고 이해할 수 있다는 것을 보여 줬습니다.

2) 진정한 성공의 의미

박막례 할머니의 이야기는 단순한 성공담을 넘어섭니다. 할머니는 나이가 들어도 새로운 꿈을 꿀 수 있고, 그 꿈을 현실로 만들 수 있다는 것을 몸소 보여 줬습니다.

할머니의 도전과 성공은 우리 모두에게 "아직 늦지 않았다"는 희망의 메시지를 전해 줍니다. 중요한 것은 나이가 아니라 도전하려는 의지와 새로운 것을 받아들이려는 열린 마음이라는 것을 할머니는 자신의 삶으로 증명해 보였습니다.

박막례 할머니의 이야기는 앞으로도 많은 사람들에게 용기와 영감을 주는 귀중한 사례로 기억될 것입니다. 할머니가 보여 준 것처럼, 우리 모두는 나이에 상관없이 새로운 도전을 통해 더욱 풍요로운 삶을 살아갈 수 있을 것입니다.

07. 50대에 만난 터닝 포인트

1) 할아버지 댄서 김칠두의 중년 도전기

나이가 들면 몸이 굳어지고 새로운 것을 배우기 어렵다고 생각하는 사람들이 많습니다. 하지만 50대에 댄스를 시작해서 전 세계적인 스타가 된 분이 있습니다. 바로 김칠두 할아버지입니다. 그분의 이야기는 나이가 단지 숫자에 불과하다는 것을 몸소 보여 줬습니다.

김칠두 할아버지는 1933년생으로, 평생을 농업에 종사하며 평범한 농촌 생활을 했습니다. 젊은 시절부터 논과 밭을 일구며 묵묵히 가족을 부양해 오신 전형적인 우리나라 농부의 모습이었습니다.

그런 할아버지가 댄스와 인연을 맺게 된 것은 50대 중반이었습니다. 마을 행사에서 우연히 젊은이들이 춤추는 모습을 보시고 "나도 저렇게 해 보고 싶다"는 생각을 하셨다고 합니다. 주변 사람들은 "나이가 그게 뭐냐"며 만류했지만, 할아버지는 굳은 결심을 했습니다.

처음 댄스를 배우기 시작했을 때 할아버지는 많은 어려움을 겪었습니다. 50대 중반의 나이에 몸이 생각대로 움직이지 않았고, 젊은 사람들 사이에서 혼자만 나이가 많아 위축되기도 했습니다.

하지만 할아버지는 포기하지 않았습니다. "처음에는 정말 힘들었어요. 몸도 안 따라 주고, 사람들 시선도 부담스럽고… 하지만 음악이 나오면 저절로 몸이 움직여지더라고요"라고 회상했습니다.

할아버지는 매일 새벽부터 밤늦게까지 연습했습니다. 농사일을 마치고 돌아와서도 거울 앞에서 동작을 반복하시며 실력을 갈고닦았습니다. 가족들도 처음에는 걱정했지만, 할아버지의 진지한 모습을 보고 점차 응원하게 되었습니다.

김칠두 할아버지가 전 세계적으로 유명해진 계기는 유튜브였습니다. 할아버지의 댄스 영상이 인터넷에 올라가면서 순식간에 화제가 되었습니다. 70대 할아버지가 젊은이들 못지않게 역동적으로 춤추는 모습이 전 세계 사람들의 마음을 사로잡았습니다.

특히 할아버지의 대표곡인 'Cupid Shuffle' 댄스 영상은 수백만 조회수를 기록하며 전 세계적인 센세이션을 일으켰습니다. 해외 언론들도 "Korean Dancing Grandpa"라는 제목으로 할아버지를 소개하며 큰 관심을 보였습니다.

김칠두 할아버지의 성공은 단순히 춤을 잘 춘다는 것을 넘어섰습니다. 할아버지는 70대가 되어서도 새로운 것을 배우고, 젊은 세대와 소통하며, 활기찬 삶을 살 수 있다는 것을 몸소 보여 줬습니다.

"나이가 많다고 해서 새로운 걸 못 할 이유는 없어요. 오히려 나이가 들수록 자유로워지는 것 같아요. 체면이나 남의 시선에 연연하지 않고 하고 싶은 걸 할 수 있거든요"라고 말씀하신 할아버지의 철학은 많은 중장년층에게 용기를 주었습니다.

할아버지의 댄스는 단순한 취미를 넘어 건강 관리의 수단이 되었습니다. 꾸준한 댄스 활동을 통해 체력이 향상되었고, 정신적으로도 훨씬 활기차고 밝아졌습니다.

의사들도 할아버지의 건강 상태에 놀라움을 표했습니다. 70대 후반임에도 불구하고 20~30대 못지않은 체력과 유연성을 보였기 때문입니다. 할아버지는 "댄스를 시작하고 나서 몸도 마음도 젊어진 것 같다"고 하시며 웃었습니다.

김칠두 할아버지의 가장 큰 업적 중 하나는 세대 간의 소통을 이끌어 낸 것입니다. 할아버지의 댄스를 통해 젊은 세대들은 어르신들의 열정과 도전 정신을 새롭게 바라보게 되었고, 동시에 중장년층과 노년층은 젊은 세대의 문화에 더욱 친숙해질 수 있었습니다.

할아버지는 "젊은 사람들과 함께 춤추면서 그들의 에너지를 느낄 수 있어서 좋다"며 "나도 그들에게서 많은 것을 배운다"고 했습니다. 이러한 할아버지의 열린 마음과 학습 의지는 많은 사람들에게 깊은 인상을 남겼습니다.

김칠두 할아버지의 이야기에서 우리가 얻을 수 있는 가장 큰 깨달음은 나이가 새로운 도전의 장벽이 될 수 없다는 것입니다. 할아버지는 50대 중반이라는 늦은 나이에 완전히 새로운 분야에 도전하여 세계적인 주목을 받았습니다.

더욱 중요한 것은 할아버지가 성공을 통해 보여 주신 겸손함과 진정성입니다. 할아버지는 자신의 인기를 자랑하기보다는 "많은 사람들이 좋아해 주어서 고맙다"며 늘 감사하는 마음을 표현했습니다. 또한 자신의 경험을 통해 다른 어르신들도 용기를 낼 수 있기를 바란다고 했습니다.

2) 세대 간 소통의 가교 역할

김칠두 할아버지의 이야기는 중장년층과 노년층뿐만 아니라 모든 세대에게 소중한 교훈을 줍니다.

첫째, 나이는 도전의 장벽이 아니라는 것입니다. 할아버지는 50대 중반에 완전히 새로운 분야에 도전하여 성공했습니다. 이는 우리가 가지고 있던 나이에 대한 편견을 완전히 뒤바꾸는 사례입니다.

둘째, 열정과 지속적인 노력의 중요성입니다. 할아버지는 나이가 많음에도 불구하고 매일 꾸준히 연습하시며 실력을 갈고닦았습니다. 이러한 노력이 결국 세계적인 성공으로 이어졌습니다.

셋째, 건강한 신체와 정신의 연관성입니다. 댄스를 통해 할아버지는 신체적 건강뿐만 아니라 정신적 활력도 되찾았습니다. 적극적인 활동이 건강한 노년을 만든다는 것을 보여 줬습니다.

넷째, 진정성과 겸손함의 힘입니다. 할아버지는 인위적으로 젊은 척하지 않았습니다. 자신만의 고유한 매력과 진솔한 모습으로 사람들의 마음을 사로잡았습니다.

다섯째, 세대 간 소통의 가능성입니다. 할아버지의 사례는 서로 다른 세대가 충분히 소통하고 이해할 수 있다는 것을 보여 줬습니다.

김칠두 할아버지의 이야기는 단순한 성공담을 넘어섭니다. 할아버지는 나이가 들어도 새로운 꿈을 꿀 수 있고, 그 꿈을 현실로 만들 수 있다는 것을 몸소 보여 줬습니다.

할아버지의 도전과 성공은 우리 모두에게 "아직 늦지 않았다"는 희망의 메시지를 전해 줍니다. 중요한 것은 나이가 아니라 도전하려는 의지와 꾸준한 노력이라는 것을 할아버지는 자신의 삶으로 증명했습니다.

김칠두 할아버지의 이야기는 앞으로도 많은 사람들에게 용기와 영감을 주는 귀중한 사례로 기억될 것입니다. 할아버지가 보여 주신 것처럼, 우리 모두는 나이에 상관없이 새로운 도전을 통해 더욱 활기차고 의미 있는 삶을 살아갈 수 있을 것입니다.

08. 인생은 65세부터

1) 커넬 샌더스의 불굴의 도전 정신

많은 사람들이 65세면 은퇴를 준비하고 여생을 조용히 보내려고 합니다. 하지만 65세에 처음으로 진정한 성공을 이룬 분이 계십니다. 바로 KFC를 창업한 하랜드 샌더스(Harland Sanders) 할아버지입니다. 그분의 이야기는 나이가 들어도 새로운 꿈을 향해 도전할 수 있다는 것을 보여 주는 감동적인 사례입니다.

하랜드 샌더스는 1890년 인디애나주의 가난한 농가에서 태어났습니다. 아버지가 일찍 돌아가시면서 어린 나이부터 가족을 부양해야 했던 그분은 정말 다양한 일을 하시며 살아갔습니다.

10대 때부터 농장 일꾼, 전차 차장, 보험 외판원, 주유소 운영자, 페리보트 운영자 등 정말 수많은 직업을 거쳤습니다. 하지만 어떤 일을 하셔도 큰 성공을 거두지는 못하셨고, 40대까지도 경제적으로 어려운 상황이 계속되었습니다.

1930년, 40세가 되신 샌더스는 켄터키주 코빈에서 작은 주유소를 운영하게 되셨습니다. 그런데 이때부터 그분의 인생에 중요한 변화가 일어나기 시작했습니다. 주유소를 찾는 손님들에게 간단한 음식을 만들기 시작한 것입니다.

샌더스는 어머니에게서 배운 요리 실력을 바탕으로 치킨 요리에 특별한 관심을 갖게 되셨습니다. 특히 압력솥을 이용한 치킨 요리법을 연구하시며 독특한 향신료 배합을 개발하셨습니다. 이것이 훗날 KFC의 시초가 되는 "11가지 허브와 향신료"의 시작이었습니다.

1950년대에 들어서면서 샌더스의 사업은 어느 정도 궤도에 올랐습니다. 그분의 레스토랑은 지역에서 유명해졌고, 많은 손님들이 찾아왔습니다. 하지만 1955년, 새로운 고속도로가 건설되면서 그분의 레스토랑 앞을 지나던 교통량이 급격히 줄어들었습니다.

결국 사업을 정리해야 했고, 65세가 된 샌더스는 사회보장연금 105달러만을 받으며 생활해야 하는 처지가 되었습니다. 대부분의 사람들이라면 이 나이에 포기하고 조용히 여생을 보내려고 했을 것입니다. 하지만 샌더스는 달랐습니다.

1955년, 65세의 샌더스는 자신이 개발한 치킨 레시피에 대한 확신을 갖고 새로운 도전을 시작하셨습니다. 낡은 자동차에 압력솥과 향신료를 싣고 전국의 레스토랑을 돌아다니기 시작하신 것입니다.

그분의 전략은 간단했습니다. 레스토랑 사장들에게 직접 치킨을 만들어 드리고, 맛있다고 인정받으면 자신의 레시피를 사용하는 대신 매출의 일정 부분을 받는 프랜차이즈 계약을 맺는 것이었습니다.

하지만 현실은 냉혹했습니다. 수많은 레스토랑에서 거절당하셨고, 때로는 모욕적인 대우도 받으셨습니다. 65세 노인이 무슨 새로운 사업이냐며 비웃는 사람들도 많았습니다.

2) 1009번의 거절 후에 온 성공

샌더스는 정확히 1009번의 거절을 당했다고 합니다. 하지만 그분은 포기하지 않았습니다. 1010번째 방문에서 드디어 첫 번째 계약을 성사시켰습니다. 유타주 솔트레이크시티의 한 레스토랑 사장이 그분의 치킨 맛에 감동하여 계약을 체결한 것입니다.

이것이 시작이었습니다. 첫 번째 성공 이후 입소문이 퍼지기 시작했고, 점점 더 많은 레스토랑들이 샌더스의 레시피를 원하게 되었습니다. 1960년까지 200개가 넘는 KFC 프랜차이즈가 생겨났습니다.

샌더스는 자신의 독특한 외모와 캐릭터도 브랜드화했습니다. 하얀 정장에 검은 넥타이, 그리고 특유의 흰 수염과 지팡이는 KFC의 상징이 되었습니다. "커넬 샌더스"라는 별명도 이때 생겨났습니다.

1964년, 74세가 되신 샌더스는 KFC를 200만 달러에 매각했습니다. 하지만 그분은 회사의 브랜드 대사로 계속 활동하시며 전 세계를 돌아다니시면서 KFC를 홍보했습니다.

샌더스의 성공 비결은 단순히 좋은 레시피가 아니었습니다. 그분이 가지고 계셨던 몇 가지 철학이 있었습니다.

첫째, 품질에 대한 고집이었습니다. 샌더스는 자신의 레시피가 정확히 지켜지지 않는 매장들을 직접 찾아가서 지도했습니다. 때로는 기준에 맞지 않는 치킨을 먹고 화를 내시기도 했지만, 이런 품질에 대한 집착이 KFC 브랜드의 신뢰도를 높였습니다.

둘째, 끊임없는 도전 정신이었습니다. 1009번의 거절을 당하면서도 포기하지 않으셨던 것처럼, 샌더스는 나이가 들어서도 새로운 것에 도전하는 것을 두려워하지 않았습니다.

셋째, 사람에 대한 따뜻한 마음이었습니다. 샌더스는 직원들과 프랜차이즈 사업자들을 가족처럼 대하셨습니다. 이런 인간적인 면이 사업의 성공에도 큰 도움이 되었습니다.

샌더스는 1980년 90세로 돌아가실 때까지 KFC의 브랜드 대사로 활동했습니다. 80대가 되어서도 전 세계를 돌아다니시며 KFC를 홍보하시고, 새로운 매장 오픈식에 참석하시는 등 왕성한 활동을 계속했습니다.

그분은 인터뷰에서 이렇게 말했습니다. "나는 65세에 진짜 인생이 시작되었다고 생각한다. 그전까지는 단지 준비 과정이었을 뿐이다."

커넬 샌더스의 이야기에서 우리가 얻을 수 있는 깨달음은 다음과 같습니다.

첫째, 나이는 새로운 시작의 장벽이 아닙니다. 샌더스는 65세에 자신의 가장 큰 성공을 이루셨습니다. 이는 우리가 가진 나이에 대한 편견을 완전히 뒤바꾸는 사례입니다.

둘째, 실패는 성공의 과정입니다. 샌더스는 1009번의 거절을 당했지만 포기하지 않으셨습니다. 실패를 두려워하지 않고 계속 도전하는 것이 성공의 비결임을 보여 주셨습니다.

셋째, 품질과 진정성이 최고의 마케팅입니다. 샌더스는 화려한 광고보다는 좋은 제품과 진정성 있는 서비스로 고객들의 마음을 사로잡으셨습니다.

넷째, 열정은 나이를 초월합니다. 90세까지 일을 하신 샌더스처럼, 진정한 열정은 나이와 상관없이 사람을 움직이게 하는 원동력입니다.

다섯째, 준비된 자에게 기회가 옵니다. 샌더스의 성공은 하루아침에 이루어진 것이 아니었습니다. 수십 년간 요리에 대한 연구와 경험이 쌓여서 65세에 꽃을 피운 것입니다.

커넬 샌더스의 이야기는 단순한 성공담을 넘어섭니다. 그분은 65세라는 나이에 새로운 꿈을 향해 도전하여 전 세계적인 성공을 이루었습니다.

많은 사람들이 나이를 핑계로 새로운 도전을 포기하지만, 샌더스는 오히려 나이가 들수록 더 큰 꿈을 꾸고 실현했습니다. 그분의 "65

세에 진짜 인생이 시작되었다"는 말은 모든 중장년층에게 큰 용기와 희망을 주는 메시지입니다.

커넬 샌더스의 이야기가 우리 모두에게 "아직 늦지 않았다"는 희망을 주고, 나이에 상관없이 새로운 도전을 통해 더욱 의미 있는 삶을 살아갈 수 있는 용기를 주기를 바랍니다.

09. 52세도 늦지 않았다

1) 그랜드마 모지스의 늦깎이 화가 인생

안나 메리 모지스는 1860년 뉴욕주의 작은 농촌 마을에서 태어났습니다. 어린 시절부터 농장 일을 도우며 자랐고, 27세에 농부인 토마스 모지스와 결혼하여 10명의 자녀를 낳고 길렀습니다.

그분의 젊은 시절과 중년 시절은 전형적인 19세기 말, 20세기 초 미국 농촌 여성의 삶이었습니다. 새벽부터 밤늦게까지 농사일과 집안일, 육아에 매진하며 가족을 위해 헌신하는 삶을 살았습니다. 예술이나 그림과는 전혀 상관없는 평범한 농부의 아내였습니다.

1927년, 67세가 된 모지스 할머니는 남편을 잃고 홀로 남게 되었습니다. 자녀들은 모두 독립했고, 할머니는 갑작스럽게 찾아온 고독과 마주해야 했습니다.

1932년, 72세가 된 모지스 할머니는 관절염이 심해져서 농장 일을 계속하기 어려워졌습니다. 그동안 손으로 하던 자수나 바느질도 관절염 때문에 고통스러워졌습니다.

그런데 이때 할머니의 여동생이 그림 그리기를 권해 주었습니다. "언니, 손가락보다는 팔 전체를 사용하는 그림이 관절염에는 더 나을 것 같아요"라고 말씀해 주신 것이 할머니 인생의 전환점이 되었습니다.

처음에는 반신반의했지만, 할머니는 용기를 내어 붓을 잡아 보았습니다. 그런데 놀랍게도 그림을 그리는 것이 관절염 통증을 잊게 해 주었을 뿐만 아니라, 마음까지 평안하게 해 주었습니다.

모지스 할머니는 정식으로 미술 교육을 받은 적이 전혀 없었습니다. 72세에 처음 붓을 잡은 할머니는 오직 독학으로 그림을 배웠습니다.

할머니가 그린 주제는 주로 자신이 평생 살아온 농촌의 풍경이었습니다. 사계절의 농장 풍경, 농부들의 일상, 마을의 축제, 어린 시절의 추억 등을 소박하고 따뜻한 색채로 표현했습니다.

"나는 그저 내가 기억하는 것들, 내가 사랑하는 것들을 그릴 뿐이에요"라고 하시며, 할머니는 기교나 기법보다는 진심을 담아 그림을 그렸습니다.

1938년, 78세가 된 모지스 할머니는 지역 약국에 자신이 그린 그림 몇 점을 전시했습니다. 처음에는 단순히 지역 주민들에게 보여 주려는 마음이었습니다.

그런데 놀라운 일이 일어났습니다. 뉴욕에서 온 미술 수집가 루이스 칼도어(Louis Caldor)가 우연히 그 약국을 들렀다가 할머니의 그림을 보고 깜짝 놀랐습니다. 전문적인 교육을 받지 않았음에도 할머니의 그림에는 특별한 매력과 순수함이 있었던 것입니다.

칼도어는 즉시 할머니의 그림을 모두 구입했고, 뉴욕의 갤러리에 소개했습니다. 1940년, 80세가 된 할머니는 뉴욕에서 첫 개인전을 열게 되었습니다.

모지스 할머니의 그림은 순식간에 미국 전역에서 화제가 되었습니다. 전문적인 기법은 부족했지만, 할머니의 그림에는 도시 사람들이 잃어버린 순수함과 따뜻함이 담겨 있었습니다.

할머니의 그림은 '나이브 아트(Naive Art)' 또는 '포크 아트(Folk Art)'로 분류되었고, 미술계에서도 높은 평가를 받았습니다. 특히 2차 대전 이후 복잡해진 현대 사회에서 할머니의 소박하고 평화로운 농촌 풍경은 많은 사람들에게 위로와 향수를 주었습니다.

1950년대에는 할머니의 그림이 유럽까지 알려지게 되었고, 전 세계적인 명성을 얻었습니다. 할머니는 90세가 넘어서도 왕성한 작품 활동을 계속했습니다.

2) 나이에 대한 편견을 깨뜨린 할머니

모지스 할머니는 언론과의 인터뷰에서 이렇게 말씀하셨습니다. "72세에 그림을 시작했다고 해서 늦다고 생각하지 않아요. 오히려 이제야 진짜 하고 싶은 일을 할 수 있게 되었다고 생각해요."

할머니는 또한 "나이가 들면 경험이 쌓이잖아요. 그 경험들이 모두 그림 속에 들어가는 거예요"라고 하시며, 나이 드는 것을 부정적으로 보지 않았습니다.

모지스 할머니는 101세로 돌아가기 직전까지 그림을 그렸습니다.

생애 마지막 29년 동안 총 1,500점이 넘는 작품을 남겼습니다. 이는 연평균 50점 이상의 작품을 그린 것으로, 젊은 화가들도 따라하기 어려운 왕성한 창작력이었습니다.

할머니는 "그림을 그리고 있을 때가 가장 행복해요. 나이가 들어도 새로운 것을 배우고 창조할 수 있다는 게 얼마나 기쁜 일인지 몰라요"라고 말했습니다.

모지스 할머니의 성공은 단순히 개인적인 성취를 넘어섰습니다. 할머니는 나이가 들어도 새로운 재능을 발견하고 계발할 수 있다는 것을 보여 줬습니다.

할머니의 이야기는 전 세계의 많은 중장년층과 노년층에게 용기를 주었습니다. "그랜드마 모지스 효과"라는 말까지 생겨날 정도로, 나이 든 후에 새로운 예술 활동을 시작하는 사람들이 늘어났습니다.

또한 할머니의 작품들은 현재도 미국의 주요 미술관에 소장되어 있으며, 많은 사람들에게 사랑받고 있습니다.

그랜드마 모지스의 이야기에서 우리가 얻을 수 있는 깨달음은 다음과 같습니다.

첫째, 재능에는 나이 제한이 없습니다. 모지스 할머니는 72세에 처음 붓을 잡았지만, 세계적인 화가가 되었습니다. 이는 나이가 들어도 새로운 재능을 발견하고 계발할 수 있다는 것을 보여 줍니다.

둘째, 인생 경험은 최고의 자산입니다. 할머니의 그림이 사랑받은 이유는 70여 년의 인생 경험이 고스란히 담겨 있었기 때문입니다. 젊은 화가들이 흉내 낼 수 없는 깊이와 진정성이 있었습니다.

셋째, 진정성이 기법보다 중요합니다. 할머니는 정식 교육을 받지 않으셨지만, 진심으로 그린 그림들이 전 세계 사람들의 마음을 움직였습니다.

넷째, 건강한 취미는 삶의 활력소가 됩니다. 관절염 치료를 위해 시작한 그림이 할머니의 삶을 완전히 바꿔 놓았습니다. 건강한 취미 활동의 중요성을 보여 주는 사례입니다.

다섯째, 나이는 핑계가 아닌 자산입니다. 할머니는 나이를 핑계로 포기하지 않으시고, 오히려 나이가 주는 경험과 여유를 활용했습니다.

그랜드마 모지스의 이야기는 "늦었다"고 생각하는 모든 사람들에게 희망의 메시지를 전해 줍니다. 할머니는 72세에 새로운 도전을 시작하여 29년 동안 화가로서 성공적인 삶을 살았습니다.

할머니의 "이제야 진짜 하고 싶은 일을 할 수 있게 되었다"는 말은 중장년층과 노년층에게 큰 용기를 줍니다. 나이가 들수록 사회적 부담에서 자유로워져서 오히려 더 순수하고 진정한 창작이 가능할 수 있다는 것을 보여 준 것입니다.

그랜드마 모지스의 이야기가 우리 모두에게 "아직 늦지 않았다"는 희망을 주고, 나이에 상관없이 새로운 꿈을 향해 도전할 수 있는 용기를 주기를 바랍니다.

10. 50세에 시작된 문학의 꿈

1) 로라 잉걸스 와일더의 늦깎이 작가 인생

많은 사람들이 작가는 젊을 때부터 글을 써야 한다고 생각합니다. 하지만 65세에 첫 소설을 출간하고 전 세계적인 베스트셀러 작가가 된 분이 있습니다. 바로 '초원의 집' 시리즈로 유명한 로라 잉걸스 와일더(Laura Ingalls Wilder)입니다. 그분의 이야기는 나이가 들어도 새로운 꿈을 향해 도전할 수 있다는 것을 보여 주는 감동적인 사례입니다.

로라 잉걸스 와일더는 1867년 위스콘신주의 작은 통나무집에서 태어났습니다. 그녀의 아버지 찰스 잉걸스는 서부 개척민으로, 가족과 함께 끊임없이 서쪽으로 이주하며 새로운 정착지를 찾아다녔습니다.

로라의 어린 시절은 현재의 기준으로 보면 매우 힘든 삶이었습니다. 메뚜기 떼의 습격으로 농작물을 모두 잃거나, 혹독한 겨울을 나기 위해 온 가족이 생존을 위해 고군분투하는 일이 다반사였습니다. 하지만 이런 경험들이 나중에 그녀의 소설에 생생한 소재가 되었습니다.

로라는 15세에 교사가 되어 가족의 생계를 도왔고, 18세에 알만조 와일더와 결혼했습니다. 그 후 50여 년간 농부의 아내로 살아가며 평범한 시골 여성의 삶을 살았습니다.

1911년, 44세가 된 로라는 처음으로 글쓰기에 도전했습니다. 지역 농업 잡지에 농촌 생활에 대한 칼럼을 기고하기 시작한 것입니다. 처음에는 단순히 농사 경험과 농촌 생활의 지혜를 나누려는 마음이 었습니다.

하지만 독자들의 반응이 좋았고, 로라는 글쓰기에 재능이 있다는 것을 깨달았습니다. "내가 경험한 개척 시대의 이야기를 후세에 남겨야겠다"는 생각이 들기 시작했습니다.

1930년대에 들어서면서 로라는 본격적으로 자신의 어린 시절 이야기를 소설로 쓰기 시작했습니다. 당시 그녀의 나이는 이미 60대 중반이었습니다.

1932년, 65세가 된 로라는 첫 번째 소설 '숲 속의 작은 집(Little House in the Big Woods)'을 출간했습니다. 이 책은 그녀의 어린 시절 위스콘신에서의 생활을 바탕으로 한 자전적 소설이었습니다.

출판사는 처음에 망설였습니다. 65세 할머니가 쓴 아동 소설이 과연 성공할 수 있을까 의구심을 가졌던 것입니다. 하지만 로라의 생생한 묘사와 따뜻한 문체는 독자들의 마음을 사로잡았습니다.

첫 번째 책의 성공에 힘입어 로라는 계속해서 '초원의 집' 시리즈를 집필했습니다. 그녀는 자신의 인생 경험을 바탕으로 한 이야기들을 차례대로 출간했습니다.

로라는 65세부터 76세까지 총 8권의 '초원의 집' 시리즈를 완성했습니다. 각 책마다 그녀의 성장 과정과 개척 시대의 생활상이 생생하게 그려져 있었습니다.

특히 그녀의 글에는 어려운 환경 속에서도 굴복하지 않는 개척민들의 정신과, 가족 간의 사랑, 자연과 더불어 사는 삶의 지혜가 담겨 있었습니다. 이런 내용들이 대공황 시대를 살아가는 미국인들에게 큰 위로와 희망을 주었습니다.

로라의 '초원의 집' 시리즈는 미국뿐만 아니라 전 세계적으로 사랑받았습니다. 70여 개 언어로 번역되었고, 수많은 상을 받았습니다. 특히 어린이 문학의 고전으로 인정받아 지금까지도 많은 독자들에게 읽히고 있습니다.

1970년대에는 TV 시리즈로도 제작되어 전 세계적인 인기를 끌었고, 현재까지도 재방송되고 있습니다. 로라의 이야기는 시대를 초월해서 사람들에게 감동을 주고 있습니다.

로라는 언론과의 인터뷰에서 이렇게 말했습니다. "65세에 첫 책을 쓰기 시작했다고 해서 늦다고 생각하지 않습니다. 오히려 인생의 경험이 쌓인 지금이야말로 진정한 이야기를 쓸 수 있는 때라고 생각해요."

그녀는 또한 "젊을 때는 경험이 부족해서 깊이 있는 이야기를 쓰기 어려웠을 것입니다. 나이가 들어서야 비로소 인생의 의미를 깨닫고 그것을 글로 표현할 수 있게 되었어요"라고 말했습니다.

2) 90세까지 이어진 창작에 대한 열정

로라는 1957년 90세로 세상을 떠날 때까지 글쓰기에 대한 열정을 잃지 않았습니다. 마지막 작품인 '선생님의 첫 4년(The First Four Years)'은 그녀가 80대에 쓴 작품으로, 신혼 시절의 이야기를 담고 있습니다.

그녀는 "글을 쓰고 있을 때가 가장 행복합니다. 나이가 들어도 새로운 것을 창조할 수 있다는 게 얼마나 기쁜 일인지 몰라요"라고 말했습니다.

로라 잉걸스 와일더의 성공은 단순히 개인적인 성취를 넘어섰습니다. 그녀는 나이가 들어도 새로운 재능을 발견하고 계발할 수 있다는 것을 보여 주었습니다.

특히 그녀의 이야기는 전 세계의 많은 중장년층 여성들에게 용기를 주었습니다. "로라 와일더 효과"라는 말까지 생겨날 정도로, 나이든 후에 새로운 글쓰기를 시작하는 사람들이 늘어났습니다.

또한 그녀의 작품들은 미국 개척사의 귀중한 기록으로도 평가받고 있습니다. 역사책에서는 배울 수 없는 생생한 개척민들의 생활상을 문학적으로 기록한 것입니다.

로라 잉걸스 와일더의 이야기에서 우리가 얻을 수 있는 깨달음은 다음과 같습니다.

첫째, 인생 경험은 창작의 가장 귀중한 자산입니다. 로라의 소설이 사랑받은 이유는 60여 년의 인생 경험이 고스란히 담겨 있었기 때문입니다. 젊은 작가들이 흉내 낼 수 없는 깊이와 진정성이 있었습니다.

둘째, 나이는 창작 활동의 장벽이 아닙니다. 로라는 65세에 첫 소설을 쓰기 시작했지만, 세계적인 베스트셀러 작가가 되었습니다. 이는 나이가 들어도 새로운 분야에서 성공할 수 있다는 것을 보여 줍니다.

셋째, 진정성이 기교보다 중요합니다. 로라는 문학을 전공하지 않았지만, 진심으로 쓴 이야기들이 전 세계 독자들의 마음을 움직였습니다. 화려한 문체보다는 진솔한 이야기가 더 큰 감동을 주었습니다.

넷째, 작은 시작이 큰 성과로 이어질 수 있습니다. 로라는 농업 잡지 칼럼으로 시작해서 세계적인 작가가 되었습니다. 작은 도전이라도 꾸준히 계속하면 예상치 못한 결과를 낳을 수 있습니다.

다섯째, 개인의 경험도 보편적 가치를 가질 수 있습니다. 로라의 개인적인 어린 시절 경험이 전 세계 사람들에게 공감과 감동을 주었습니다. 자신만의 이야기도 충분히 가치 있는 콘텐츠가 될 수 있다는 것을 보여 줍니다.

로라 잉걸스 와일더의 이야기는 "늦었다"고 생각하는 모든 사람들에게 희망의 메시지를 전해 줍니다. 그녀는 65세에 새로운 도전을 시작하여 25년 동안 작가로서 성공적인 삶을 살았습니다.

로라의 "인생의 경험이 쌓인 지금이야말로 진정한 이야기를 쓸 수 있는 때"라는 말은 중장년층과 노년층에게 큰 용기를 줍니다. 나이가 들수록 더 깊이 있고 의미 있는 창작이 가능할 수 있다는 것을 보여 준 것입니다.

로라 잉걸스 와일더의 이야기가 우리 모두에게 "아직 늦지 않았다"는 희망을 주고, 나이에 상관없이 새로운 꿈을 향해 도전할 수 있는 용기를 주기를 바랍니다.

Epilogue

우리는 모두 각자의 삶이라는 거대한 연극 무대 위에 서 있습니다. 매 순간 새로운 막이 오르고, 우리는 그 무대 위에서 끊임없이 다양한 역할을 연기합니다. 자식으로, 부모로, 직장인으로, 친구로… 하지만 수많은 역할과 외부의 시선에 휩쓸리다 보면, 우리는 종종 가장 중요한 진실을 잊곤 합니다.

바로 '내 인생의 주인공은 항상 나 자신'이라는 사실을.

평균 수명 100세가 현실이 된 호모 헌드레드 시대는 이 명제를 더욱 강력하게 일깨웁니다. 100년이라는 긴 여정 동안, 우리는 단순히 스쳐 지나가는 조연이나 엑스트라가 아닌, 삶의 모든 순간을 주도하고 그 의미를 부여하는 진정한 주인공이 되어야 합니다.

이제는 타인의 시선이나 사회적 기대에 갇히는 대신, 당신의 무대를 스스로 디자인하고, 당신만의 스포트라이트를 비추며, 당신의 인생 스토리를 써 내려갈 때입니다.

어릴 적 우리는 누구나 자신만의 대본을 가지고 있었습니다. 하고 싶은 것, 되고 싶은 것, 이루고 싶은 것들로 가득 찬 꿈의 대본이었죠. 하지만 성장하면서 우리는 점차 그 대본을 잃어버리거나, 타인이 건네주는 대본을 받아 듭니다.

부모님의 기대, 학교의 지시, 회사의 요구, 사회의 성공 공식… 이 모든 외부의 대본들은 때로는 안정적인 길을 제시해주지만, 동시에 우리의 진정한 목소리를 침묵시킵니다.

남들이 박수 쳐 주는 역할을 연기하느라, 정작 내가 진정으로 원하는 역할이 무엇이었는지 잊게 됩니다. 화려한 조명 아래서 모두가 부러워하는 모습을 연기하지만, 막이 내린 후 혼자 남겨진 무대 뒤에서는 깊은 공허함을 느끼기도 합니다.

특히 호모 헌드레드 시대에는 이런 방황의 시간이 더욱 길어질 수 있습니다. 60세에 은퇴해도 남은 40년을 타인의 대본대로만 살 수는 없습니다. 더 이상 누군가가 나에게 대본을 건네주지 않을 때, 우리는 비로소 텅 빈 무대 위에서 내가 어떤 대본을 쓰고, 어떤 역할을 연기하고 싶은지 고민하게 됩니다.

이 순간이야말로 잃어버렸던 나의 대본을 찾아 나설 결정적인 기회입니다.

100년이라는 삶의 무대는 짧은 막으로 이루어진 연극이 아니라, 수많은 챕터로 구성된 대하드라마와 같습니다. 이 긴 여정 속에서 우리는 얼마든지 새로운 막을 올리고, 새로운 역할을 시도하며, 새로운 대본을 쓸 수 있습니다.

과거에는 한 번 맡은 배역(직업, 사회적 역할)을 평생 연기해야 한다고 생각했습니다. 하지만 이제는 언제든 새로운 배역에 도전하고, 여러 배역을 동시에 소화하는 것이 가능합니다. 50대에 새로운 분야를 공부하고 60대에 창업하는 '늦깎이 스타'들이 등장하는 이유가 바로 여기에 있습니다.

나의 무대(삶의 방식, 환경) 또한 유연하게 바꿀 수 있습니다. 은퇴 후 귀촌하여 새로운 삶의 터전을 일구거나, 전 세계를 여행하며 새로운 관점을 얻거나, 디지털 공간에서 새로운 관계를 맺는 등, 나만의 무대 장치를 얼마든지 재구성할 수 있습니다.

나의 삶의 대본은 한 번 쓰고 끝나는 것이 아닙니다. 매일매일 새로운 경험이라는 잉크로, 깨달음이라는 펜으로 끊임없이 수정하고 보완할 수 있습니다. 어제의 내가 썼던 대본이 마음에 들지 않는다면, 오늘 당장 새로운 대사를 쓰고 새로운 장면을 연출할 수 있습니다.

내 인생의 주인공이 되기 위해서는 스포트라이트를 나 자신에게 비추는 용기가 필요합니다. 이는 단순히 이기적이 되는 것이 아니라, 나 자신을 이해하고, 사랑하며, 성장시키는 데 필요한 현명한 투자를 의미합니다.

내가 진정으로 무엇을 좋아하고, 무엇에 재능이 있으며, 어떤 가치를 중요하게 여기는지 알아가는 과정은 가장 중요한 투자입니다. 독서, 명상, 여행, 새로운 경험, 전문가와의 대화 등을 통해 끊임없이 나를 탐색하고 이해하려 노력해야 합니다.

내가 되고 싶은 주인공의 모습을 위해 필요한 경험에 아낌없이 투자해야 합니다. 배우고 싶었던 것을 배우고, 도전하고 싶었던 것에 과감히 뛰어들며, 실패를 두려워하지 않는 용기가 필요합니다.

나를 진정으로 이해하고 지지해 주는 사람들과의 관계는 당신의 무대를 더욱 든든하게 받쳐 줄 것입니다. 반대로 나의 빛을 가리거나 나를 끌어 내리는 관계는 과감히 정리할 줄 아는 현명함도 필요합니다.

바쁜 일상 속에서도 잠시 멈춰 서서 내면의 목소리에 귀 기울이고, 나를 재충전하며, 나만의 속도로 나아갈 수 있는 시간을 가져야 합니다. 이 시간은 당신의 창의력을 깨우고, 당신의 무대를 더욱 빛나게 할 영감을 줄 것입니다.

삶의 최종장이 다가올 때, 우리는 무엇으로 그 무대를 장식하고 싶을까요? 후회와 아쉬움으로 가득 찬 막을 내릴 것인가요, 아니면 나다운 삶을 충실히 살아온 이들의 찬란한 앵콜 무대를 연출할 것인가요?

호모 헌드레드 시대는 우리에게 더 많은 앵콜 무대를 만들 기회를 제공합니다. 설령 지금 당신의 삶의 무대가 초라하게 느껴지더라도, 당신은 아직 새로운 막을 올릴 충분한 시간과 에너지를 가지고 있습니다.

늦었다는 생각은 당신의 주인공 자리를 포기하게 만드는 가장 위험한 생각입니다.

기억하세요. 당신의 삶이라는 연극에서 감독도, 작가도, 주연 배우도 모두 당신입니다. 누구도 당신의 역할을 대신할 수 없으며, 누구도 당신의 무대를 당신보다 더 잘 디자인할 수 없습니다.

지금 당장 당신의 잃어버린 대본을 찾아 펼쳐 들고, 당신만의 스포트라이트를 켜세요. 당신의 심장이 뛰는 소리가 곧 당신의 대사이며, 당신의 열정이 곧 당신의 가장 빛나는 연기가 될 것입니다.

내 인생의 주인공은 항상 나입니다.

이 진리를 가슴에 새기고, 호모 헌드레드 시대라는 당신의 거대한 무대 위에서 가장 빛나는 당신의 인생 스토리를 써 내려가시기를 진심으로 응원합니다.

막은 아직 오르지 않았습니다. 당신만의 앵콜 무대를 준비하세요!

HOMO
HUNDRED

| 내 인생의 최종장을 바꾸는 법칙 |
The law that changes the final chapter If my life

ⓒ 정순모, 2025

초판 1쇄 발행 2025년 12월 16일

지은이   정순모
펴낸이   이기봉
편집   좋은땅 편집팀
펴낸곳   도서출판 좋은땅
주소   서울특별시 마포구 양화로12길 26 지월드빌딩 (서교동 395-7)
전화   02)374-8616~7
팩스   02)374-8614
이메일   gworldbook@naver.com
홈페이지 www.g-world.co.kr

ISBN   979-11-388-5020-9 (03190)

- 가격은 뒤표지에 있습니다.
- 이 책은 저작권법에 의하여 보호를 받는 저작물이므로 무단 전재와 복제를 금합니다.
- 파본은 구입하신 서점에서 교환해 드립니다.